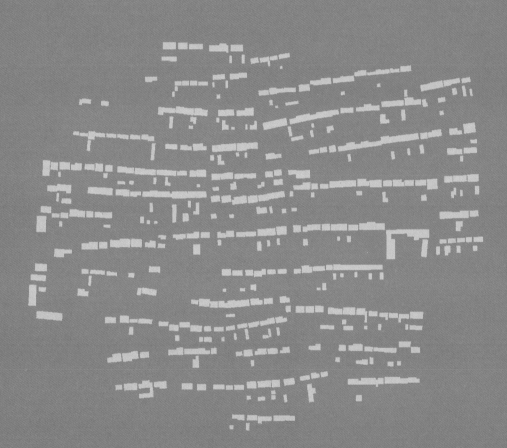

圖　　　　　　　　　　　　　　　　　　　　　　　　　　　　　　總

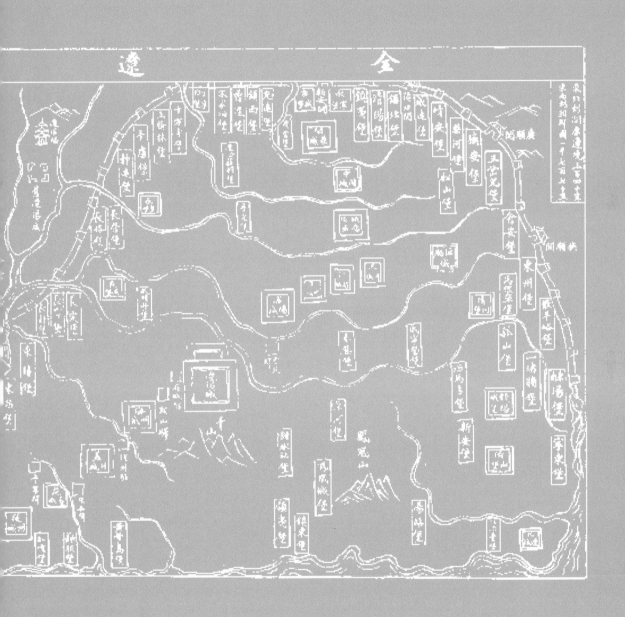

辽宁

聚

落

国家出版基金项目
NATIONAL PUBLICATION FOUNDATION

国家重大出版工程项目
"十三五"国家重点图书

中国传统聚落
保护研究丛书

辽宁聚落

朴玉顺　王飒　刘思铎　谢晓琳　著

中国建筑工业出版社

总编委会

顾　问：

张锦秋　　陆元鼎　　王建国　　孟建民　　王贵祥　　陈同滨

编委会主任：

常　青

编委会副主任：

沈元勤

总主编：

陆　琦　　胡永旭

委　员：（按姓氏笔画排序）

王　军	王金平	韦玉姣	冯新刚	朴玉顺	刘奔腾	关瑞明
李群(女)	李群(男)	李东禧	李树宜	杨大禹	吴小平	余翰武
张兴国	张鹏举	陆　峰	范霄鹏	金日学	周立军	郑东军
单晓刚	赵之枫	姚　赯	贾　艳	高宜生	郭　建	唐　旭
唐孝祥	黄　耘	黄文淑	黄凌江	韩　瑛	靳亦冰	雍振华
燕宁娜	戴志坚	魏　秦				

《中国传统聚落保护研究丛书　辽宁聚落》

朴玉顺　王　飒　刘思铎　谢晓琳　　著

审　稿：彭晓烈

一、引子

中国传统文化将一个地方的环境气候和风俗民情的特质和韵味称为"风土"。《国语·周语上》韦昭注："风土，以音律省土风，风气和则土气养也"，即从当地方言的乡音民谣中便可感知一方土地、民风的文化气息，因而"风土"一词与英文的Vernacular近义。"风"指风习、风俗、风气，"土"指水土、土地、地方，所谓一方水土养育一方人，供奉一方神，从这个意义上，"风土"与西方的"场所精神（Genius Loci）"也有一定的关联性。日本近代哲学家和辻哲郎著有《风土》一书，他对"风土"的定义是自然环境气候诸因素加上"景观"，这里的"景观"应指审美角度的自然和人文两个方面，二者相融合的文化景观就是一种典型的传统聚落。

然而，在当今乡村振兴的时代大潮中，传统聚落最常见的关键词是"乡土"而非"风土"，差不多已约定俗成了。"乡土"一词是中国农耕社会中故乡、家乡、老家和乡下的意思，至今中国社会还延续着这个传统的语义。但中文"乡土"与英文Vernacular的语境存在差异，因为西方并不存在以宗法制为基础的传统乡民社会，其乡村也就不会有类似于中国"乡土"的概念内涵。而乡村的发展前景是要走出农耕语境的乡土，留住文化记忆的乡愁，延续场所精神的风土，再造生态文明的田园。再说自近代以来，乡土并不包括城里的传统聚落，比如北京的胡同，西安、成都、苏州的巷子，上海的弄堂等属于"风土"而非"乡土"的范畴。

自1930年朱启钤先生发起成立中国营造学社以来，在梁思成和刘敦桢两位学科巨擘的引领下，我国建筑界对传统民居和乡土建筑的研究持续推进，成就斐然，形成了传统建筑研究的一大专业领域。但如何使这些研究更多地关联和影响城乡建设的进程，对整个建筑类学科都是一个很大的挑战。

二、中国传统聚落的源流与特征

1. "匝居"与城乡同构

中国传统聚落营造的信史可追溯到商周时期的聚落遗址。其中有关"营造"的最早文字记载见于《诗·大雅·灵台》："经始灵台，经之营之"。这里的"经"，是策划、管控的意思；而"营"，原意即"匝居"，是围而建之的意思，例如"营窟""营市（阛、阓）""营垒""营国"等一系列聚落营造范畴的词汇。因此，古代聚落即以"匝居"的方式，形成血缘的乡村聚落，地缘的城邑聚落，以至作为国家统治中心的都邑聚落——都城。这些华夏聚落以宗庙或祠堂为空间秩序的中心，以城垣壕堑为空间领域的边界，虽层级和功用不同，但从深层构成看却大多同构，保持和发展着"匝居"的聚落营造方式，从而部分地诠释了城乡一体的"亚细亚生产方式"学说。因为，一方面，许多乡村聚落拥有城垣、堡楼、街坊、庙宇等要素，俨如一座座城邑，如从汉代的"坞堡"到明清的庄寨、围堡均是如此；另一方面，城邑甚至都邑虽然看上去坚固伟岸，依然不过是政治权力和经济活动高度集中，等级制度极为森严，壕堑防卫更加严密，水平向扩展开来的巨型村寨而已，是乡村聚落的放大升级版。

2. 聚落原型与变换

从"匝居"的外在方式到聚落的内在构成，可以看到中国传统聚落源于商周"井田制"的"井"字形空间概念及其原型意象。所谓"井田制"，即以王室收取贡赋为目的的土地经营制度和划分方式。如周代王室拥公田，公卿以下据私田，遗有周代理想的营国制度，以百亩为夫，九夫为井，九井为国（都邑）。据此制度，田野的纵横阡陌就演变为聚落内经纬交错的街衢，并围合成间、里等空间尺度及单位。后世的里坊、厢坊、街坊，以及后来的胡同、街巷和弄堂等都是这样演变而来的。但这一"井"状网格空间原型的聚落并非处处趋同，而是因地制宜，异彩纷呈，依循了"因天材，就地利，故城郭不必中规矩，道路不必中准绳"（《管子·立政篇》）的变通法则，适应地理环境和地貌条件的差异而产生拓扑变换。这就犹如某种语言，尽管"方言"各异，但"句法"和"语义"相通。或许以这样的解读，方可辩异认同、知恒通变，把握住中国传统聚落的结构本质及其演变方向。

3. 水系与聚落分布

中国传统聚落源于近水的邑居，据《史记·五帝本纪》："禹耕历山……一年而所居成聚，二年成邑，三年成都"。其中，对水畔、雷泽、河滨等的劳作场所描述，均寓意了聚落是伴水而生的文化地景。甲骨文中的"邑"字右边旁加三撇表示傍水，即"邕"字的金文来历，同样表示聚落即环水的邑居。除了统治与防卫上的考虑，古代聚落选址的首要地理条件，是必须依傍满足漕运需要，方便物资供给的水系。因此，自上古以来聚落选址一般都位于大河的二级台地或其支流的一级或二级台地上。在物流以漕运为主的古代，这些水系可以说是聚落生存的命脉，对于都城而言尤甚，如长安、洛阳、汴梁（开封）沿黄河及其支流东西走向一字排开，建康（南京）、江都（扬州）濒临江淮，北京（涿郡）和临安（杭州）则处于南北大运河的两端。实际上历代中心聚落——都城在空间上的移动，均因应了文化地理的条件和漕运线路的兴衰，并与社会动荡、族际战争和人口迁徙相伴随。

4. 乡村风土聚落

在中国古代，与城邑聚落不同的是，乡村聚落社会是按血缘关系和经济共同体为纽带所形成的聚居系统，聚族而居的社会秩序和居住形式仰赖宗法制度维系，特别是自宋代以来，程朱理学倡导"敬宗收族"，形成了以祠堂、族田和族谱为核心的宗族组织及其聚居制度，宗法的社会结构更加趋于自组织化。但由于特定地域下的自然环境（如气候、地貌、水土、材料等）和人文环境（如宗法、宗教、数术、仪式等）的差异，聚落中的宗法秩序和空间布局亦有着同中有异的呈现方式，营造活动很少有统一法式的约束，较之城邑营造更加因地制宜，灵活多变，因而在与自然地景融为一体的有机生长中，保留了纯朴的古风和浓郁的地方性，可以说是千姿百态，谱系纷呈，表现了与西方的"场所精神"相类似的地方特质。以下按地理纬度和等降水量线，将中国各地域的聚落建筑分为四个区段。

1）农耕—游牧混合地区，即400毫米等降水量线以北半干旱北方地区的聚落建筑。如昆仑山南北侧和蒙古草原上游牧民族的帐幕、蒙古包；塔里木盆地周缘突厥语族—东伊朗民族的木构平顶阿以旺住宅；青藏高原上的藏式碉房，甘青地区各族建筑元素相混合的"庄窠"式缓坡顶两合院与三合院，以及青藏高原东部边缘的羌式碉房及合院等。

2）西北、华北和东北地区，即400毫米等降水量线以南至800毫米等降水量线以北之间半湿润北方地区的聚落建筑。如豫、晋、陕、甘各式窑洞，木构坡顶及包砖土坯（胡墼）墙房屋组成的晋系狭长四合院；东北、京、冀、鲁、豫木构坡顶、平顶、囤顶建筑构成的宽敞四合院等。

3）西南、江淮、江南地区，即800毫米等降水量线以南湿润地区的聚落建筑，如川、黔、桂、滇地区，以穿斗体系、干阑—吊脚为显著特征的楼居及合院，藏缅语族各民族的"土掌房""一颗印"（"窨子屋"）"三坊一照壁"等合院；湘、赣、闽北地区"四水归堂"的天井合院或"土库"建筑；江淮地区介于南北方之间的合院和圩堡；徽州地区以堂楼为中心，高耸的马头墙、墙厦、精工木雕、楼面地砖为特色的天井合院；江浙地区穿斗—抬梁混合式的多进厅堂和宅园等。

4）华南地区，即大部处于1600毫米等降水量线范围的高湿多雨地区聚落建筑，如闽南、粤北地区客家、潮汕（闽系）聚落以夯土墙和木屋架构成的大厝、土楼、土堡、围龙屋；粤南广府地区大屋、天井、冷巷构成的合院群等。

总体而言，延续至今的乡村传统聚落基本上都是明清以来的遗存，说明经过两晋南北朝开始的由北而南为主流的历次民族、民系大迁徙，明清时期各地乡村建筑相对稳定的地域分布格局已基本形成，可以从民间流传的营造匠书和聚落族谱中得到印证。如元明之际的《鲁般营造正式》、明万历年间的《鲁班经匠家镜》和清末民初的《营造法原》等，对江南地方的民间建筑影响尤其广泛。

至于少数民族地区的乡村传统聚落，因源于不同的文化传统，其构成及相互关系比较复杂，与汉民族聚落也存在交融现象。比如，明清两代逐渐推进"改土归流"，在南方的少数民族地区以"流官"管理制取代"土司"世袭制，推进了汉族与少数民族的异质文化交融，但后者的"熟化"（或"汉化"）程度，大大超过了前者的"夷化"。

自1930年中国营造学社成立以来，在梁思成和刘敦桢两位学科巨擘的引领下，建筑史界对乡土民居的研究成就斐然，形成了传统建筑研究的分支领域。跨世纪以来，建筑史界对传统民居的人文地理背景和建筑形态分布区系已有一些学术探讨，并有过以传统建筑结构类型为主线的地域区划专题研究。但是这些研究成果怎样对城乡改造中的遗产保护难题产生积极影响，还有待实践中的借鉴和运用。

三、城乡改造与传统聚落

1. 消亡中的乡愁载体

自19世纪末以来，直到改革开放之前，传统中国逐渐从农耕文明走向了工业文明，演变进程是相对缓慢曲折的。尽管传统聚落的宗法社会结构已经崩解，但血缘和宗族关系依然得以延续，聚落的空间结构和传统风貌依然大致如故。随着近30年来城镇化和城乡改造浪潮的冲击，传统聚落的文化特征已发生巨变，大部分古城只保留着少量的历史文化街区。作为乡村传统聚落的大多数村镇，经过撤并集聚或自发式改造，使原有的自然和社会生态系统瓦解或巨变，残留下来比较完整，较多保留着原生态风貌的多在边远山区，占比很大的部分已破败不堪，或被低质化改造，总体上正以极快的速度趋于消亡。

据中外学者的研究，民国时期的城镇化水平不过10%左右，中华人民共和国成立直到改革开放前也只达到17%左右。20世纪70年代末改革开放以来，城镇化开始飞速地发展，城镇化率2018年已达59.58%，其中城镇户籍人口42.35%（包括拥有宅基地的部分镇人口和城中村人口），与欧美约75%～85%及日本93%的城镇化率相比仍差距明显。截至2016年，我国乡村自然村仍有244.9万个，基层自治管理单位"村民委员会"52.6万个，乡村户籍人口7.63亿，常住人口5.6亿，在本地和外地谋生的农民工约2.88亿。2017年全国城乡人均收入倍差2.72，一些贫困的山区和边远地区农村人均收入与全国城乡平均收入倍差则远高于这个数字，这些地方的衰败或空村化现象更加严重（数据来源自2017年、2018年国家统计局公布的数据）。

虽然这种文明进程在任何一个走向现代化的农耕社会迟早都会发生，但是中国作为人类文明诸形态中唯一保持了连续性进化的国家，文化传统的基因和源头即存在于城乡传统聚落之中。这一"乡愁"载体的消亡，不但会使国家和地方失去身份认同的文化根基，而且会使城乡一体化发展的战略目标发生偏差。

2. 风土建成遗产

在中国传统聚落的话语体系中，"民居"是对功能类型而言，"乡土"是对乡村聚落而言，而"风土"是对城乡聚落及其文化地理背景而言，三者均属同一范畴。因此，乡村聚落也是最具文化载体性的风土聚落，呈现了各个地域环境、气候和民族、民系背景下异彩纷呈的风土特质。西方的风土建筑研究可以追溯到法国18世纪新古典主义理论家德·昆西（Quatremère de Quincy），他最早指出了建筑语言的风土（Vernacular）和习语（Idiom）属性。到了当代，英国建筑理论家兼乡村爵士乐作曲家鲍尔·奥利弗（Paul Oliver，1927—），集风土建筑研究大成，在1997年出版了覆盖全球的《世界风土建筑百科全书》（Encyclopedia of Vernacular Architecture of the World），他认为研究风土建筑不只是为了记录过往，对未来的文化和经济可持续发展也是不可或缺的。随后R. 布伦斯基尔（Brunskill R. W.）在2000年出版《风土建筑：一部图解的历史》一书，把20世纪以前定义为"风土建筑时代"，以大量的插图详解了数百年来英国风土建筑在农耕时期和工业化早期的形态特征。

"建成遗产"是经由营造活动所形成的建筑、聚落、景观等文化遗产本体的总称。1999年，国际古迹遗址理事会（ICOMOS）在《风土建成遗产宪章》（Charter on the Built Vernacular Heritage）中，首次提出了"风土建成遗产"的概念，即特定风俗和土地上所建造的文化遗产，其保护价值今已成为全球共识。首先，"聚落建筑"作为风土建成遗产的第一保护对象，是城乡历史环境的栖居场所，也是民族民系身份认同和乡愁记忆的空间载体，携带着可识别的中国传统文化基因。其次，"营造技艺"蕴含乡遗的工巧智慧精华，是对其进行保护、传承和再生的意匠源泉，而只有将传统聚落的营造技艺真正传承下去，保护才是可持续的，才能使聚落遗产长存下去。再次，"文化地景"（或文化景观Cultural Landscape）呈现聚落的环境因应特征，是人工与天工相交融的在地景观。韩国建筑师承孝相，为了表达地景建筑创意，生造了"Landscript"（地文）一词，本意是强调人的活动在土地上留下的印记，就如大地书写一般。显然，"地文"需要保护和续写，即像日本的"合掌造"民居、中国的西递—宏村那样，严格保护好聚落遗产标本，激活历史环境的"场所精神"（Spirit of Place），在新建筑中创造性地转化风土建成遗产的原型意象。

3. 国家级聚落遗产

根据住房和城乡建设部和国家文物局颁布的最新保护名录，中国传统聚落列入国家保护名录的有三大类，均可看作风土建成遗产。其一为100多处"国家重点文物保护单位"身份的传统聚落；其二为国家历史文化名城、名镇、名村，包括135座"名城"、312个"名镇"和487个"名村"；其三为6819个部分由国家财政资助保护的"传统村落"。此外，皖南古村落西递—宏村、福建土楼、开平碉楼与村落，以及红河哈尼梯田文化景观等4项乡村传统聚落及景观被收入世界文化遗产名录。

这其中的传统村落数量最为庞大，部分还同时具有国家级历史文化名村及重点文物保护单位的身份。其分布特点为：南方约占全国总量的78%，大大多于北方；山区多于平原、盆地，如晋、湘、滇、黔、闽的山区占比超过全国总量的二分之一；方言区多于官话区，如晋系方言区约占北方各官话区总和的40%左右；工业化、城镇化起步较晚的地区多于起步较早的地区，如西北地区多于东北地区；城乡人均收入倍差相对较高的地区多于发展水平相近的较低地区，如贵州、云南处于全国传统村落数量排名前列。

上述的三大类传统聚落遗产保护系列中的前两类，有着相应的国家保护法规及实施细则，生存问题相对无虞。而第三类——传统村落量大面广，没有直接的相应保护法规作保障，其生存问题看似有国家财政资助，实际状况则堪忧。

四、传统聚落的保护与活化

1. 模式与问题

对风土建成遗产的专项保护，比较典型的首推北欧斯堪的纳维亚半岛的挪威和瑞典，这里在第二次世界大战前最早以民俗博物馆的方式，保护和展示当地的风土建筑，这种方式随后风靡欧洲大陆和英国。1952年英国"古迹委员会"将18世纪以前的风土建筑均纳入了保护名录，特别值得注意的是，英国将乡村划为120个自然区和181个特色景观区，这是可以借鉴的乡村文化地景谱系保护策略。日本于20世纪70年代兴起的"造村运动"，是通过农业升级改造、乡村特色塑造和技术培训投入，提振乡村经济社会活力和磁力，最终使乡村聚落得到活化和再生。聚落遗产保护和传承是其中的一个部分，如长野县的妻笼宿和岐阜县的马笼宿，其风土建成遗产在存真、修缮、翻建、活化等方面皆有坚定的价值坚守和丰富的保护经验，可供中国乡村风土建成遗产保护和再生实践学习借鉴。

我国城乡风土建成遗产保护与活化前后已历20载左右，经验和教训并存，其中数量占大多数的乡村聚落遗产保护与活化主要有三种模式。第一种为国家文博体系和大型国企主导的乡村博物馆模式，如山西的丁村、陕西的党家村、湖南的张谷英村、福建的田螺坑土楼群及玉井坊郑氏大厝等，经费、法规、导则等条件较为完善，部分村民通过村委会组织参与经营活动受益。第二种为社会企业主导的风土观光综合体模式，乡村聚落遗产由企业与当地政府、村自治体——合作社以契约形式合作及分成，如安徽黟县宏村、浙江松阳县村落、山西沁水县湘峪村、福建连江县杜棠古村三落厝等。第三种为村自治体主导风土生态体验区模式，以由村自治体所属企业及乡村活化能人掌控风土观光资源，进行乡村聚落开发，村民参与其中的相对较多，受益也相对大一些，如安徽黟县西递村、山西平遥县横坡村、陕西礼泉县袁家村、山西晋城市皇城村、福建屏南县北村等。

不可忽视的是，乡村聚落遗产在保护和活化中存在一些带有普遍性的问题和挑战：一是大多没有以乡村经济、社会的改造升级为根本前提，而是过多地依赖于旅游资源的消耗；二是管理政出多门，既条块分割，又一事多管，造成一些村落一村多名，准入标准和处置方式交错低效；三是原住民生活资料——集体土地、宅基地和房屋处于不确定的流转状态，所有权和使用权分离，但土地与房屋租金普遍低廉，收益分配不成比例，原住民的公平共享诉求难以兑现，存在着大量的权益矛盾和法律纠纷，潜在的社会风险已然存在；四是维修和民宿化改造等多为村民自发行为，存在严重的安全隐患，如结构安全意识薄弱，涉及公众安全的强制性技术规范和安全施工监管缺位，消防间距、人身防护不合规范的状况随处可见，声、光、热等室内环境控制指标大都达不到基本使用要求；五是宅基地内滥建低质楼监管缺失，低质翻建率常在一半以上，严重的达70%～80%，使村落风貌严重失控，而招揽观光的利益驱动导致拆真造假现象也随处可见；六是薪火相传趋于中断，大部分营造技艺面临失传，由于种种原因，"非物质文化遗产传承人"名誉并未起到明显的弥补作用，传统意匠及技艺存续与再生尚待突破，新旧修复材料融合手段薄弱等问题普遍存在；七是同质化严重，社会资金普遍投入乡村聚落保护与再生项目的可能性有限，而传统村落依赖国家财政扶持也是很有限的，且不可持续。

2. 标本保存谱系化

当下我国城乡风土建成遗产的保护与活化，首先并不是个建筑学问题，而是涉及保护什么，如何保护，怎样活化的实质性问题，与经济、社会的可持续发展背景息息相关。从物种标本保存的战略眼光看，传统聚落保护与活化的前提是对聚落遗产标本的保存和研究。

少量被定格在某个历史时期或文化样态下的聚落遗产，比如平遥、丽江古城以及各地名镇、名村一类进入各种遗产名录，是受到严格保护的风土建成遗产标本。但这些遗产标本只是聚落遗产中极小的一部分，我们认为，实际上需将我国城乡风土建成遗产按民族、民系的语族区或方言区进行全覆盖，成体系地作分类分级梳理，为后世存续完整的风土建成遗产谱系标本，兹事体大，关及国家和地方历史身份和文化传承的根基。因此，应依风土建成遗产谱系统一甄别、筛选和认定聚落遗产，再以地景修复、聚落修补和技艺传承为基础，将之纳入再生过程。当务之急，是应对其谱系构成缘由与分布有比较系统的认知。

由于语言作为文化纽带的重要性仅次于血缘，而风土在语言学上的含义，即连接一个地方聚居群体的交流媒介"语缘"，既可代表不同的文化身份，也可作为判断各文化身份间亲疏关系的参照。因此，从文化地理学和人类学的角度，可尝试以民系方言和语族—语支为参照，对各地风土建筑做出以"语缘"为纽带的谱系分类区划。总体上看，历史上语族相近，说明有相关的文化渊源；语族的方言或语支相通，说明血缘和地缘存在关联性。传统的汉语族—方言和少数民族的语族—语支是在漫长的历史变迁中，由于地理阻隔及民族、民系迁徙所形成的。虽然建筑谱系和语言谱系是否完全对应确是个问题，但设若不同族群在语言上可以交流，则其聚落及建筑一般也会存在交互关系。

参照语言人类学家的语缘区划，汉藏语系的汉语族民族民系聚落及建筑谱系主要可分为：其一，东北、华北、西北、江淮和西南等五大官话区建筑谱系；其二，华北的晋语方言区建筑谱系；其三，江南的吴语、徽语、赣语和湘语四大方言区建筑谱系；其四，华南的闽语、粤语和客家语三大方言区建筑谱系。少数民族语族区聚落及建筑谱系主要可分为：其一，西南地区汉藏语系藏缅语族17个民族的建筑谱系，壮侗语族9个民族和苗瑶语族3个民族的建筑谱系；其二，北方地区阿尔泰语系突厥语族7个民族，蒙古语族6个民族和通古斯语族5个民族的建筑谱系等。此外，还有少量西北地区印欧语系斯拉夫语族和伊朗语族的民族的建筑谱系，以及华南地区南亚语系和南岛语系民族的建筑谱系。以这样的谱系认知方式，对风土建成遗产谱系遗产的标本系列进行谱系化的保护，是有重要意义的一种尝试。

突厥语族区建筑		其他区建筑	蒙古语族区建筑		其他区建筑	通古斯语族区建筑		其他区建筑
定居区	游牧区		定居区	游牧区		定居区	渔猎区	
北方官话区西部建筑			晋语方言区建筑			北方官话区东部建筑		
河西		关中	北部	中部	东南部	京畿	胶辽	东北
西南官话区建筑			北方官话区中部建筑			江淮官话区建筑		
滇	黔	川	鄂	豫	鲁	淮		扬
藏缅语族区建筑			湘语方言区建筑	赣语方言区建筑		徽语方言区建筑	吴语方言区建筑	
藏区	羌区	彝区	其他	湘西 / 湘中 / 湘东	豫章 / 临川 / 庐陵	歙县 / 婺源 / 建德	苏州 / 东阳 / 台州	
壮侗语族区建筑			客家方言区建筑			闽语方言区建筑		
壮区	侗区	其他	西部	中部	东部	闽中		闽东
苗瑶语族区建筑			粤语方言区建筑			闽语方言区建筑（闽南）		
其他区建筑			桂南	粤西	广府	潮汕	南海	台湾

我国民族民系风土建成遗产谱系分布示意图

3. 大量性传统聚落的出路

　　除了经典传统聚落风土建成遗产谱系的标本保存，大量性的传统聚落，特别是乡村聚落，总体上面临着景象劣化、原有建筑被大量低质改建、乡村经济和民生有待振兴的境况。因此，需要将聚落有机更新和文化地景再造，作为未来发展的主要方向。实际上，对大量性传统聚落的可持续发展而言，实践中应考虑保存有标本价值的聚落典型建筑，延承风土营造谱系所曾依存的地貌特征、空间格局和尺度肌理，再造出隐含着基质原型、适应生活变迁的新风土聚落及文化地景。

　　此外，传统聚落遗产管理系统和遗产归口的合理化，遗产运作的信托化，遗产基金、社会"领养"

和活化途径的模式化，营造技艺传承的制度化，以及保护技术的系列化等，都应作为传统聚落保护与再生的改进方面加以关注和实施。

五、关于丛书编纂

这部丛书是第一部关于中国传统聚落特征与保护的大型研究集锦，内容覆盖了各省市自治区传统聚落的历史溯源、地域特征与现存状态、保护与活化的方法与途径，以及未来走向的展望等。丛书中的"传统聚落"聚焦于狭义的"村"和"镇"，并可选择性地涉及"城"，即"县"或"市"的老城区，如北京的胡同和上海的弄堂。书中内容兼顾理论观点和叙述方式的历史性、逻辑性和独特性，引述材料要求真实可靠，体例同中有异，充分表达地域特征，并将之纳入史地维度和经济、社会发展的叙事语境。保护与活化内容要求选取兼顾普适性和典型性的工程实践案例，对乡村振兴中的建成遗产存续和再生问题进行全方位的讨论。由于本丛书仍是以行政区划单位作为各分册的研究范畴，难免存在少量跨省市区之间的互涵和重复内容，但作为一部大型丛书，总体上还是完整统一的，其中不少篇章都可圈可点，对乡村振兴和传统聚落的未来探索有多方面的参考价值。

（本文主要内容及参考文献见《建筑学报》2019年12期）

中国科学院院士、同济大学教授
己亥夏至于上海寓所

聚落，是人类聚居和生活的场所，《汉书·沟洫志》曰："或久无害，稍筑室宅，遂成聚落"。聚落这一概念最早出现时是为了描述区别于都邑的居民点，现在已泛指人类生活地域中的村落和城镇。聚落是在各个地域内发生的社会活动、社会关系和特定的生活方式，并且是由共同的人群所组成相对独立的生活空间和领域。传统聚落主要是指具有一定历史性的城乡聚落，拥有物质形态和非物质形态的文化遗产，是先人运用自己的智慧，依据自然、气候、地理、习俗等环境因素建立的适宜的居住空间，同时具有较高的历史、文化、科学、艺术、社会、经济价值，能够反映一定历史时空的社会物质文化与精神文化的重要载体。

传统聚落是人们与自然协调过程中不断地尝试和调整所形成的，是在一定的时空条件下的总结。传统聚落是一定地域空间范围内的人文现象，它既是一种空间系统，也是一种复杂的经济、文化现象和社会发展过程。其起源、形成、发展均在特定地理环境和社会经济背景中，通过人类活动与自然相互作用下的结果，是对自然地理条件、社会治理结构、文化机制作用等多方面的缓慢调整适应，既是人类不断地适应、改造自然环境的实践积淀和智慧结晶，也是特定地域环境人地关系的空间反映。正如本套丛书之一《云南聚落》编写作者杨大禹教授所说："几乎所有的传统聚落，作为联系自然环境和人文环境的中介，从它们的地理分布、外部整体形态、内部空间结构，到聚落与周围自然环境、山水地形的紧密关系，都体现出因地制宜、和谐有机的共同规律。"这些共识是协调当地的地理条件、社会风俗与生活方式等积累而成的。在以聚居为主的生活模式下，都会充分考虑到聚落的环境特点，尽量找到资源配置最为合理、微气候最为和谐的场所。聚落形态与民居建筑形式的存在，与人们应对自然环境的生理、心理需求有着千丝万缕的联系。所以，传统聚落都能反映出在一定的地域空间环境、一定的民族和一定的历史时期所承载的建筑文化底蕴。

传统聚落作为中华文明的一种载体，凝聚着具有地域性、民族性与艺术性的布局特色和建筑风采，以及文化习俗下构成的聚落分布、空间格局、生产模式、景观形态等风情各异、千姿百态的元素。传统聚落是先人们长期适应自然，与自然和谐相处的历史见证，凝聚着中国悠久的农耕文明，展示着人们自古至今的生存智慧，可以说，传统聚落承载着中华文化精华和中华民族精神。所以，保护传统聚落就是维系中国传统文化的延续，就是在保护中华文明的根。

对于聚落空间的研究，既要把控聚落自身各种要素以及各要素之间的相互关系，也要关注聚落内部空间与聚落外部空间之间的关系，从而进一步了解单个聚落与同一个地域内其他聚落之间的关系，以便获得对聚落空间完整概念的把握。通过对传统聚落特色的系统研究，包括将传统聚落的不同历史发展阶段，各种历史文化要素和不同形态载体归纳合一，作为相互交融、贯通的体系来研究，从理论层面上梳理传统聚落各种有关形成、发展、演化的普遍规律和地区特征，挖掘其精神文化及生命智慧，发现其内在的文化价值，尊重其自身的运营机制，肯定其在现代聚落发展中的积极作用，以丰富我们对于人类聚居的认识。

长期以来，我们的先人经过不断的实践，运用了他们的丰富智慧，无论在聚落总体布局或在民居建筑技术、艺术方面都取得了很高的成就，积累了丰富的经验。传统聚落生存智慧拥有中国优秀传统文化的内核，是体现传统建筑智慧最具特色的代表。如何重新再认识传统聚落所具有的地域性、民族性与文化多样性特征，进一步发掘潜藏其中的营建技艺、理论精华和创造智慧，寻求传统聚落的持续发展相应的理论支撑，是我们当前重要的课题。当然，蕴含着中华文化基因的传统聚落更是当代建筑文化特色形成的基础，值得我们去进行研究、总结、学习和借鉴。

"中国传统聚落保护研究丛书"各卷作者综合运用文献研究法、调查研究法、比较研究法、定性分析法等科学研究方法，建构传统聚落研究的基本思路。采用文献分析、田野调查、理论研究与实证分析结合、系统化分析等方法，通过对学术文献、地方志、文书族谱等史料资料进行梳理筛选，对现有传统聚落进行建筑测绘、口述访谈，在吸取前人研究成果的基础上，归纳总结我国传统聚落发展特点及其背后蕴含的丰富文化和物质内涵，从整体上考虑多元文化影响下的传统聚落特征。丛书作者在编写过程中，借鉴历史学、社会学、建筑学、城乡规划学、文化地理学、景观生态学等跨学科交叉的思路，采用融合融贯的研究模式，既对传统聚落的基本共性特点归纳总结，也对受各区域条件影响的传统聚落比较分析，从整体上来把握研究对象。

在新时代的聚落发展和建设中，对传统聚落的保护与研究就显得尤为重要。传统聚落所呈现出来的优秀空间格局与营造技艺，不仅能给聚落的保护更新提供更为合理的方法途径，同时也能为新时代的聚落建设提供更多的方式方法及可能性。探究历史文化基因的内在联系，研究传统聚落的起源、演变、特点和价值，为传统聚落的传承提出依据，以便于更好地加以保护与利用。与此同时，在弘扬与传承优秀传统文化的基础上，探寻传统聚落发展模式及其保护的策略与原则，对保护与更新提出更为具体的要求与措施，构建整体保护的格局理念，以及与其相适应的、分级分类的传统聚落保护体系，更好地把握传统聚落在当代的发展道路与方向。

　　"中国传统聚落保护研究丛书"的编写希望以准确翔实的史料、精确细腻的测绘、真实生动的图片来全面展示中国传统聚落悠久的历史、灿烂的文化、淳朴的民风。由于各地区的状况不同和民族差异，以及研究基础也会参差不齐，故在编写中并未要求体例、风格完全一致，而以突出各地区传统聚落自身特色，满足各地区建设的需求为主。同时，丛书的编写，也希望对全国各省、直辖市、自治区传统聚落保护与传承、历史街区与传统村落建设，以及城乡人居环境提升起到重要的参考与指导作用，这是本套丛书研究编写的目的和意义所在。

2020年11月16日

　　辽河是辽宁的母亲河，奔腾不息的辽河养育了世世代代聚集在这块土地上的辽宁人，也因此孕育了属于这块土地的独特的辽河文化，其文化的独特性一方面源于长达几千年的汉族移民活动，尤其是清末民国初年的移民活动，给辽河流域的文化带来了巨变；另一方面，源于本地寒冷的气候条件和这块土地上土生土长的少数民族文化，这两个方面的有机融合，最终形成了兼具本土文化和中原文化特点，但又不完全等同于两者的独特文化体系。

　　辽河流域历史上属多民族的繁衍之地，所包含的肃慎系、秽貊系、东胡系和汉民族四大族系文化，呈现出多元的态势。大量汉族受到当地少数民族文化的深刻影响。历史上相当长的一段时期，少数民族文化成为辽河流域土著文化的代表。聚居于辽东地区的少数民族长于渔猎，善于骑射，聚居在辽西地区的古代民族则擅长游牧，游牧成为辽河流域古代人民最主要的谋生手段和生活方式。同时，从汉代起就有大量的中原人移民至辽河流域，特别是明清以后移民规模和移民比例越发增大，农耕成为主要生产方式，广泛聚居在适宜耕作的辽河中下游冲积平原上。在中原移民与辽河流域土著民族两千多年的杂居共处中，尤其是近八百年的相互影响，汉族移民带来的中原文化在少数民族中传播，逐渐渗透到辽河流域各地，改善着土著文化。中原文化的植入又并非是一个简单的"复制"过程，汉族文化与土著文化的融合表现出被辽河流域土著民族文化异化的痕迹。两者相辅相成、融会贯通，形成了新型的辽河文化。

　　移民活动和民族融合带来的聚落营建方式呈现两种倾向：一是汉族移民史引发的中原文化的移植，另一是多民族聚居引发的文化的相互借鉴。

（一）汉族移民史引发中原文化的移植

　　中原汉族迁徙辽河流域的过程是持续性的，各朝各代均有中原汉族不断迁徙至此。迁徙的地域空间也是依地缘渐次性推移的。历史上，辽河流域地区汉族人口的增长，并非直线上升，有时也有减少，甚至跌入低谷，但总的趋势是增加的、发展的，甚至攀登上几个高峰。明代以前，虽然辽河流域五代都有汉人迁入，然而他们都不断地迁徙、湮灭，但并未形成大的移民规模。辽河流域的广大地区，主要是满族等土著居民的故乡。明代随着辽东镇成为"九边重镇"之首，大批的守边将士及随军家属大量来到辽宁，使得该地区汉族人口第一次超过了少数民族人口，特别是到清末民国初年，华北等地的移民再次大批涌入东北，进而确定了以汉族为主体的多民族聚居的社会环境。与辽河流域汉族移民活动相生相伴的，便是中原强势文化不断向辽河流域游牧社会的移植，这其中也包括了中原居住文化的移植。尤其是移民的最大输出地——华北、山东地区的文化，深刻影响了辽宁的传统人居环境的营建。笔者考察辽宁地区的传统聚落时，发现很多山东、河北等地传统聚落的影子，它们像印记一样深深烙进了辽宁传统聚落中，昭示着东北汉族与中原汉族一脉相承的亲缘关系。

（二）多民族聚居引发建筑文化的相互借鉴

辽河流域地处边塞，历史上又一直是多民族聚居之地，各民族相互间不断地进行攻伐、兼并与融合，"这种长期极不稳定的社会状态，对于社会制度的确立与经济的发展造成了极大的影响，当黄河流域已经进入奴隶社会和封建社会时，这里的原始氏族制度仍然牢固地存在着。"[①]而且，辽河流域独特的自然地理条件，使游牧渔猎成为东北古代人民最主要的谋生获食手段和生产生活方式，成为最基本的物质文化。随着社会文化的发展嬗变，当中原地区逐渐从游牧渔猎时代过渡到农业时代并创造了灿烂辉煌的农业文明时，由于地理、气候等自然状况和某种社会历史原因，辽河流域却长时期地停留在渔猎、牧猎及半渔猎半农耕时代。历史上，在辽河流域，不仅少数民族被汉化，而且在某些环境中，大量汉族少数民族化。"东北文化开始呈现出一种多元的民俗类别，使得原来以'民族'为主的文化特征开始向以'地方'为主的文化特征转化，并在各自原有民族特性的基础上进行自觉的融合和优化。"[②]反映在聚落中，中原人居环境营建观念、制度影响了辽河流域的少数民族；辽河流域土著民族适应生存环境的营建方式，也影响了后来的汉族移民聚落。"当一种建筑模式进入这个空间时间，它会顺应这一空间的自然、社会和文化环境产生一定的衍化变异，逐渐成为一种与该地域生活相协调的新模式……文化人类学把这种文化接触后产生的单方或双方的衍化，一般称为文化变迁。"[③]中原的移民来到辽河流域，只能适应这里的环境。慢慢地，从故乡带来的习俗沉淀在这片黑土地上，又影响了黑土地的文化，文化以独特的方式开始轮转，人居环境的营建也是如此。早期的辽河流域汉族移民，为适应该地区陌生、艰苦的生存环境，首先向土著民族学习生存经验，这其中也包括对居住环境营造方式的学习，这样少数民族的建造经验被吸收进以汉族为主题的聚落中。反过来，当汉族的农耕文化逐渐影响了当地的少数民族（尤其是满族）的游牧渔猎文化，我们发现，本地少数民族为主体的聚落就具有以中原人居环境营建为蓝本，又融入了本民族风俗、信仰的特色。比如，在汉族还未成为辽河流域的主体民族之前，被汉化的满族民

① 李同予，薛滨夏，白雪. 东北汉族传统民居在历史迁徙过程中的型制转变及其启示［J］. 城市建筑，2009（6）：104-105.
② 范丽君. "闯关东"与民间社会风俗的嬗变［J］. 大连理工大学学报（社会科学版），2006（3）：43-48.
③ 余英. 中国东南系建筑区系类型研究［M］. 北京：中国建筑工业出版社，2001年12月第1版：129.

居已经存在并不断适应辽河流域的地域环境，当后期大规模的汉族移民来到辽河流域，又开始向本土汉化的满族民居学习建造经验。辽河流域核心区的辽宁地区的满、汉民居互为师徒，在漫长的历史进程中，共同发展进步。正是由于辽河流域多民族聚居的社会环境使得民族文化之间相互借鉴、相互影响，最终在保留民族特色的基础上，产生了一种趋同性，具有了一种适应地域环境的地域共同传统，也成就了辽宁传统聚落的地域特色。

辽河流域不同的政治和历史等社会因素与特殊的地理和气候等自然因素，塑造出具有该地域性特征的人居环境营造体系。它沿袭着人居环境营建体系的基本规律、秩序与做法，又在空间组织、构成要素、形态特征等不同方面体现着地方性特点。

辽宁现存的传统聚落是辽河文化的物质载体，真实地体现出本地文化的地缘特征——既有传统人居环境营建体系的深刻影响，又有结合自然条件和民族文化的独特创造。生活在辽宁大地上的祖先，几千年来在营造人居环境中的优秀经验和建造智慧，值得我们去深入挖掘，并在当代的城乡建设中进行传承和弘扬，让祖先留下的宝贵财富成为造福子孙后代的福祉。

《辽宁聚落》一书涵盖了辽河流域核心区——今辽宁地区的五种主要经济形态影响下的典型聚落，即渔猎文化影响下的聚落、游牧文化影响下的聚落、农耕文化影响下的聚落、明代卫戍文化催生的聚落以及沿辽河贸易催生的聚落。本书以文字、照片、测绘图三种不同的表述方式，诠释着体现于辽河流域人居环境营建之中的人类历史与文明。收录内容和表述形式力求同时具有专业性与普及性、资料性与可读性。鉴于书中涉及的聚落分布范围广、历史跨度大、内容多、信息量大，共有几十人参与了本书的编写、测绘、拍照及其辅助性工作。同时，这些资料也并非一次性工作的成果，而是经编撰者长期收集与积累、研究与再加工的结晶。它们曾为辽宁地区的乡村建设工作提供了重要的依据、佐证与参考，本书的面世更将使它们在今后的农村人居环境改善、建设和旅游事业中发挥更大作用。

作为"中国传统聚落保护研究丛书"的分册《辽宁聚落》，是对中华文明与辽河流域文明的生动写真。它将以翔实而准确的笔墨与真实而生动的图片将这些宝贵遗产展示给世人，并永久地记录于史册。

林志顺　王飒　刘思铎　傅晓娜

2019年12月30日

目 录

第七章 沿辽河贸易催生的聚落

第八章 辽宁传统聚落的保护与更新
——以辽滨塔村为例

第　一　章

辽河流域聚落产生的历史背景

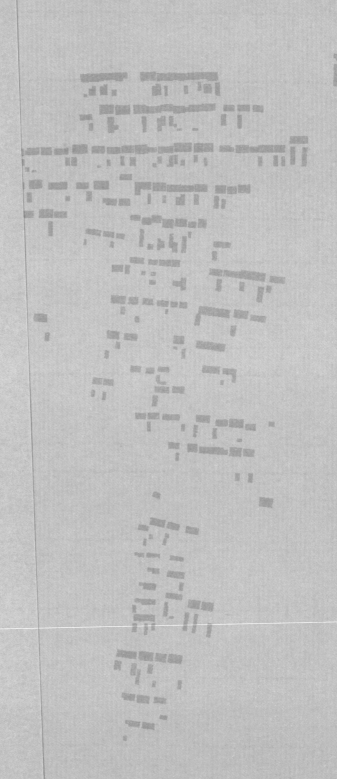

第一节　影响辽河流域传统聚落的自然环境

辽河流域流经了辽宁省全部14个地级市，尽管辽宁地域文化在不同历史时期、不同地域有一定差异，但是它们全部处在辽河文化影响的地理空间范围内。寒冷的气候、独特的地理资源、北方少数民族与中原长期的融合，产生了这块土地上独特的生产生活方式，形成了具有鲜明地域特色的辽河文化，从而催生出了在这块土地上极具特色的传统聚落。

一、地理位置

辽河是东北地区南部第一大河。辽河发源于河北省七老图山脉光头山（海拔1729米），向东流入内蒙古自治区，在苏家堡附近汇入西拉木伦河，称西辽河。东辽河发源于吉林省辽源市，西辽河与东辽河在福德店汇合后称为辽河。辽河流入辽宁省，经铁岭后转向西南，至六间房分为两股：一股南流为外辽河，到三岔河汇合浑河、太子河后称大辽河，经营口市注入渤海，全长1430公里。1958年堵截外辽河流路，使浑河、太子河成为独立水系。另一股西南流为双台子河，至盘山汇绕阳河入辽东湾，全长1390公里。辽河流经河北、内蒙古、吉林、辽宁四省区，流域总面积（含浑河、太子河）21.9万平方公里，其中西辽河占64.3%，东辽河占4.6%，辽河中下游占31.1%。辽宁地处东经118°50′～125°46′、北纬38°43′～43°26′之间。面向太平洋、背靠东北亚大陆，东北、西北和西南分别与吉林省、内蒙古自治区和河北省相邻，南濒黄海、渤海，与山东半岛隔海相望，东南沿鸭绿江与朝鲜半岛接壤。辽河文化影响的地理空间是辽河流域片。从水文和水资源角度说，辽河流域片包括辽河流域、大凌河流域、图们江流域、鸭绿江流域及辽河沿海诸小河流域，地跨辽宁、吉林、内蒙

古东部、河北省北部四省区，总面积达到34.5万平方公里。辽宁全境均在辽河流域片内。

二、气候特征

辽宁省地处欧亚大陆东岸、中纬度地区，属于温带大陆性季风气候区。境内雨热同季，日照丰富，气温较高，冬长夏短，春秋季短，四季分明。雨量不均，东湿西干。全省阳光辐射年总量在100～200卡/平方厘米之间，年日照时数2100～2600小时。春季大部地区日照不足；夏季前期不足，后期偏多；秋季大部地区偏多；冬季光照明显不足。全年平均气温在7～11℃之间，最高气温30℃，极端最高可达40℃以上，最低气温零下30℃。受季风气候影响，各地差异较大，自西南向东北，自平原向山区递减。年平均无霜期130～200天，一般无霜期均在150天以上，由西北向东南逐渐增多。辽宁省是东北地区降水量最多的省份，年降水量在600～1100毫米之间。东部山地丘陵区年降水量在1100毫米以上；西部山地丘陵区与内蒙古高原相连，年降水量在400毫米左右，是全省降水最少的地区；中部平原降水量比较适中，年平均在600毫米左右。

三、地形地貌

辽宁全省地貌结构大体为"六山一水三分田"，可划分为辽东山地丘陵、辽西山地丘陵和辽河平原三大部分。晚中生代燕山运动造成本区地貌的基本轮廓。其东北部中低山区，属长白支脉吉林哈达岭和龙岗山脉的延续部分；辽东半岛丘陵区，以千山山脉为骨干，构成半岛的脊梁；辽西丘陵山区属浅至中等切割山地丘陵，是

内蒙古高原与辽河平原过渡地带；辽河平原位于渤海洼陷的北部，属长期沉降区，北部为辽北平原区，南部为辽河下游三角洲和冲积平原，河曲丰富，形成大面积沼泽地。

第二节 影响辽河流域传统聚落的人文环境

一、辽宁地域文化符号——辽河文化

辽宁文化在几个大的历史阶段中，其文化形态与内涵有着比较大的差异。古代辽宁文化，东胡人、鲜卑人等文化成分更多更大，越往后这种文化成分逐渐减少；而唐宋以后尤其明清之际，契丹人、女真人、满族、蒙古族的文化元素日益强化，至清代满族文化则处于优越强势地位。如从省内地域差别而言，辽西更多少数民族文化元素，更为粗犷、豪放、刚毅，而辽东南则有通齐鲁之便利，受其影响更深更重；更有辽东南的沿江（鸭绿江）通海（黄海、渤海）的优势，因而带有外向性、开放性和海洋性文化的特色。尽管辽宁地域文化在不同的历史时期不同的地域有一定的差异，但它们有一个共同的特点，即全部处在辽河文化影响的地理空间——辽河流域范围内。辽河流域覆盖辽宁省全部14个地级市。正是在这个意义上，我们将辽宁文化符号称为辽河文化。辽河文化是一个浑然一体的地域文化整体，其渊源属于中原文化谱系，但又有着鲜明地域特色而区别于中原文化。

辽宁文化植根于这片广阔土地上与地理环境中，历经从几十万年前的史前文化发展阶段，直至从远古至近代的长时段历史时期的发展。在距今四五十万年前，辽宁就出现了远古人类的足迹；在距今28万年前，就萌发了人类早期即旧石器时代的文化，而进入距今五六千年前，更出现了代表中华文化曙光之一的红山文化。辽宁因而成为北方中华文明的发源地之一。进入上古时期，辽宁则成为东北开发最早的地区，标志着古民族文化渐次转化为地域文化。燕据辽河流域，设辽东、辽西二郡，从此汉文化进入辽宁地区也即跨入东北地区。自此，辽宁即在汉族不断迁徙而来、多民族彼此嬗递中开发、前进和发展。此后，历经秦汉、魏晋南北朝、隋唐、辽金元与明清五个历史阶段，接续绵延，创获不断，展现了辉耀史册、遗惠后人、奉献中华历史的文化发展史。在绵延数千年的历史进程中，胡、汉、夷、貊等少数民族，在这片丰厚的大地上，经过共同努力，通过经济、军事、政治、宗教、民俗等多渠道和多层面的交流，达到汇合交融，创造了独特的文化，形成了特有的文化心理性格，显其光彩于东北大地，做独特贡献于中华民族。

二、辽河流域历代移民与地域开发

辽河流域从夏初开始至清末民国初年，历代都有汉人迁入。这些移民在对辽河流域开发过程中，将各地方的建造习俗随之带入，移民和移民线路对辽河流域传统聚落的影响是至关重要的。

夏初，华夏族一支移居辽西，建立孤竹国。他们是辽河流域的汉族先世。商代，古商人两次大规模进入辽河流域，箕氏族团是其中之一。古燕人也多次北上，"抵辽西地区大凌河流域。"[①]

---

① 中国科学院考古所. 中国的考古发现和研究［M］. 北京：文物出版社，1984：261.

公元前280年左右，燕军北上，却东胡、败朝鲜、灭貊国。将辽西、辽东，直至朝鲜半岛北部广大地区均纳入管辖范围之内。此时期，燕人北上主要有两种形式，一是因为战争，燕国人口以军队形式来到辽河流域。二是设置郡县和修建长城，置官设治，屯兵戍守，招纳劳工。战国时期，燕人北上幅度远大于商代箕氏族团北上、周初燕人北进和春秋时期齐人北征。突破了辽宁南部界线，来到其北部，甚至进入吉林省南部。大幅度北上之同时，又努力东徙。公元前227年，燕败于秦，燕王喜和太子丹退守辽东郡（治襄平即今辽阳）。辽河流域华夏人口突增四万。公元前222年，秦将王贲率大军入东北攻燕，不久，秦统一六国。秦徙"天下富豪"十二万户于咸阳，部分华夏人口从东北回迁。

秦汉至南北朝时期，是辽河流域汉族人口剧增时期。公元前221年，秦统一中国。"秦朝在中国设置四十六个郡，与东北相关的仍然是右北平、辽西、辽东三郡。右北平郡治无终（今河北蓟县），下设县十六……辽西郡治阳乐（今辽宁义县），辽东郡治襄平（今辽宁辽阳），辽西、辽东下设县至少二十九个。秦代华夏人在东北足迹超过前代，达及今吉林省西北部的鲜卑山和朝鲜半岛南部。"

汉朝时，辽河流域汉族移民增加主要有四种形式：一是西汉的自发移民，二是辽东屯田，三是夫余、高句丽的掳掠，四是战乱时期的汉人流民。汉武帝元封三年（公元前108年）平朝鲜，设置乐浪、玄菟、临屯、真番四郡。四郡及郡下各县，有相当大的一部分是汉族人口。汉武帝为了防御匈奴，推行戍边屯田政策始，从朔方至辽东"建塞徼，起亭隧，筑外城，设屯戍以守之"。[①]让兵士在辽东地区既担负守卫疆土的责任，又兼有开荒种地的任务。两汉递嬗之际，中原大乱，但辽河流域相对安定，故汉族人口纷纷前来。建武元年（公元25年），光武帝率兵北上，打击转战在北方的各支农民起义队伍。起义军连续败北，从今渔阳、平州等地散入辽西、辽东。东汉时期，夫余与高句丽称雄东北，在与中央王朝的冲突中，既掠掳了财产，又掠掳了汉族人口。阳嘉元年（公元132年）十二月，汉顺帝复置玄菟郡屯田六部。据考，系在"今辽宁抚顺、沈阳及其西南的浑河两岸"。[①]除在当地募民外，还从中原移民，于是颇具规模的汉族人口，北上东北，进入玄菟郡。

商周至西汉，辽河流域汉族人口之分布，辽西一直多于辽东。这一情况在东汉时期却发生根本性变化。特别是东汉末，公孙氏割据于此，颇重视经济、文化建设。当中原进入战乱之秋时，青、徐等地的人口纷纷来到这里，于是辽东的汉族人口迅速增加。汉末黄巾起义爆发到魏晋南北朝时期，中原的战乱始终没能平息，致使中原地区的汉族大量进入辽河流域。进入辽河流域的途径，一是为避战乱而主动迁入；二是被辽河流域的少数民族政权所掳掠。进入辽河流域的汉人，其原籍一般为今华北地区与山东地区。

北魏政权建立后，为充实中原的农业人口，又将辽西等地的不少汉人强迁回中原。所以，北魏时期辽河流域的汉族人口没有增加，而发生了两次逆向迁徙，户数和人口有所减少。晋朝汉人向辽河流域的迁移主要也有两种形式：一是汉人流民的投奔，二是强制性和掠夺性迁移。西晋初，慕容鲜卑部日渐强大，每年从昌黎郡（治今辽宁义县）掠夺人口。大批汉族百姓西迁至慕容鲜卑境内。公元338年后，数以十万计的人口被集中迁入。经过汉人的充实，辽河流域已不是人烟稀少的地方。晋升平元年（公元357年），慕容由蓟迁往邺，随着前燕疆域的扩张，政治中心逐渐从辽西转向中原，移民迁往新都附近，辽河流域已成为移民输出地，至

① 葛剑雄. 中国移民史（第2卷）[M]. 福州：福建人民出版社，1997：185.

此，汉人由内地向辽河流域的移民告一段落。

隋代仅于辽宁省西部设柳城（治今辽宁朝阳市）、燕（治今义县）和辽东（治今新民县东北）三郡，为汉族人的主要分布地区，其余的广大地区均是高丽人、契丹人、室韦人、靺鞨人等的区域。

有关唐代汉族人移民辽河流域的资料很少。学者多认为唐代辽河流域的汉族人主要分布在今辽宁省。到契丹李尽忠、孙万荣反唐之时，辽河流域的许多州县都乔迁幽州。相当于辽河流域的汉族又发生了回迁现象。唐朝讨平李尽忠、孙万荣的叛乱后，原来乔迁幽州等北方地区的汉族人，又重新回到辽河流域。唐玄宗时发生了"安史之乱"，安禄山与史思明从东北的辽宁带走了一批汉族，侯希逸一次带走两万人至青州。经过这次动乱，使东北地区，特别是辽西地区较少有汉族人的足迹。

辽、金时期，契丹和女真人兴起，东北统一以后，辽不断南下扩张，直到辽宋签订"澶渊之盟"，在此之前长达百年中，遍及河北和河南的北部、中部地区，规模空前的中原汉族人民通过自愿和被迫（以被迫为主）两种方式，大批迁入辽的统治地区。1115年，女真人建立金国，天辅六年（1122年）十二月，金军攻占燕京，次年四月，金代强制性移民从此开始。金灭辽后，挥兵南下，从而将掳掠人口的区域扩大到北宋的广大地区。天会五年（1127年），金灭北宋，天会七年（1129年），金军过长江，江南也成为女真掳掠的地区。金朝迁都，东北不再是金朝的中心，大批辽河流域少数民族开始内迁中原，汉人向辽河流域移民的浪潮基本停止。金代汉族人在东北的分布和辽代有很大不同。辽代汉族人集中在今辽宁中部和西部、内蒙古东南部及吉林西部，金代则扩展到黑龙江省松花江以南的广大区域。

明朝在东北的实际边界局限在辽东地区。军人和家属是此时期辽河流域汉族移民的主体，戍守和屯垦成为移民的主要形式。此时期，汉族移民主要有四大来源：一、随辽东镇的逐步建立而迁入的军户移民；二、因获罪被发配充军的谪迁流人；三、自发性移民，从寄籍者的分布来看，辽东半岛南端各卫的寄籍人数最多，此即与山东流民泛海而来有关；四、明末，后金政权强大后，对中原进行抢掠，皇太极时期共五次大规模入塞掠夺，总计被俘人口95万人左右。以上四类移民主要分布在辽河中下游的辽东地区，也有少数进入女真、蒙古聚居区。

总体来看，辽河流域汉族人口经历了三次剧烈增加期：一、两汉至隋时期是汉族人口最初剧烈增加的时期；二、辽宋金元时期是辽河流域汉族人数第二次急剧增加的时期；三、明朝时期是辽河流域汉族人数第三次急剧增加的时期。正是这一时期，汉族成为辽河流域的多数民族。

随着满族入主中原，辽河流域成为中原朝廷辖区。清朝东北移民可划分为三个时期：1644—1667年（清顺治元年至康熙六年）的招垦期、1668—1859年（清康熙七年至咸丰九年）的封禁期、1860—1911年（清咸丰十年至清宣统三年）的开放期。1644年（清顺治元年），清廷入主中原，满族百姓"从龙入关，尽族西迁"，造成辽河流域人口锐减。为重建辽东经济、巩固后方根据地，清廷推出了辽东招民开垦政策。在招垦的优厚条件下，"燕陆穷氓闻风踵至""担担提篮，或东出榆关，或北渡渤海"[①]，有效地改变了辽河流域的风貌和人口构成。1668年（清康熙七年），为保护满族的龙兴之地，清廷废除辽东招垦令，开始消极限制汉族人移入。"并在清初修筑柳条边的基础上，以开原威远堡向东北方向续修到法特哈镇（今吉林省吉林市北法

---

① 石方. 清代黑龙江移民探讨 [J]. 黑龙江文物丛刊, 1984 (3): 64.

特），长690里，俗称'新边'。在整个柳条边上，设有21处边门，每门常驻官兵数十人，严防汉族移民进入禁地。"[1]清柳条边在地理上代替了明长城，以柳条边为界，外为蒙古族游牧区和满族渔猎区，禁止汉人进入垦荒。至1740年（清乾隆五年），清政府正式发布对东北的封禁令，从陆路和海上全面严禁移民进入。但是，绝对的封禁从没有实行过，迫于生活压力和自然灾害，越来越多山东和直隶等省农民或泛海偷渡到辽东，或私越长城到辽西。由于他们是闯关进入的，因此被称为"闯关东"。由于清廷对东北的封禁，造成辽河流域人烟稀少，边防空虚，致使沙俄、日本有机可乘。直到清咸丰末年，迫于列强压力，将黑龙江大片领土割让给沙俄。清政府才开始转变政策，主动向东北，包括辽河流域移民。

民国时期的移民政策是晚清"移民实边"的继续，但实施力度大大加强，成为人类有史以来最大的人口移动之一。来东北的，多是华北、山东、河南等地的难民。就时间分布而言，关内移民呈初少后多之势。"20世纪初年，每年不过十数万，进入20世纪20年代，达到高潮，每年进入东北的关内移民不下四五十万，1927～1929年更多达百万以上。"[2]就空间分布而言，初呈南多北少之势，移民开始多居住在辽河中下游奉天一带，后逐渐变为北多南少，移民大规模进入吉林、黑龙江两省。民国时期东北移民的迁移路线，仍是遵循历代以来前辈们"闯关""泛海"的旧有途径，但是铁路以及机动船只的应用，为移民的迁移提供了方便。"大体上，移民由陆路赴东北可分为三途，即徒步或经北宁路赴东北；由朝阳、凌源及山海关方面，经过锦县（今为凌海市）徒步前往；由山东各地，经津浦、北宁两路前往。海路赴东北的移民，除少数南方人外，几乎都是山东移民，其中，鲁东之人多经烟台、青岛、龙口赴东北，鲁西之人除陆路循津浦路出天津外，尚有由济南下小清河，经羊角沟而前往者。"[3]陆、海两条路线，每年运送几十万，甚至上百万的移民进入东北。由于山东人是东北移民群的主体，而山东人又习惯于渡海迁移，因此，每年经海路进入东北者较陆路为多。"1923～1929年七年间，由青岛、烟台、龙口、天津等港口起程赴东北者的比例，约占总人数的70%，远远超出经陆路前往者。"[4]究其原因，主要在于山东与辽东半岛一衣带水，顺风扬帆，一夕可至，加上船价低廉，遂成为移民首选。但随着铁路的逐步展筑以及铁路上出台移民乘车优惠政策后，海路迁移者呈逐年递减之势。由于经海路赴辽河流域的人数多，这就决定了在大连、营口、安东等港口登陆的移民也必然居多数。

我国古代辽河流域民族构成，长期以来就模糊不清，至今仍有人认为"汉族一直生活在中原，后来才进入辽河流域"，其实，远非如此。辽河流域土著中本就有华夏族人口，而且中原历朝历代均有向辽河流域移民。但商周至明，辽河流域仍然是少数民族文化占主导地位，少数民族建筑才是当时辽河流域的主要建筑。导致辽河流域建筑发生根本性变革，并且最终造就今天辽河流域建筑特色的，还是乾隆以后满俗汉化，特别是清末民国初年"大移民时代"的直接影响。

三、辽河文化的特征

长达几千年的汉族人移民活动，尤其是清末民国初年的移民活动，使辽河流域的文化发生了三大巨变：第

① 范立君. 近代东北移民与社会变迁1860—1931年 [D]. 杭州：浙江大学，2005：16.
② 刘举. 三十年代关内移民与东北经济发展的关系 [J]. 黑龙江社会科学，2005（1）.
③ 王杉. 浅析民国时期闯关东的时空特征 [J]. 民国档案，1999（2）.
④ 何廉. 东三省之内地移民研究 [J]. 经济统计，季刊第1卷，1932.

一，辽河流域人口的民族构成发生了深刻变化。汉族人口，在辽河流域占据了绝对的多数。随着汉族主体地位的形成，汉民族的传统文化也占据了辽河流域文化的主导地位；第二，关内汉族人移居辽河流域，对该地区的经济开发和文化开发起着至关重要的作用，移民不仅给辽河流域带来了丰富的文化典籍，还带来了关内的先进生产技术，而且也把汉民族的传统文化及生活习俗带入了辽河流域，在文化层面上对辽河流域土著民族也产生了重大影响；第三，与辽河流域独特地域环境相生的土著文明，也一定程度上异化了汉族移民带来的中原文化，使得辽河流域文化成为兼具本土文化和中原文化特点，但又不完全等同于两者的独特文化。

"移民运动在本质上是一种文化的迁移。"[1]任何文化的移植，都是一个文化杂交嫁接的过程，移民文化不是纯母体文化。从今天来看，辽河流域文化就是一种移民文化，汉族移民所带入的中原文化，并非简单地移植，在汉族移民与辽河流域土著民族两千多年的杂居共处中，尤其是近八百年杂居的相互影响，相互渗透。这种影响具体表现在以下两个方面。其一，汉族移民带来的中原文化在少数民族中传播，逐渐渗透到辽河流域，并同化了以满族为主的土著文化。大量的史料和考古挖掘表明，从商周开始，中原的生产方式、政治制度和文化成果就源源不断地被引进到辽河流域，各地方政权也世代以效法中原为时尚，极大地充实和发展了当地的土著文化。辽河流域土著文化不断向中原文化看齐，最终导致土著民族"渐效华风"，整个辽河流域，"无论在语言、宗教信仰、风俗习惯、家族制度、伦理观念、经济行为各方面，都大同小异。"[2]其二，汉族文化与辽河流域土著文化在融合同化的过程中，许多方面表现出了被土著民族文化异化了的痕迹。尽管"东三省

移垦社会成员，没有自别于文化母体的意念，"[1]但中原文化并非也随移民而被简单地"复制"，汉族传统文化由于脱离母体和环境的改变，不能不发生异变。移植到东北的中原文化与母体文化逐渐拉开距离，在汉族移民改变东北地区文化面貌的同时，他们自己也在不同程度上被打上了当地固有文明之烙印。在土著的少数民族中，满族文化特色对汉民族传统文化异化的力度最大。辽河流域是满族的发祥地，在这里，满族文化的影响尤为明显。关内的汉人，来到辽河流域以后，往往"再世以后，与满洲人同化矣。"[3]

辽河流域的土著文化存在了几千年，即使某些方面落后于中原文化，也有其适应地域环境的合理性，在一定程度上调试了后来移民带来的中原文化。土著文化的合理性和中原文化的先进性相辅相成，融会贯通，使两种文化在一定程度上都发生变异，从而形成了新型的辽河流域文化，即辽河文化。

辽河文明的历史空间比传统的中华文明史早一千年，这里是对中原文化有极大影响力的地方。在中华民族形成之际，辽河流域就是重要的摇篮。其后在短短的两千年中，这片广袤的土地上，产生并走出了许许多多民族，它们对中国历史进程发生了重要影响。中国历史的一大半时间是在辽河民族的影响下发展过来的。那么，辽河流域民族的影响体现着什么精神呢？辽河流域民族都是在采集、渔猎、游牧、农耕的社会经济生活中发展起来的。这意味着他们在适应生存环境时，季节分明的气候养成了节奏鲜明的习俗、爱憎分明的性格；他们在获取生存资源时，造就了勇敢、剽悍、刚毅的性格；他们在结交生存伙伴时，豪爽、大方、坦率、热情；他们在追逐生存空间时，流动奔放、拼搏进取。在这种民族精神鼓铸下，产生了辽河文化，它是辽

---

① 葛剑雄. 中国移民史. 第1卷（导论）[M]. 福州：福建人民出版社，1997：102.

② 赵中孚. 近世东三省研究论文集 [M]. 台北：成文出版社，1999：232.

③ 王树楠，吴廷燮，金毓黻. 民国《奉天通志》卷99，礼俗3 [M]. 沈阳：沈阳古旧书店1983年影印版：2280.

河流域给人类缔造了特定的物质生活和精神生活。辽河文化呈现特点如下：首先，辽河流域的文化具有明显的早发性。还在远古时代，这里的人群就有了图腾崇拜、宗教信仰和祭祀活动。上古时期，这里出现了相当成熟的青铜文化。汉代时期，在辽南一带已经出现了繁荣的农耕文化。其次，辽河流域的文化具有很强的兼容性。在古代，它欢迎各种外来文化的影响，儒、释、道在这里竞相传播。有迹象表明，古代西方基督教在这里也有传播，时称"景教"。广阔的黑土地更以它博大的胸怀，吸引那些因中原的战乱而受苦的人们，给他们提供了良好的生存环境，发挥聪明才智的机会。这里的各民族之间总是你中有我、我中有你，互相学习、互相帮助、互相融入。第三，辽河流域的文化具有很强的独创性。这里生息着的许多民族受气候、地域及民族心理等因素的作用，在社会风俗、建筑艺术、绘画雕塑、歌舞曲艺方面都形成了鲜明的民族个性，一些群体在学习中原文化的时候，又进行了嫁接和创新，辽国官制中的两面官制度就是政治体制方面的杰出创举。第四，辽河流域的文化具有很强的向心性。几乎每一个辽河流域民族成长壮大以后，都把中原的文化作为自己发展的目标模式，虚心学习，善于学习，"见贤思齐焉"。他们吸收中原的经济生活，确立政治制度、文化礼仪、意识形态、教育与科举，最后融入中华民族大家庭。（图1-2-1~图1-2-4）

图1-2-1 辽河中下游平原

图1-2-2 辽东山区

图1-2-3 辽河口

图1-2-4 辽西低山丘陵

第 二 章

辽河流域聚落的演变过程

第一节　传统村镇聚落的形成（中华人民共和国成立之前）

一、起源及蠡测

在广袤的辽河流域，早在旧石器时代就有人类在此居住。辽宁省本溪市中部地区太子河上游支流汤河河畔的山城子村东庙后山的南麓山坡上的庙后山遗址是迄今为止发现的中国最北的一个旧时期早期文化遗址。山洞穴中的原始人，几十个人集体穴居在岩洞里，过着血缘群婚的生活，几个年长的姊妹主持着这个家庭。这也是辽宁地区出现得最早的居住聚落。沈阳市新乐遗址是一处原始社会母系氏族公社繁荣时期的聚落遗址。该遗址占地面积17.8万平方米，集居地约2.5万平方米，出现了辽宁省最早的半地穴式房址。在奴隶社会时期，一些部落和氏族实行了分封，在燕国统治下的辽宁，由于和中原地区关系密切，使之成为东北最早确立郡县制度的地区，这时在辽宁出现了有管理制度的人类聚落。

据资料记载，秦汉时，为了躲避中原的战乱，或逃避赋役剥削，很多的内地居民自发流亡到辽东，为了巩固边疆，也有很多贫苦农民被强制迁徙到辽宁，有的筑城，有的屯田，已经出现了很多较大规模的聚落，典型实例便是辽阳市三道壕西汉聚落遗址。该聚落在辽宁省辽阳市北郊三道壕村、太子河西岸冲积平原上，占地约2平方公里，是1955年我国第一次大规模发掘的汉代农村遗址。在万余平方米的发掘面积上，共清理出6户居住遗址，都是农家宅院，每户占地面积260～660平方米。宅院门向南，独立门户，院与院距离15～30米不等，宅院都有房屋、炉灶、土窑、砖窑、水井、厕所、畜圈、石路、垃圾堆。厕所旁边设有猪圈或牛马栏，饲养牛、马等牲畜；宅旁有菜园，设水井灌溉。主要以草顶、土墙、木柱搭建的简陋狭小的住屋，分散自成院落，并且自备一套小生产

设备。可见当时居民的住房已经有了功能的分区，并且随着经济的发展，建筑的形式和材料都有了很大的改进。

三燕时政局比较混乱，在北方多战争，而且气候也发生了重大的变化。北宋司马光《资治通鉴》卷95中记载："公元336年，渤海湾从河北昌黎到辽宁营口连续三年全部冰冻，冰面可通行慕容皝讨伐的大队人马。"气候的大变化，严重影响了社会历史。寒冷期和干燥期的到来，驱使北方、西北的少数民族向南寻找生存的地区，导致历史上规模最大的一场少数民族内迁运动，加剧了北方战乱，而气温的下降，无疑使北方农业产生不良影响，增加了生活成本。这时期的聚落人口迁移，规模逐渐减少甚至整个聚落被废弃。

辽金时期是辽宁村镇聚落的发展时期。唐朝末期，中原地区藩镇割据，战乱频出，很多汉族人逃亡，契丹人趁机俘虏人口，使契丹境内的人口增多，被俘虏的人带去了先进的生产技术，大大发展了契丹的经济，开始了建房筑城邑而居。金代统治辽宁近百年，由于社会环境比较安定，此时聚落和城邑都在迅速地发展中。随着经济的发展，附属的公共建筑比如庙宇的数目增多。但是随着蒙古族的强大，蒙古兵总是去掠夺财物，此时的金廷各种的政治势力又叛服不定，导致辽西和辽东战乱多年，人民饱受战祸之苦，社会经济遭到严重破坏，辽、金所建古城大部分被摧毁为废墟，百姓逃亡他乡，田园荒芜。此时的聚落和城邑也成为不定的局势，很多都遭到破坏，人口的减少，使许多的聚落失去了原有的功能。元代，是辽宁地区的社会经济一个停滞不前的时期，甚至是衰落期，人口大量减少，虽然实行了军屯措施，但是从新民县当铺村发现的元代聚落遗址上来看，和金代差不多，没有大的进步。明代出现大量

的以军屯和商屯为主的聚落形式。到了明末由于都司卫所军官掌管大权，致使民不聊生，克扣军士的饷银，军民纷纷逃亡。在《全辽志》卷5记载："每大城之中，旧有数千百家，今寥落百十家而已；一大堡之中，旧有百五六十家者，今荒凉七八舍而已。聚落丘墟，蒿莱满目，萧条之状不忍殚述"。明嘉靖、万历年间，受到太监和官吏的残酷剥削，大量的屯军逃亡，又出现了屯田荒芜、聚落被毁的现象。与此同时，明朝统治阶级为了顺应东北地区汉、女真、蒙古各方强烈要求通商互市的愿望，同时也为了在政治上笼络东北各民族及巩固边防的需要，于明永乐四年（1406年）正式设立了辽东马市。该马市分设开原、广宁二市。马市贸易对辽东汉族地区的经济繁荣是十分有利的，由此催生出了以马作为贸易对象的商贸聚落。随着辽东戍边驿路的开辟，明代辽东共设置驿站35个、递运所34处、安塌所18个，及相当数量的驿馆和铺舍。便捷的交通大通道和货物方便的转运，集聚了来自东北其他地区和关内的一批批官兵及其家属以及他们的同乡，在这条驿路上逐渐形成了一个个聚落。除了陆路驿道外，明代的辽东海河航运也是很重要的，但是由于当时的航行技术条件比较差，《明太祖实录》卷134记载："海运之船，经涉海道，遇秋冬之时，烈风雨雪，多致覆溺。"但是正是在这种物质和气候恶劣的条件下，辽东的军卒和劳动人民不断丰富和发展了辽河流域的航运事业，沿辽河干流及主要支流，均出现了因航运而发展起来的聚落。

明中叶以后，随着女真人的崛起，辽东边墙内外，已形成南北人口对流的运动，出现了汉族人和女真人杂居的聚落。

清代之前形成的聚落，随着时间的推移大多已经淹没在历史的长河中，今天我们所看到的村庄大多是清末和民国年间随着东北最大规模的移民活动——招民垦荒、移民实边与铁路、港口兴建的过程，陆续发展起来的。

二、聚落类型及分布

辽宁省传统村镇聚落的类型是多样的，根据聚落形成原因将现位于辽宁境内传统村镇聚落分为以下七种主要类型：渔猎文化影响下的聚落、游牧文化影响下的聚落、农耕文化影响下的聚落、明代戍边催生的聚落、近代沿辽河贸易催生的聚落、近代铁路兴建催生的聚落、近代煤铁开发催生的聚落。渔猎文化影响下的聚落主要分布在辽宁东部的抚顺市、本溪市、丹东市等地，该地区高山深谷以及鸭绿江、浑江、太子河、苏子河流经此地，是辽东地区早期渔猎文化的孕育地；游牧文化影响下的聚落主要分布在辽宁西部及西北部的朝阳市、阜新市及沈阳市的康平县等地，该地区与内蒙古草原相接壤，自古以来就是游牧文化区；农耕文化影响下的聚落分布在辽宁全境，特别集中分布在辽河中部平原以及辽河三角洲地区；明代戍边催生的聚落在明代辽东长城和四条驿路沿线分布，位于今天的辽阳市、锦州市、盘锦市、抚顺市、铁岭市等市的部分地区；近代沿辽河贸易催生的聚落主要分在辽河的干流和主要支流——浑河、太子河等沿线，位于今天的辽阳市、盘锦市、营口市、抚顺市等市的部分地区；近代铁路兴建催生的聚落主要分布在中东铁路及其支线沿线，位于今天的沈阳市、辽阳市、盘锦市、营口市、大连市等市的部分地区；近代煤铁开发催生的聚落主要分布在有煤和铁资源的地区，集中分布在本溪市、抚顺市、阜新市、朝阳市、鞍山市等市的部分地区。

三、聚落特点

（一）巧妙利用自然环境和资源的选址

辽宁地区传统村镇聚落选址特点：一是巧妙利用自然环境，比如在山地和丘陵地区，聚落一般位于背山的阳面，可以屏挡冬日北来寒流，争取良好的日照；二是选择有丰富的水源又可避免淹涝之灾的地方，这样既方便了日常生活、渔事活动，又满足了灌溉用水；三是选择资源丰富的地方，比如良好的森林资源便于狩猎、采摘，良好的土壤便于耕种和蔬果种植；四是水路或陆路交通便利的地方。

（二）与自然环境紧密结合的聚落形态

辽宁地区传统村镇聚落的形态布局主要以带状、块状为主。带状聚落形态主要受制于水系和道路，如新宾县永陵镇、宽甸县东岔村，这些早期受水源影响的聚落总体向外扩展的趋势是依据当地的水源呈带状发展。它们或沿河道伸展，或避免洪水浸淹而沿高地呈条带状延伸；块状聚落的形成过程及向外扩张的原因较多，其中有地形地貌的制约以及与商业活动发展直接相关。以位于本溪满族自治县东部的历史悠久的碱厂镇为例，它古时称之"张其哈喇甸子"。碱厂镇东邻东营坊乡，南接兰河峪乡，西连田师付、南甸子两镇，北与新宾满族自治县搭界。明代建堡伊始，由于地理区位，碱厂就成为市肆繁盛、商业发达的小城镇，女真人、契丹人、三韩等人常来碱厂与汉族人互市，到清乾隆初年（1736年），碱厂便定为逢十为集日。随着商市的发展，来此居住的人也逐渐增多，聚落开始向外围扩张。到清末本溪县建治时，碱厂较大的商号有福兴魁、四合兴等26家。碱厂沿街各行业门户相延五六华里。到民国20年（1931年），经过碱厂镇的县道有三条。由于交通方便，促使了碱厂古镇成为本溪满族自治县当时最繁华的商贸中心（图2-1-1）。商业街区不断地扩大，市场也在增加。据有关史料载，碱厂一处的货物进出量，占当时全县贸易进出量的10%左右。经济的发展促使本地区建筑数量的增多及建筑规模的增大，整个聚落的形态也向外围扩张。

（三）与聚落性质相关联的平面布局

辽宁地区村镇聚落布局有两种明显不同的类型：第

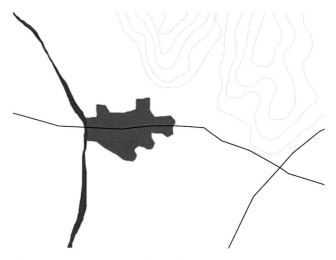

图2-1-1　碱厂镇质变初期形态（来源：《过境公路对辽宁省小城镇空间结构影响》）

一类是由于受经济发展水平和自然环境的限制，聚落内的道路多呈不规则形状，完全随房屋排列变化自然形成，路面多为土和碎石，真实体现了"人走之处即成道路"，它是自发聚落形态的延续。其基本特征是其布局遵循以聚落内重要（标志性）的公共建筑为点，以道路或河流为线，大量民居（院落是其基本单元）为分布面的基本规律。道路网和水系以自由式布局为主。具体而言，这种聚落多是以一条主干道为主，按照房屋的走向而延伸，辽宁地区的民居通常是坐北朝南，因此道路多呈现东西走向。道路的平面形态与院落的关系主要有以下两种：第一种是院落直接与聚落道路相临，中间无平地相隔，院落门直对道路（图2-1-2）；第二种是在聚落道路与住宅院落大门之间有一块过渡性质的空地。空地可作为住宅院落的外部延伸，其性质仍属于私有。空地沿院落中轴对称布置，中间形成一条宅前道路，联系院落大门与聚落干道。第二类是经济条件好，地理位置重要，受到朝廷重视的军事重地等。传统的城镇聚落多是历代封建王朝的州、府、厅、县官署所在地，同时也是地区政治、军事中心和货物集贸中心。因此它们在聚落的布局上有着相似性。一般建有砖、土城墙，平面布局比较规则，以方形或长方形为主，道路比

图2-1-2 道路与院落的关系（来源：本书编写组 绘）

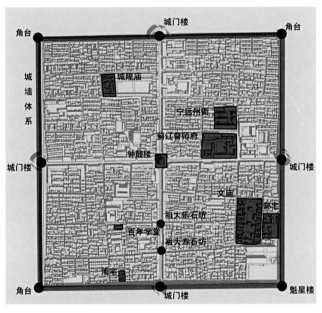

图2-1-3 兴城古城主要建筑分布图（来源：本书编写组 绘）

较宽敞平直，常按方格状或棋盘状布置，衙署设在城内中心位置，比如金州、复州、阜新、宁远州（兴城）（图2-1-3）、广宁（北镇）、开原、老城、西丰等地就是采用这种规划布局。这些古城布局合理，以轴线划分的四个区，功能比较分明。道路网为棋盘式，主次分明，结构合理。房屋建筑布局合理，四条大街沿街建房，这样可以充分利用土地，增加街道的繁荣景象。

（四）多样及多元的建筑类型

聚落中数量最大的建筑类型是民居，除此之外，建筑类型的多样主要表现在经济较好的传统城镇聚落上。城镇的生活相对乡村聚落而言它的形式多样，有寺庙、书院、饭馆、茶馆、商会、客栈、当铺、钱庄、娱乐场所——戏园子等，这些场所是人们休息和社交的集聚地，同时也是多种建筑的集合体。据记载，牛庄历史上拥有大小庙宇30多座。公共建筑的增多是与当地的经济发展分不开的。同时在商业街道上的房屋很多是居住和作坊、店铺相连，具有多种使用功能。当时木结构、青砖灰瓦是集镇中多为常见的建筑形式。经济条件好的商人会使用合院形式，前店后宅。有些官吏的住宅布局严谨一些，建筑的细部讲究多，比如在墀头、山墙、门窗、椽子等上面都有雕饰。

（五）注重实用的公共空间

辽宁地区传统聚落的公共空间包括出入口、庙会集市商业性广场，街巷结点生活性广场，以及墓地等。广场大多只是自然形成的一些集合交通、集市贸易、宗教活动等空间场地，因占地面积大小不一、形状灵活自由、边界模糊不清，广场的基本功能以交通和交往为主，然后发展出休憩、家务、商业、旅游、聚会等功能，是补充各种功能空间所必需的社会空间。聚落出入口广场大多结合牌坊等形成相对开阔的空间，是传统聚落入口的停车、人流集散、晾晒谷物的空间；街巷结点生活性广场也是居民的交通广场，是街道、巷弄等交叉、互相联系的空间，一般规模比街巷结点空间规模大，可供行人驻足休息；墓地一般多选择在聚落田地的一隅或边缘，利用岗阜、崖坡地修建。

总之，辽宁地区传统村镇形成历史悠久，在新石器时代，辽宁境内就有先民聚居形成的居民点，随着历史发展逐渐形成聚落。清宣统元年（1909年），辽宁地区已有村屯19556个。辽宁境内小城镇早在春秋战国时期已开始出现，它们的规划通常具有相似性。民国初年，辽宁地区村镇聚落发展曾一度繁荣，但城镇规划格局沿袭清制，没有大的变化。随后因军阀混战而逐渐萧条。民国和东北沦陷时期，日本侵略者在辽宁境内铁路沿线的一些较大城镇，如苏家屯、葫芦岛、大连港、瓦房店、海城、北票等地都编制和实施了附属地市街计划和都邑计划，并在辽宁的东、西部山区农村强制推行"归屯并村"，实行烧房扒房政策。解放战争时期，该地区村镇建设陷于停顿。

在自然生态制约下的辽宁省乡村聚落主要受自然生态以及与之相关的生产生活方式的影响。后来随着自然经济的解体和农业工业化的出现，集镇发展更加迅速，逐渐出现早期的从乡村型聚落向"城镇型"聚落的转化。虽然存在集镇和普通乡村的差异，但是由于生产力水平的制约，广大的乡村聚落依然保持着比较均衡的状态。

第二节　传统村镇聚落的变革（中华人民共和国成立—改革开放之前）

1949年到1978年的三十年间，一系列国家建构的制度性变革和组织重构深刻地影响着传统聚落的变迁。中华人民共和国成立初期，辽宁地区设辽东、辽西省和沈阳、旅大、鞍山、抚顺、本溪五个中央直辖市，并将原隶属于辽西的山海关市划归为河北省。在1952年又撤销辽东、辽西省，建立辽宁省，并将沈阳、旅大、鞍山、抚顺、本溪划归辽宁省；同时将四平、梨树、双辽划归吉林省，将原热河省管辖的朝阳县、建平县、建昌县、北票县和喀喇沁左旗划归辽宁省。

一、聚落形态的扩展

1950年12月，政务院颁布了《乡（行政村）人民政府组织原则》，开始在全国建立乡、村两级的基层组织机构，聚落第一次被划入了国家的正式管理当中。随后党政机构和行政机构在聚落开始设置。1955年，辽宁省共有行政村10894个。1958年辽宁省开始减少乡的数量，扩大乡的规模。乡的建置由原来的2520个，调整为1470个。乡的规模大体分为三种类型：第一类是交通方便，地理位置优越，村屯集中，经济比较发达，人口稠密，一般为3000～4000户，1.5万～2万人，这类乡共有241个，占总数16.4%；第二类是人口相对比较集中，地理位置处于平原地区，村屯不太分散，经济相对发展，一般为1500～3000户，0.75万～1.5万人设一个乡，这类共有915个，占62.2%；第三类是地理位置比较恶劣的山区和边远地区，交通不便，村屯比较分散，人口稀少，经济相对落后，一般为800～1500户，4000～7500人设一个乡，这类共有314个，占总数21.4%。"减少乡的数量、扩大乡的规模"以及"集体化"对聚落形态的扩展有着极为重要的作用。集市的增多不仅反映了当时人口、经济贸易的要求，同时从侧面也反映出聚落规模的扩大，比如，据《庄河县志》记载："1948年春在庄河、明阳、大营、小孤山、隈子、太平岭、仙人洞（德兴街）、长岭设8处集市。地处山区的德兴街集市开放后，当地和邻县区农民、各地商贩纷纷前来赶集，集市贸易日渐繁荣，该地设集市后，新开业的杂货床20多个、饭馆8个、理发店1个。8月又在城山、马道口、高阳、平山、高岭增设5处集市。各地开设集市后，许多生活问题得到解决，并且农民通过集市出售自己产品，然后再从供销社买到生活的必需品。1949年全县设15处水产市场，贸易兴隆。1951年全县设15处牲畜交易市场。到1955年，总集市达到21个……1971年11月取缔小孤山、长岭牲畜交易市场。1975～1976年秋，以'哈尔套社会主义大集'强行取代传统性的集市贸易。首先由旅大的'社会主义大集'开始，实际上开始形成了强制性的集贸市场。"[1]这段话同样也表明了在中华人民共和国成立后，传统聚落以集市形式进行扩展。

二、聚落内部的重组

中华人民共和国成立后，建立在土地国有化基础上的聚落，土地无偿使用政策和改造政策推动了其内部形态的大规模重组，体现在商业服务、生活居住等多个方面。在商业服务方面，20世纪50年代公私合营后，市镇商业网点进行了调整，国营商业获得发展，小型分散的私营店铺则不断撤并，商业网点减少，原来商贾云集的一些传统商业街市日益衰落。1958年受"大跃进"和"人民公社化"的影响，搞单一的流通渠道，致使渠道堵塞，黑市增多，物价上涨，供应紧张。仅以大连市庄河镇为例："1959年到1961年恢复了21个集市。'文化大革命'期间，集市贸易受到冲击，污蔑集市贸易是资本主义尾巴，把人们赶集说成是走资本主义道路，对集市采取'严格限制，逐步代替'的做法。1967年关闭庄河、青堆、明阳、栗子房粮油市场。1968年10月

城乡集市贸易全被取缔。用'大批判'开路，限制社员家庭副业生产，为城乡居民带来极大的不便。1969年10月不得不恢复23个集市。"[2]在生活居住方面，传统的居住形态并无大的改变，但是由于中华人民共和国成立后对社会阶层结构的重建，平民无产者社会地位上升，大量的原属传统绅士、工商阶层的私有房产、庙宇等被收为公有，重新分配给无房少房人士或挪为厂房或机关用房。比如《辽阳县志》记载："民国期间，辽阳的宅地私有，买卖自由。1948年，辽阳地区全面开展土地改革运动，没收地主占有的房屋和宅院，征收富农多余的房屋，分给无房居住的雇农和贫农。没有分到房宅的贫农、下中农，村政府均分给'房宅地'（俗称房号），一般为0.3～0.4亩。一般按家庭人口数分房号，4口人以下户分2间房号，南北长30米，东西宽18米；5～6人户分3间房号，南北长30米，东西宽27米；7人以上户分4间房号，南北长30米，东西宽36米。"[3]再比如，在《孤山镇志》中记载："1969年，对古庙进行改建规划，将殿堂改为医院、病房、药房、餐厅、厕所等……将拆除的门楼做储存箱，将室内木构拆除做木料，拆掉砖雕、影壁、花墙、石碑等作为砌墙的砖……"。此外，在工业生产方面，将传统的手工业转移到统一的大生产厂房里。除了占有民房外，还在镇区内见缝插针地建设。

三、建筑的更新

（一）住宅建筑

中华人民共和国成立后的一段时间，农村家庭经济一直处于低水平增长状态，这时期农民的住房只是在改建和较少的新建。20世纪60年代人们才开始相对提高

① 庄河县志编纂委员会办公室. 庄河县志 [M]. 北京：新华出版社，1996.
② 同上.
③ 辽阳县志编委会. 辽阳县志 [M]. 北京：新华出版社，1994.

对房子的要求。

比如在辽阳的首山镇，中华人民共和国成立初期只有三个很小的自然村屯，当时三个村屯共有草房45所，砖瓦房20所，建筑面积约3040平方米，人均2.5平方米左右。镇内房屋多为石墙或土墙草苫房。中华人民共和国成立后，房屋建设规模不断扩大，质量不断提高，大量的草房被砖瓦房取代。刚开始建房的坡屋顶是由当地的秫草加油毡，后来秫草的数量已经满足不了需求，开始出现了平顶房。辽宁山区，中华人民共和国成立前，房屋多建在山地向阳处。居民多独门独户，院落之间有一定距离。房屋多为起脊木结构、土坯墙、草苫或秫秸苫房，富户多住木结构的合院砖瓦房。中华人民共和国成立后，山区居民多住一户三室，木结构、泥、石墙的草苫房。烟囱建在房子两侧，通道与火炕相连，屋内有三面炕；平原地区居民住房，多为"一明两暗"（中间开门）的木结构、土坯墙、草苫房，房中间为灶房，东西两间为卧室。20世纪60年代，部分居民住房改为砖石结构的瓦房。五六十年代的住房多由当地居民自建，面积没有固定的标准。居民只是按照自家需求进行建设，每家情况各有不同，一般普通三开间住房为100平方米左右，居住3~5人，1~3代户。大部分住户的卫生间还是按照农村传统卫生间的布置方式，大多在院落中单独布置，与整体住宅脱离。

这时期的住宅建筑主要有以下几种特点：

第一，在单体民居的院落布置上，院落基本由正房、仓库、卫生间等基本使用空间组成。由于排列的方式不同，可以产生三种不同的院落布置方式。第一种是自由组合型，即镇区内居民根据自家生活方式的需求不同来布置院落内各功能空间。由于家庭生活方式的多样性，不同的职业需要有不同的功能空间，如农业户院落内需要有小农具储藏、粮仓、微型机舍、猪圈等功能空间，而专业户需要小型的作坊、工作室、小仓库等空间。自由组合型的组合方式可以根据住户自己的需求随意组合，布置灵活。与此同时也要看到其带来的另一面，即由于过度随意，使得整个镇区比较杂乱，缺少相应的统一性。第二种是局部统一型。这种院落布置方式即将院落中某些功能相同的部分（如卫生间、仓库等）按照某些条件统一布置，而其他功能空间随各家需求不同随意布置，这种院落布置方式弥补了自由组合型的过度随意的缺点，在不影响每户使用的同时，又保证了整个镇区的整体形象的统一（图2-2-1）。第三种是联排的院落组合方式。独院式院落方式，每户以自己为中心布置，院内布置有正房和厢房。联排住宅有很多种，从数量上，有两栋并在一起的和多栋并在一起的，从层数上分单层联排（图2-2-2）和多层联排。比如北票市金岭寺镇区在中华人民共和国成立初期兴建的职工宿舍，通长十几户就是联排住宅的一种形式。相对于独门独户住宅，联排住宅在土地的利用上更加节约。此外，联排住宅之间共用山墙，在纵向房间的热量只在彼此相邻的房间传递，更利于热量的保存，从而节约采暖能源，而独门独院的住宅山墙暴露在外面和空气接触，相当一部分热量传入室外，造成能源浪费。虽然有不同的院落布置方式，但是，新建房屋多采用合院形式，形成独门独户的院落。一般为一进，也有少部分的二进，二进以上的大型居住院落基本没有。各部分面积比例有所变化，农耕需要仓储等辅助面积所占比例逐渐增大，而居住部

图2-2-1　局部统一型图（来源：朴玉顺 摄）

图2-2-2　联排住宅图（来源：姚琦　摄）

分比例相对较小，前后院的面积很大，这样不仅可以有足够的采光，同时前后院一般都种有农作物。也出现一些房子从北面墙上开后门，但是大多数还是在院子的东面另辟通向后院的通道。同时院落因生产、饲养需求尺度也大一些。大尺度的院落也是为满足家禽饲养、堆放农作物、柴火需求而形成的。

第二，住宅平面紧凑。居住分为起居、厨房、卫生间、卧室等几个主要部分，传统布局保留着原有的三开间结构，即中间为厨房兼过厅，两边为卧室，有的为了减少北墙的热损失，在北部又增添了一排房间，称为倒闸。由于北方气候寒冷，没有集中采暖，所以各家都是用火炕采暖，这就导致厨房与卧室、起居总是连系在一起。

第三，建筑立面规整。住宅山墙和后墙面为了保暖起见一般很厚且不开窗，在南侧开大面积的窗以满足日照采光。较早的住宅建筑多采用的是坡屋顶。坡度相对较大一些，既有利于保温，又防止积雪，还可以

丰富天际线。

（二）公共建筑

这一时期，新式的公共建筑类型逐渐增多，数量逐渐增加。新建的公共建筑有供销社、银行、医院、电影院等。这些建筑的出现，给人们的生活带来了很多方便，同时它们也成为人们增长知识的场所，比如，孤山镇在1973年建了阀门厂大楼、针织厂大楼、驻军815591办公楼。1975年建了第二医院大楼，以及由房管所的技术人员设计的面积为1775平方米的电影院大楼，1976年建了面积为1234平方米的新华书店大楼，以及面积为1600平方米的第二招待所大楼，还有邮政大楼、城建大楼等；再比如，中华人民共和国成立后，绥中县城的建设开始有了起色。20世纪50年代老城墙拆除，县城面积逐渐扩大，市容不断改观。南门外的中央路一段，中华人民共和国成立前是一片田野和零星错乱的低矮民舍，中华人民共和国成立后经历年的修建，

中央路已筑成笔直平坦的柏油路面，两侧楼房林立，中共绥中县委办公楼和绥中县人民政府办公楼矗立两边，隔路相望。沿中央路的两侧还有县人大常委会、县人民法院、县人民检察院、人民武装部、人民银行、剧场、电影院、工人俱乐部、百货商场、文化局、新华书店、广播电视局、邮电局等现代建筑。中央路、新兴街及东西大街，构成绥中城区的骨骼。南市路和老马路设有农贸市场，轻工和农副产品琳琅满目。

（三）"革新"运动破坏了传统

"大跃进"时期的"大炼钢铁"运动对传统聚落中的建筑造成了一次严重的破坏，尤其对公共建筑，比如寺庙、教堂等。为了获取一切有用的建筑材料，有些建筑被拆除，一些历史悠久的铁制品被重塑。在"文化大革命"期间的"破四旧"运动中，大量被视为"封、资、修"的传统文化遗产被损毁，比如大孤山古建筑群在1966年6月庙店内的佛像都被砸，壁画用白灰涂抹，石碑被毁，陈列品及工艺品被砸碎等，受到极大的破坏。曾经由外国传教士建的别墅也是在中华人民共和国成立后被拆除，后来保留了一个较大的场所，被军队改建成哨所。

（四）建筑材料的更替

到了20世纪60年代后期，"里生外熟"的瓦房有所增加，不但窗户大，而且都装上了玻璃或透明塑料。到70年代，农村逐步将东、西厢房调整或扒掉，草房也开始改成起脊瓦房。新建房屋以挂满椽、砖石墙最为普遍，比如《北镇县志》记载："1973年，广宁乡田园子村有1户自筹资金，建成农村私人最早的一幢小楼，为两层砖石和钢筋混凝土结构，占地36平方米，使用面积72平方米。1949~1978年，乡村累计新建住宅600

万平方米。"[1]

《桓仁镇志》记载："中华人民共和国成立初期，房屋建筑结构和用料仍无明显的变化，只是草房渐少。墙体用河石渐少，被青、红砖取代。上下窗渐少，被对扇窗取代。纸糊门窗渐少，被玻璃取代。到1959年，兴建砖混结构的楼房，木屋架，木框玻璃门扇，捣制钢筋混凝土楼板。"1970年后，流行方板材或小原木屋架，房架上钉瓦条挂瓦，白灰保温暗棚，木框玻璃门窗。

（五）其他基础设施的改善

由于集体化的原因，为市镇设施的建设提供了免费的劳动力，村镇中的道路和部分基础设施较中华人民共和国成立前得到了改进。但是工业优先的发展策略决定了工业因素成为村镇形态变迁的内在动力，一切与工业有关的项目被放到最突出的地位。村镇建设中"重生产，轻生活"的做法忽略了相应的生活基础设施的建设。以下面的实例为代表来说明，庄河设厅时，只有上下两街，总长1公里左右狭窄弯曲的土路。民国初年，县商会出资修建架有木梁上铺高粱秸与土的草木结构土桥。民国28年（1939年），隈子村寇半沟屯地主寇介卿，捐赠钱款、木料修架木桥，接通庄河镇以东交通。1945年街路扩展为四条：下街（今滨河路）北起东大桥头（庄河桥），南至老鱼市（南大坡以南、以东），为中心街道，长约1公里；上街北起北大坡北，南至南大坡南，长约0.7公里；"日本街"（今文化街）从南大坡起，西至西菜园子，长约1.04公里；县府街（今革命街），从北大坡起，西至"日本街"，长约0.27公里。四街总长3.01公里，均系土路。1954年开始对原有土路进行维修和改造；1957年，开辟拓修新路；1963年起，为交通方便、减少污染，将主要街道逐步改建为柏油路面。

① 北镇满族自治县地方志编纂委员会. 北镇县志 [M]. 沈阳：辽宁人民出版社，1990.

新宾县的南杂木镇在中华人民共和国成立前只是一个人口不到千人的聚落，村内仅一个汽车站，一个火车站和"永茂盛"等几家买卖、作坊。镇内的房屋建筑多是破旧不堪的茅草房，只有几家富户是深宅大院，没有一栋楼房。而中华人民共和国成立后，经修建，一条宽12米的主干道已纵贯镇中，全长9000米的九条街道，已有2500米铺成沥青路面，道路两旁垂柳成行。镇政府投资8万元修建了明沟排水，并将镇政府机关门前到火车站广场的街道两侧铺上了水泥地面。

桓仁镇在中华人民共和国成立前，村屯道路均为土路，路面狭窄，高低不平，雨天泥泞不堪。1950—1962年，进行局部修整，路况有所改变。对于主干道进行修整、扩建，修补支线，并且开始修建乡级公路。这些道路均和国、省、县级道路相接，形成干、支结合的公路网。民国年间至中华人民共和国成立初期，村屯居民集中的地方，饮用大口井水，少数分散村屯居民，饮用江河水或山泉水。20世纪50年代末至60年代初，少数居民在自家院里或堂屋，建手压汲水井。1970年，向阳公社回龙大队首先修建自来水设施，供给部分居民用水，成为桓仁县农村第一个使用自来水的大队；1977年，二黑甸子公社二甸棚子大队建成自来水设施；同年，铧尖子公社新农村大队筹建资金，安装自来水设施。

孤山镇在中华人民共和国成立后，人民政府非常重视和关心镇内电灯照明。孤山镇成立孤山办电办公司，开始有限输送电量。孤山镇有史以来的供水全靠露天大井，山上的居民用水极为不便。在1960年，部队和政府共同建设机井，但是只能在指定的地点取水，并且收费。到1976年孤山镇开始有自来水公司。但是并不是真正的自来水供水，而是在主管道内输水。

在中华人民共和国成立初期，各县、镇政府接管了敌伪房产；没收了官僚资本家的多余房屋分给广大劳动人民；修复了破漏住房、街道和供水设施；建设了一批医疗、教育等公共建筑，县镇面貌有所改变，农村

实行土地改革，没收地主阶级的房屋，分给贫苦农民居住。有关部门开始将城镇规划纳入各级政府管理范围。1953年，原辽西、辽东两省所属的少数城镇（如兴城）编制了总体规划，主要针对东北沦陷时期的不合理建设和解放战争时期遭受破坏等情况，编制了局部调整规划。1958年，辽宁省提出要用3～5年时间将各城镇建设成为现代化、园林化的社会主义新城镇。截止到1960年末，省内有辽中、建昌等17个县镇完成了区域规划或建设规划。营口、海城地区在1975年发生强烈地震后，大石桥和海城镇编制了重建家园规划，其中海城镇总体规划得到了辽宁省革命委员会批准，对恢复建设起到了重要的指导作用。同时辽宁省村屯规划始于1958年，根据农业部、建筑工程部关于开展人民公社规划的通知，本着"生活集体化"和"建设共产主义新农村"的目标，辽宁省开展了村屯规划工作。到1960年，法库、建昌、长海、康平等县完成了部分农村社区和居民点建设规划（但此次规划基本未实施）。20世纪70年代，在"农业学大寨"活动中，农村居民点建设开始强调少占耕地。在这一时期道路和水利设施有所增加，但是缺乏投资和合理的规划指导，以至于一些河道被填平，传统聚落的空间布局因为道路的走向而遭到了破坏，比如位于辽宁省沈阳市刘二堡镇西部的"皇族满族聚落"的蒲河村，全村共有农户281户，925人，有80%是爱新觉罗姓氏。经济来源主要是渔业和养貉。蒲河村的爱新觉罗先祖则是排行第五的包朗阿，因此是"红带子"，属镶黄旗。土改前，全村一共100多户，结果有18户是地主，村里的富农比外地的地主还富裕。

为了修建水利工程，在20世纪60年代，整个村子搬迁，现在的建筑都是60年代新建的砖瓦房。唯一体现满族特色的就是几乎每一家的西墙上都供着祖宗板，院子里伫立着索伦杆。不过值得欣慰的是村民将以前的家庙搬迁过来重建，在里面可以看到以前的村子独特的生活生产工具和村民的风俗信仰（据村子威望较高

的肇江耀老人讲述，我们可以推测出原有村子的满族特色，但是现今的村子完全失去了原有的民族独特性，而看到的是建筑和道路完全的"复制"性）。复制的"来源"基本是中华人民共和国成立后20世纪六七十年代辽宁省的普遍模式。

中华人民共和国成立后一系列国家建构的制度性变革和组织重构深刻地影响着乡村社会的变迁演替。但由于过度人为的建构变迁制度，忽视了乡村发展的客观规律，使得城乡壁垒日益突出，但是仍取得了很多进步，只是村镇发展总体上比较缓慢。

第三节　传统村镇聚落的新发展（改革开放之后）

一、聚落空间的新发展

（一）农村向城镇转化

改革开放后传统聚落的变化与发展已经不单纯是取决于自然生态因素以及以宗法礼制、文化历史为主要内容的社会文化等因素的制约，而是在自然、社会文化、经济、政治、区位差异等综合作用下形成了与以往大不相同的一种新的特征。

在国家简政放权过程中，多数地区各级政府获得自主发展的权利，表现为不同行政区间的开放性增强，经济水平逐步缩小，城乡交流日益频繁。乡镇工业的崛起带来了乡村经济的发展，同时改变了农民传统的聚落生活方式。农民的就业形式也出现了多种样式，比如非农业就业收入的家庭、外出打工者或者在乡镇企业兼业者等人数不断增加，尤其是乡镇企业带来了农民收入的增长。辽宁省在1983年农民人均收入比1978年增长1.6倍，而到1997年比1978年增长近10倍。经济的发展，带来了人口城镇化水平的大幅度提高。

（二）空间形态的扩张

聚落开始由内向外扩展大多是沿着交通干线延伸，这主要是由于交通沿线具有较高的经济性，这种空间结构上的经济性要求与大城市比起来显得特别明显。在聚落发展的初期阶段，其扩展往往是依靠由河道水系所形成的伸展轴。这类的伸展轴一般用地规模小，外伸不远，并在一定阶段进行伸展轴之间的横向填充，基本依附于集镇的中心区。随着聚落的发展，主要伸展轴往往为新开辟的公路（铁路）所取代（或扩展方向向公路方向靠近、推进），或者公路与河道并重（有时公路常常就是在与河道平行的方向上）。公路的伸展轴一般用地规模较大，外伸较远，往往伸向高一级的地域中心。现以北镇市沟帮子（图2-3-1～图2-3-3）为例予以说明。沟帮子镇位于辽西走廊北部，距沈阳175公里。镇区总面积6.8平方公里。它原为小荒村，相传清乾隆年间有王姓兄弟由河北迁移此地，居于干河沟河帮处，故得名沟帮子。当时沟帮子仅仅是小聚落，交通不发达，仅有与周围村庄连通的小路。1890年京奉铁路（现京沈铁路）的北京至大虎山段通车后，沟帮子镇成为锦州—沈阳之间的大站，至此，沟帮子借此交通优势逐渐发展。1928年沟帮子已经成为北镇的第一大镇。沟帮子镇在中华人民共和国成立之后迅速发展，尤其是102国道和305国道的修建，使沟帮子镇的交通优势更加显著。镇区随着交通的发展也迅速壮大，同时居民看到交通所带来的利益，纷纷在国道两侧建房开店，于是城镇沿两条过境公路发展，用于过境运输的国道成为镇区经济发展轴，成为镇区内部的市街。

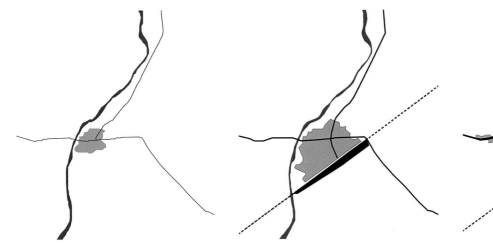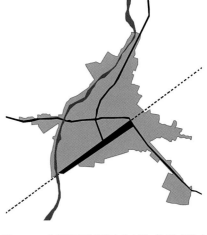

图2-3-1　沟帮子镇传统聚落形态（来源:《过境公路对辽宁省小城镇空间结构影响》）　　图2-3-2　沟帮子镇质变初期形态（来源:《过境公路对辽宁省小城镇空间结构影响》）　　图2-3-3　沟帮子镇现状形态（来源:《过境公路对辽宁省小城镇空间结构影响》）

到2004年末，镇区已有各类房屋建筑140万平方米，其中住宅84.3万平方米（住宅中楼房63万平方米），人均15.3平方米；公共建筑30.5万平方米；工业建筑25.2万平方米，沿路的各类建筑约80.6万平方米，约占镇区总建筑面积的57.6%。目前，沟帮子镇两条国道在镇内延绵几公里之长，其中102国道在镇内约有4.5公里，305国道在镇内约有3.6公里，占地面积约38.2公顷，是镇区各类道路占地面积的28%。由于交通的便利，沟帮子镇的经济发展十分迅速，其镇域也随着时间的变迁，总体呈现块状扩张的趋势。

（三）功能分区的明确

辽宁传统聚落尤其是后来发展成为小城镇的聚落，都不同程度上存在着工业区和居住区的混合现象，这种现象的产生与聚落自然形成过程有很大关系，因为聚落一般由几个相对独立的农村居民点为基础逐渐发展而成，而每个靠近聚落中心的地方又都含有一个或两个工业企业，这些居民点被城镇吸收、包含以后，已经初具规模的工业用地就很难再按功能分区拆除或集中了。

但是改革开放后尤其是在20世纪80年代后，这些小城镇的功能空间开始改变。从外部空间形态上看，传统单一的街区空间模式开始向复式街区转变，镇区内的道路格网骨架逐步完善。学校、剧院、商店、体育场、宾馆等各类公共场所一应俱全。镇的空间形态在继续保持建筑类型多样化特征的同时出现了功能分区的趋向。居住区、工业区、商业区配置全面，基础设施条件已有实质性的改观，公共服务设施完善，比如复州城镇将镇区划分为古城区和新城区及大窑、镇海、永丰、东永四个外围区。另外在新城区内规划四个工业小区和四个大型专业集贸市场。在规划中引入城镇社区理念，规划中的四片区与现有的行政区划、土地权属、管理体制相衔接，形成新的社区。这样既可充分利用现有各种有利条件，避免大拆大建造成的浪费；减少对耕地的侵占，也可保障每个社区都有自己的就业、居住、交通完整体系，以及逐渐完善的基础设施配套建设。

这时期的城镇虽然由多个组团、多个服务中心构成，但其中心区正逐渐形成，其中心性也在不断增强。随着小城镇第三产业的发展，商业、服务业、金融业开始向城镇中心集聚，居住区也相应向中心区以外搬迁，比如复州城的中心街周围就是整个城镇的中心，主要以商业为主，周围形成了居住区、教育科研区、工业用地等。

（四）空间形态的多元与均质

在现代交通方式的带动下，乡镇企业获得加快发展的机遇，外资的进入在推动地区经济发展和进一步改进城乡关系的同时，也促进了地区间的分异，同时也进一步加剧了多元形态组织的可能。随着农村改革开放的发展，农村社会逐步走出了封闭的圈子，社会新兴产业增多，农民谋生范围扩大，谋生渠道增多，且其他渠道的经济来源和效益相对于目前农业生产力水平下的农业经济效益明显高出许多，外部经济收入占总收入的比例大幅度增加，这些都是农民生活改变的主要因素。家庭经济收入增加是家庭再建设发展，甚至于重复建设发展的基础保证，它也是聚落空间演变的动力。

从消费结构来看，农民吃、住、用、穿、文化服务等的各项消费都有成倍增长，生活水平从贫困型上升到温饱型并逐渐向小康型过渡。在农村商品经济发展和城乡商品交流中，还出现了一批专业市场，如辽中县茨榆坨服装市场与海城市西柳布匹、面料市场都闻名全国。同时经济的发展造就多种多样的身份形式。在20世纪80年代的中后期，社会学者通过研究将乡村社会划分为农业劳动者、农民工、私营企业主、个体劳动者、雇工、农村智力劳动者、乡镇企业管理者和乡镇管理者等八个阶层[①]。他们的家庭收入、社会地位、生命周期和种族、文化状况等的差异，造成了城镇居住空间的差异。首先，在城镇用地扩张过程中，随着外来移民、农村剩余劳动力流向城镇，以及城镇产业结构的优化、高新产业的出现及壮大等，造成了城镇居住空间呈现多元。表现在：规划合理的商品住宅小区；建筑密度极高、用地布局混乱的"城中村"；传统的民居形式等"相互"依存。在经济发展最为迅速的地区，快速、集中的乡镇建设极大程度上改变了乡村聚落分布的传统地域特征，收入较高的居民向中心居民点以外搬迁，搬迁到环境和基础设施都较好的新区，而旧区则逐渐出现"空心"结构。其次，新建的扩张空间经历了类似城市单位式的整体变迁，空间呈现出一种均质形态。集体统一建造房屋的方式，使得外观、色彩、高度基本一致。外部空间逐步向着拓宽主要道路、建筑竖向发展、居住建筑成片规划等方向发展。

二、居住建筑的改变

（一）样式的多样

由于居民家庭收入、社会地位、种族、文化状况等的差异，造成了村镇居住空间的差异，有规划合理的商品住宅小区，有建筑密度极高、用地布局混乱的"城中村"，也有传统的民居，它们相互依存。

（二）竖向发展的特征

虽然住宅建筑的样式存在着多样性，但是总的来看，新区的住宅建设表现出统一竖向发展的特征。在经济较发达的地区，住宅层数为4～6层不等。在经济相对落后的地区，也有住宅层数为体量相仿、高度相同的2层或3层楼房。过去那种建立在土地私有基础上的依靠血缘、地缘关系建造的方式已经基本销声匿迹，除了还能见到少数由近亲关系（如亲兄弟）出现的住宅联建外，大部分都是在宅基地分配制度的刺激下呈现出的一种"盖图章"式的建造方式。琉璃瓦、瓷砖、陶瓷锦砖、镜面玻璃……乃至于后来的"欧陆风"，都在小城镇的建房活动中得到先后反映，在居住条件得到大大改善的同时，来自城市的混沌不清的流行文化造成了传统建筑的遗失。于是，传统的带有群体价值取向的整体水平式聚落空间就被以个体价值取向为主的片断式垂直的空间形式取代。比如孤山镇在1985年底，县城内建筑

---

① 陆学艺. 改革中的农村与农民——对大寨、刘庄、华西等十三个村庄的实证研究 [M]. 北京：中共中央党校出版社，1992.

竣工4层以下楼房170栋，总建筑面积达15万平方米，是中华人民共和国成立前的27倍。1988年新建的砖混结构的6层居民楼，总面积3600平方米。桓仁县自1995年迄今，县城建设总投资23.8亿元，其中，商品房开发总投资15.8亿元，共开发150万平方米，到2006年底，县城住宅建筑面积达197万平方米。同样实例，新宾县的南杂木镇在改革开放后，新建住宅是以前的175%，其中楼房40余栋，住宅面积总计达158000平方米。

（三）居住模式的改变

随着社会经济的发展，村镇居住模式发生了较大变化，比如上夹河镇，遗留的20世纪五六十年代由当地居民自建的住房，面积没有固定的标准。居民只是按照自家需求进行建设，每家情况各有不同，一般普通三开间住房为100平方米。对于新建住房，当地镇政府按照国家关于农村居民家庭新建住宅人均居住面积的规定把人均24平方米作为控制的标准。同时各部分面积比例变化，早期农耕需要仓储等辅助面积所占比例大，而居住部分比例相对较小，同时院落因生产、饲养需求尺度也大一些，而随着城镇化发展，则是以起居为主，辅助部分面积减小。其他村镇居住模式的变化与上夹河镇的这种变化是相似的。居住分为起居、厨房、卫生间、卧室等几个主要部分，由于北方气候寒冷，没有集中采暖，所以各家都是用火炕采暖，这就导致厨房与卧室、起居总是联系在一起。随着生活的需要，卫生间等辅助功能与起居愈来愈近，同时由于采暖方式的变化，厨房也可以从起居之间分离出来，与卫生间等重新组合，在新的居住模式下形成新的辅助功能分区。再以石佛寺村为例，传统布局保留着原有的三开间结构，即中间为厨房兼过厅，两边为卧室，还有一种类型就是类似于"口袋房"的形式。在村中仍然有很多是在中华人

民共和国成立后建的房屋，或者在细部进行了改造，但布局形式依旧。新建住宅是当地人在传统住宅的基础之上，依据现阶段对生活的需要，进行了部分的改造，卫生间由室外移到了室内，这也反映了随着时代的发展，人们对于住房的需求也有所改变。而在经济发展较好的地区，一些规划合理、功能配套、内外环境协调的商品住宅小区也拔地而起，这些商品住宅小区都实施了市场化、专业化和社会化的物业管理，就如上节介绍的"竖向发展的特征"。

（四）技术水平的提高

这时期各地区可供选用的建筑材料种类极其繁多，不同材料创造性地结合极大程度地扩大了设计的选择范围。在急剧的社会转型时期，传统木构筑似乎已经逐步失去生存空间，地方性、较原始的天然材料有被逐渐替代的趋势，而简易的钢筋混凝土梁板等预制构件用量则日趋增多。即使是砖瓦，其规格也趋向于统一，这种情况表明村镇建设已经跨进了一个新阶段。20世纪80年代以后，村镇建造住宅为了防震、坚固、美观，墙体以石、砖、水泥砂浆砌筑，上部带有钢筋混凝土圈梁。木制屋架，屋面为瓦或草，个别由钢筋混凝土现浇或预制构件建成，比如80年代初的绥中，"农村出现建房热，建筑水平大有提高，平房大量出现，材料是砖、水泥、砂石、钢筋等。较讲究的房屋内分出厨房、寝室、客厅、仓库等。1981年秋子沟公社时杖子大队佟文彦自建1座3间2层式楼房，使用面积84平方米，造价1.5万元，是县内农民自建的第一座楼房。农村人均住房面积已达18平方米，超过县城居民人均居住面积。"[1]再比如，"庄河镇的房屋建设由中华人民共和国成立前砖木结构，全部转为砖混结构，不仅造型新颖，并向高层次发展。私人建房由平房、起脊瓦房转为2~3层楼房，美

---

① 绥中县地方志编纂委员会. 绥中县志 [M]. 北京：中国社会出版社，2002.

观大方；1979~1985年末，农民建房竣工面积144400平方米。全县农村实有住宅面积3008566平方米，新房面积占48%，人均面积12.88平方米，新建房屋一般是3~5间，八里甸子镇韭菜园子村新建砖混结构房屋1086间。拐磨子镇大荒沟村98%的农户盖了砖混结构新房，二来镇农民自建楼房12栋，面积1693平方米。"[①]

（五）地域特色开始消失

首先，新建筑材料的出现和建造技术的进步，是社会发展的必然趋势。特别是交通方便、经济发展较快的地区，人们已经不满足于以往那种旧式的民居建筑，而且一些地方性材料的性能并不理想。随着地方性材料被取代，以及新结构方式的推广，随之出现的必然是各地民居建筑以及空间形式和风格相互雷同、千篇一律，这不免会导致乡土文脉的消失殆尽。

其次，传统乡村聚落的交往，往往都是局限在聚落和家庭中，最多是到集镇。而随着乡村企业的发展和城镇化的推进，农民的生活观念向着现代化发展。尤其是电视机、电话、报纸、网络等现代传媒工具也走向乡村，使农民的视野在扩大，他们越来越明白应该扩大交往空间，不断地学习好的外来文化。工业化的进程改变了农民传统的生活方式，他们开始走向亦工亦农的生活状态，在接受城市文化中也保留着农村文化。同时城镇化步伐的加快拉近了城乡之间的距离。让农民更多地体验到城市的文化，建设与城市相似的生活环境成为他们的理想和愿望，对以前的一些生活习俗和环境并不留恋。他们已经不满足于旧有的居住条件，于是掀起了新建住房的热潮，这些新建住房从一个方面看确实比旧民居优越得多，它不仅坚固持久，而且能为人们提供良好的通风、采光和卫生条件。在若干份调查问卷中，绝大多数农民迫切要求住新房或修旧房，要求理水、修

路，他们渴望能富起来，并不满足存在的居住环境。保存下来的、形成和完善在数百年前农耕社会的传统村镇聚落模式，与已迈入社会主义现代化建设中乡民大众的交往、生产和生活需求，产生了极大的错位，也就是说，传统的聚居环境和建筑文化正受到现代化经济和文化建设的剧烈冲击。虽千篇一律，但简单实用、舒适度更好的房屋成为百姓"自己设计、自己建造、自己使用"的不二选择。

三、公用建筑与公共服务设施建设突飞猛进

改革开放带来了经济发展和人民精神文化的改变，人们对生活条件的需求也在不断提高，而公用建筑和公共服务设施建设就是其中的一项重要工程。辽宁省乡镇的市政建设的投资力度也在改革开放后逐渐加大，投资规模不断扩大，并在村镇设置了村镇建设办公室，这些全新的市政设施为乡镇建设发展注入了新的动力。

（一）公共建筑

首先是公共建筑的类型增加，不仅有行政办公建筑、商业建筑和医疗建筑，还开始大量建设教育建筑和文化建筑，比如，孤山镇在20世纪80年代建有交通旅社楼、面积为1956平方米的百货大楼、面积为200平方米的工商管理所大楼、面积为775平方米的政府办公楼、面积为450平方米的二轻门市部楼、面积为1314平方米的供销社第二商店楼、面积为820平方米的文化馆楼、面积为374平方米的法庭办公楼。在庄河镇区七条主要街路上，各具特色的高楼鳞次栉比。著名的有百货大楼、联营公司、庄河商场、云山宾馆、县医院住院部、电视大学等，面积最大的是县医院住院部。改革开放后桓仁先后建设了秋实纪念馆、隆兴门、迎薰门、朝

① 庄河编纂委员会办公室编. 庄河县志［M］. 北京：新华出版社，1996.

阳门，以及垃圾处理场、污水处理厂、富尔江大街等具有代表性的重点工程。公共建筑完成59.96万平方米。新宾镇在党的十一届三中全会后，编制了《新宾镇总体规划》，采取"集资统建""合资共建""自筹自建"的办法，按照城镇的总体规划，由公建部门统一指导施工，使城镇建设有了迅速的发展。1979—1985年，全镇有100多栋楼房拔地而起，总建筑面积达183000多平方米。在这些新建的楼房中有学校、医院、幼儿园、图书馆、影剧院、旅社、办公楼等公共建筑70多栋，建筑面积76000多平方米。

随着国家投入大量的人力物力支持教育事业的发展，辽宁省各村镇出现了正规的学校教育和职业培训，同时各种传媒场所也建立起来，比如，孤山镇宫屯村这个时期建设了较大面积的文化活动室，供村民看书娱乐，村里还将2000多平方米的泡子垫起来做村文化广场；沈阳市石佛寺村建立的锡伯族西迁纪念馆和西迁广场；辽中县农村也相继建成上百个不同规模的文化广场。

（二）道路

市政建设取得成绩较大的就是对村镇内道路的修建。这时期道路的建设量几乎是中华人民共和国成立初期的10倍，道路的宽度增加，沥青、水泥等新材料大量用于道路建设上，新的道路网络已经初具规模。

现仅举几例说明：桓仁县公路大规模建设始于中华人民共和国成立后，到1985年，全县有乡以上公路19条（586公里），形成了国省干线与县乡公路及多层次桥涵配套的公路网络。到2006年末，县内共有56条等级公路（1017公里），开通公路隧道三处，除各桥涵提级改造外，新建设了西江大桥和北江大桥，共完成黑色路面摊铺675公里，在全省率先实现了村村通油路。城市基础设施建设总投资8亿元，新建或改造道路21条，三纵八横一环的道路骨架基本形成（图2-3-4）。台安设治之初，县城仅有两条主要街道，一条从大西门（今

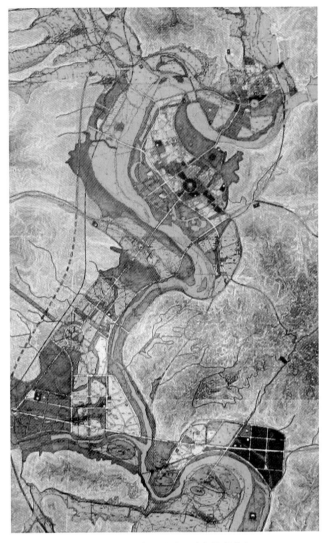

图2-3-4　2005年桓仁规划图（来源：桓仁县城建局 提供）

县联社址）到大东门（城郊兽医站东），长千余米，是横贯东西的主要街道；一条从南门（今团结商店）经伪县公署（今县政府招待所）往北至北门（今繁荣粮站），近千米，是南北向的主要街道，其余为寥寥可数的几条小巷。所有的大小街道，不仅狭窄弯曲，而且全是土路，刮风尘土飞扬，雨天泥泞难行。中华人民共和国成立后，随着各项事业的发展，城镇规模不断扩大，城镇的街道建设也逐步发展起来。原横贯东西的主要街道已开拓成宽阔平坦的胜利路，总长达1370米；原南北向的主要街道，不仅加宽了路面，而且往南延伸600米

（光明街）；在城区中部开拓一条与胜利路垂直的繁荣街，总长达2350米，与胜利路构成"十"字骨干街道。县城北部工厂、民宅不断增多，1980年在城区北部开拓一条与胜利路平行、全长1978米的大庆路。为了解决东西向的交通，先后开通了恩良路、文化路、向阳路和红旗路等街道。到1985年末，县城街道增加到五街七路，共15条，总长达12944米，相当于中华人民共和国成立前的10倍，基本形成比较完整的城镇交通网。改革开放后，街道规划整齐，并铺设了柏油路面。1985年，一部分乡镇修筑了街道排水明沟8.98万延长米，改善了居住环境。泡子镇是阜新蒙古自治县境东部较早形成的集镇和农产品集散地，它原只有1条东北、西南走向的1000米的斜街，路面狭窄，临街建筑物参差不齐。1988年改造完成，取名中街，道路已由原宽5~6米拓宽到21.5米，并修成混凝土路面，路两侧修筑石砌排水暗沟，并安装路灯。临街大凡商号、企事业单位的门脸等都已经焕然一新。镇北干道，以泡子中学门前为中心，向东西两翼伸展，西接务泡公路，东抵铁路线，长1200米，宽14米，沙石路面已经形成，路两侧遍植行道树，临街设置的公共建筑与日增加。此外，东西南环路已经形成骨架，其他街坊路大都得到改建和扩建。全镇规划共有主次干道18条、街坊路34条。

（三）照明

农民生活的基础设施也在不断地提高和进步。随着地方水电的发展和国家电网供电的扩大，电灯照明已取代了油灯。在《孤山镇志》中记载："孤山镇在1988年，用电户为4800余户，镇内的路灯从1986年以来逐年增加，比如从电影院门前起到东煤厂门前止，560米长有悬式双臂路灯12盏。庄河至1985年末，在14条街路上，共装高压汞灯383盏，铺设地下电缆4.2公里，照明里程3公里，占总路程16%，其中，向阳路与黄海大街，装有自动开闭定时器。"

（四）居民用水

改革开放后，农民饮水除自己家用的水井之外，很多地方使用了自来水。目前，自来水在辽宁地区的乡村已经基本普及，例如，1985年底，北镇市乡村有68个村屯，5.8万农业人口用上了自来水，约占全县农业人口的12%，其中，1985年一年，就有26个村屯的12151口人喝上了自来水。农村现有自来水管道总长112236米，有供水压力罐51个，供水塔21座，基本解决了贫水地区和含氟量高的地区民用饮水问题。1985年末，孤山镇撤销了供水点，管线直接通到居民的家中，用水户增至2600户，占全镇总户数的50%。1982年在桓仁镇，乡村自来水设施建设逐渐增多。1985年末，9个乡镇、21个村的3468户居民饮用自来水，占21个村总户数的54.9%，占全县农村总户数的6.63%。

（五）排水

在村镇建设的环境中对于排水管道的修建是其中重要的一项工程。大部分村镇的排水设施出现在改革开放后，并且集中在乡镇政府所在地，村庄中的排水设施一直以来都是乡村建设的短板，比如，广宁镇是北镇县人民政府所在地，沟帮子镇为全县交通枢纽。但是，沟、广两镇的排水设施长期以来未被人们重视，各工厂的工业废水、居民的生活污水等都不经任何处理自由排放。因此，对生产和生活都有很大的影响。1983年，治理了广宁镇二区排水问题，共铺设水泥管道长11358米，其中，主管道长1248米，支管道长10110延长米，并铺设泔水桥胡同下水管道1200米。全部工程挖基础土方16万立方米。1984年6月，又进一步完善了二区排水的尾项工程，使汇水面积达13160公顷的二区排水问题彻底得到解决。1985年，修建了老东街地下排水管道，总长为725米。同时，对沟帮子镇的排水问题也采取了一些应急措施，累计挖排水明沟16761延长米，使排水难的问题得到了缓解。

（六）绿化

中华人民共和国成立初期，城镇的绿化未引起人们的重视，虽然政府强调和宣传过城镇绿化的意义，但均未付诸实施，致使城镇绿化工作的速度缓慢。"文化大革命"时期，城镇绿化工作受到干扰。改革开放后，人们对环境的要求也不断提高。以北镇的广宁镇和沟帮子镇为例，从1980年开始，种植了花草、树木，至1985年12月，主要街道已植桧柏、银杏等风景树，同时在树周围栽种了草坪。另外，庭院绿化也有较快进展，人均绿化面积3.1平方米，覆盖率达到9.1%。在主要街道旁分别修建了花坛，东、南门外的交通转盘也建了花坛。

改革开放以后尤其是20世纪80年代辽宁省的小城镇进入设镇数量的快速增长时期。快速发展的城镇建设极大地改变了区域农业文明与自然景观，村镇的外部空间形态也在多元城乡关系的作用下产生了巨变。

第四节　传统村镇聚落的演变特征

辽宁地区的传统聚落经历了三个主要的发展阶段，即中华人民共和国成立前的形成与发展阶段、中华人民共和国成立后到改革开放前在国家政策影响下的变革阶段，以及改革开放后新发展阶段。由于影响聚落的因素不同，使得三个不同时期聚落的类型、构成要素、空间形态以及整体风貌有所不同。

（一）从聚落类型分析

早期聚落根据形成原因，在辽宁地区可以归纳出五种主要类型，渔猎文化影响下的聚落、游牧文化影响下的聚落、农耕文化影响下的聚落、明代戍边催生的聚落、近代沿辽河贸易催生的聚落。

中华人民共和国成立后，随着渔猎、游牧等古老生产方式的逐渐消失，取而代之的是更加具有稳定收入的农耕，原渔猎型聚落和游牧型聚落全部变成农耕型村镇。随着辽河支流和干流的断流、淤塞，一度繁荣的临河贸易随之衰退，曾经繁忙的商贸集镇从此萧条，多数这类聚落也变成了以农耕为主的村镇。随着中华人民共和国新的铁路线的修建，部分原来因铁路而兴的聚落因仍处在铁路沿线而越发兴盛，也有部分随着旧铁路的弃用而衰退。随着中华人民共和国成立后煤铁的持续开发，大部分这类聚落均发展成规模不等的城市。由于当时实行的统购统销政策，极大地限制了商品生产和商品流通，农村经济开始萎缩，农民的生产积极性受到挫伤，当时的小城镇逐渐丧失了原有的经济基础，在"人民公社化"运动的冲击下，大批小城镇改变为人民公社，导致小城镇在管理层面上也日益农村化。同时土地无偿使用政策和改造政策推动了其内部形态的大规模重组。比如在商业服务方面，公私合营后，小型分散的私营店铺不断撤并，商业网点减少，原来商贾云集的一些传统商业街市日益衰落。由于中华人民共和国成立后一系列国家政策的主导，新出现了"社会主义大集"——计划经济下的商贸集镇。新的城乡管理体系的建立，在县政府所在地形成该地区的经济、政治和商业中心。因此，这个时期村镇类型主要有占比最大的农耕型、商贸集镇型，以及区域中心型三种主要类型。

改革开放后，除了传统农业型村镇仍占大多数之外，各地结合自身的产业优势和区域优势，形成种类繁多的各类村镇。

（二）从构成要素分析

早期乡村聚落由自然形成的土路、自由建造的民居、必要的公共建筑、少量的公共设施组成。早期贸易型聚落一般沿街设立商号，为促进并扩大人们交往的活动范围，又开设了茶楼、酒馆、旅馆等。此外，早期聚落中还修建了一些代表着上层阶级愿望的公共建筑，比如寺庙、书院等，这些公共建筑也成了村镇聚落积极的公共空间及中心地。近代时期，随着外来文化的传入，带来了教堂和学校，在经济发达的地区还出现了电灯公司、电报局、邮电局、水文观测站、巡检司衙门、领事馆、税务局、洋行、盐厘局、收捐处、渔业总局、警察署、军营和基督教会、商务会、师范讲习所、教育会、圣教会、巡警局、监狱、军人会、兴农合作社、伪兴办合作社、棉花会社、汽车站、福民医院、戒烟所、镇公所等建筑。

到中华人民共和国成立后采用沙压或柏油修建县乡公路、统一划拨宅基地、采用钢筋混凝土等新材料建造住宅，在中心镇出现了医院、电影院、百货商店、变电所等类型多样的公共建筑，以及纺织厂、服装厂、电线厂等工业建筑，给水排水、电力电信等市政设施建设量开始逐渐增加。由于集体化的原因，为市镇设施的建设提供了免费的劳动力，村镇中的道路和部分基础设施较中华人民共和国成立前得到了改进。对原有土路进行维修和改造；开辟拓修新路；为交通方便，减少污染，将主要街道逐步改建为柏油路面或是沥青路面，开始修建乡级公路，这些道路均和国、省、县级道路相接，形成干、支结合的公路网。

改革开放后，聚落构成的基本要素，即道路、住宅、公共建筑、市政设施等在规模、质量上有了突飞猛进的发展，村镇又出现了文化广场、小公园、门廊等出入口标志，以及各具特色的河道景观和田园景观等。

（三）从空间形态分析

最初聚落形态为块状散居的居民点。它们的形态扩展有两种形式：一是在块状基础上呈现年轮式生长，逐步地扩大，一般以商业、服务业为中心，逐渐向外扩展，或以商业、服务业街区两翼扩展，这种布局为方便生活所用而呈现出自由的布局形态；二是一些因为地处要塞或者边境，成为兵家防卫之所的军事重地，集生产、居住、集贸或防卫等功能于一身。这类聚落平面布局比较规则，以方形或长方形为主，道路比较宽敞平直，常按方格状或棋盘状布置，衙署设在城内中心位置。聚落中建筑布局大体呈坐北朝南的行列式，因此道路通常是鱼骨形，而在各支路的交叉口处是人们经常使用的公共空间。但是这时期的房宅地的选择一般无统一规划，致使居住极为分散、参差不齐。院落布局比较简单，一般由正房、厢房两部分组成，正房包括起居、厨房，厢房包括储藏等辅助空间。一些少数民族有自己的风俗习惯，比如在院落里布置索伦杆等。为适应寒冷的气候、采纳更多的光照，院落相对较大，为了方便生活及劳作，一般在前后院都种植农作物。

1949～1978年，除了延续早期的基本空间形态以外，在村镇的入口处通常都有广场，广场周围有小商店、行政中心（大队部或者乡镇政府办公处）和仓库，功能很齐全。行政办公的内部广场规模更大，四面都由建筑围合起来，界限清晰，形成一处非常封闭的场所，领域感很强。大队部及乡镇政府办公处曾是进行各种群众集会的公共场所，有着相当强的政治性色彩和时代烙印。院落除了继承了以前的自由组合型之外，出现了两种新的形式：局部统一型及连排型。院落有正房、仓库、卫生间等基本使用空间。由于农耕的需要，仓库等辅助建筑的面积较大，居住建筑面积较小。为采纳更多的阳光，院落都较大，在前后院都种有农业植物。出现了新的公共建筑，它们成为村镇的公共空间甚至是中心地，为乡民的生活带来了很多的乐趣，同时也成为他们增长知识的场所。这个时期有关部门开始将城镇规划纳入各级政府管理范围，城镇开始有了空间规划。

1978年以后，随着人们收入的增加，对居住的要求也逐步提高，新建房屋数量逐年增加、规模不断扩大，造成城镇土地扩张，在旧城外围建设新城。各地区的用地扩张后，村镇聚落形态由早期的块状及带状发展为以下四种基本类型：块状形态是比较常见的用地形态，用地比较紧凑，村镇的伸展轴比较短，复州城镇（大连）、碱厂镇（本溪）、牛庄镇（海城）、泡子镇（阜新）等属于此类；带状形态平面上呈狭长的长条形状，用地较分散，紧凑度小，有两个方向的伸展轴，中三家镇（朝阳）、王家镇（大连）、石佛寺村（沈阳新城子）、蒲河村（沈阳辽中）属于此类；星状形态是在几何上呈放射状，紧凑度居块状与带状形态之间，有三个或三个以上的伸展轴，具有较强的向心性和开放性，比如孤山镇（丹东）、沟帮子镇（锦州）、刘二堡镇（沈阳）、永陵镇（抚顺）、中小镇（鞍山）等；双体形态即由两块分离但相互依存、有机联系着的城镇用地组成，几何形状上由两个分离组团串联形成，比如有桓仁镇（本溪）、宽甸镇（丹东）、小市镇（本溪）、胡家镇（盘锦）等。改革开放后尤其是在20世纪80年代后，村镇的空间形态在继续保持建筑类型多样化特征的同时出现了功能分区的趋向。随着社会经济的发展，院落中各部分所占比例有所变化。早期受农耕影响，需要仓储等辅助面积所占比例大，而居住部分比例相对较小，同时院落因生产、饲养需求尺度也大一些，而随着城镇化发展，则是以起居为主，辅助部分面积减小，在一些楼房社区里院落已经被取消。

（四）从聚落风貌分析

早期的村镇聚落遵循巧用环境原则，与山水自然环境相互融合。各类建筑的建造就地取材，相似材料的使用加之建造方式的复制与模仿，地方特色和民族特色十分突出，使得早期聚落形成一种特有的聚落景观。

早期民居以土、木、石、青砖、青瓦为主要材料，建筑色彩呈现出材料的原色，屋顶形式以坡屋顶或者囤顶为主。早期类型多样的公共建筑，以传统建筑样式和中西合璧的建筑样式为主，一般2~3层居多。除了本地传统的建筑材料，近代出现的公共建筑还采用了红砖、水泥、瓷砖、玻璃等来自海外的材料。在一些经济富裕、交通方便的枢纽，已不满足集市贸易，而力求使商品交易经常化、固定化，因而出现了商街，反映出当时城镇繁荣的经济状况。

1949~1978年，这一时期住宅建筑基本延续早期的住宅形式，在建筑材料上，新建的建筑多为砖瓦结构，多数坐北朝南，立面规整，山墙和北墙面为了保暖起见一般很厚且不开窗，在南侧开大面积的窗以满足日照采光。屋顶仍多数采用坡屋顶，也有一些平屋顶。由于工业的影响，出现了联排形式的工人宿舍楼。同时，在这个时期很多宝贵的历史建筑和文物建筑遭到破坏。为市政工程的建设，一些少数民族的村镇被迁移重建，致使它们失去了原有的民族特色。

1978年后传统住宅逐渐减少，而住宅建筑的造型也日益多样化，出现高楼、别墅等，农民收入增加带来建房购房的高潮，城乡日益接近的生活方式使住房由"改善型"到"享受型"转变。同时村镇建设中的"跟风""攀比"行为不可避免。随着建筑技术水平提高、建筑形式日益多样化，公共建筑的建设成为改变村镇形象的重中之重。很多村镇都兴建了社区服务中心、老年活动中心、图书室、文化广场等。基本设施配备水平有很大的改善，道路网络发达，几乎所有的村镇都通了电，绿化系统也得到了大量合理的建设。但是由于人口的增多及居住的集中，一些生活污水未经过任何处理就排入河道，造成水质下降、河道淤塞，环境有所污染。同时随着乡镇企业的发展和城镇化的推进，快速发展的城镇建设极大地改变了区域农业文明与自然景观，小城镇的空间形态也在多元城乡关系的作用下产生了巨变。村镇风貌中的地域文化及民族符号消失严重。

第一节　地域环境与聚落形成

辽河流域渔猎文化影响下的聚落，是指在辽河流域以打鱼捕猎、林下采集为主要生存方式的聚居生活场所，这种生存模式依赖于江河山林，聚居的群体崇敬自然、相融于山河。此类型聚落分布在辽宁境内东部山地丘陵地带，主要集中于浑江中下游和苏子河流域，呈现"大分散、小聚居"的特点。

辽河流域最早有关人类生活的记载是位于今辽宁东部的本溪市山城子村东庙后山距今约50万年的庙后山遗址，该遗址表明那时就开始了渔猎生活，初步形成了以渔猎为主要生活生产方式特点的聚落雏形。之后依托高山密林、大川溪流的自然环境和人口稀少的社会条件，渔猎一直是这个地区主要的生产生活方式，由此形成的聚落也处于缓慢发展阶段。直至明代，建州女真人的定居生活使这种聚落得到了真正的发展，从《桓仁建州女真志》的记载中可知婆猪江（今浑江）流域的建州女真人在明正统三年的状况是"虽好山猎，率皆鲜食，且有田业以资其生"。而其衰退是在明朝以后，由于经济和交通的不断发展，大量人口涌入所带来的动植物消减、河流污染和捕捞过度等问题影响了当地人原本的生存方式，另外，先进农耕技术的成熟与普及也削弱了当地人对原始掠夺式经济的一致继承。

即便如此，依托于"大山大河"的居民，他们拥有丰富的自然资源、适合渔猎的工具和手段，附近的山林、江河湖海皆可作为他们的渔猎空间，因此依靠山林进行"采集—贸易"或依靠江河进行"渔业—贸易"是他们生存的必由之路。长期以来，他们在渔猎生活中形成的独特语言和思维方式、社会制度和价值观念、地域认同和渔猎精神以及服饰衣着和饮食习惯等共同构筑起辽宁东部渔猎聚落完整而成熟的传统文化系统，并在此基础上潜移默化地形成了人与聚落人居环境相互影响的客观发展规律。

一个地区的自然地理环境制约着甚至决定性地影响着该地区的生存模式和文化格局。渔猎型聚落的形成依托于高山密林、大川溪流的地域环境，反之，地域环境也给予了聚居群体偌大的生存和发展空间。

一、地域环境特点

辽宁东部山区是辽宁境内渔猎聚落的重要集中地，此处位于辽河平原东侧，地处北纬122°52′～125°46′，东经40°0′～43°8′。这一地区以沈丹铁路为界划分为东北部低山地区和辽东半岛丘陵区，面积约6.7万平方公里，占全省面积的46%。东北部低山区，是长白山支脉吉林哈达岭和龙岗山的延续部分，由南北两列平行的山地组成，海拔500～800米，最高山峰岗山位于抚顺市东部与吉林省交界处，海拔1347米，是辽宁境内最高点，称为辽宁屋脊。辽东半岛丘陵区，以千山山脉为骨干，北起本溪连山关，南至旅顺老铁山，长约340公里，构成辽东半岛的脊梁，山峰大都在海拔500米以下。其共同特点是山势起伏大，坡度较陡，沟谷深，大多呈脉状分布，互相重叠交错，山外有山，连绵不断。整体地势由东北向西南呈降低趋势。

辽宁东部山区水系主要属辽河流域、鸭绿江流域。辽河的主要支流有太子河、浑河、苏子河、清河等，鸭绿江的主要支流有浑江、富尔江、大雅河等。流域内森林茂密，植被良好，其中山丘区面积占总流域面积的一半以上。河流穿行于山谷间，水流多曲折，坡陡流急，水量丰沛，除小河在冬季部分时间发生连底冻外，较大河流常年川流不息。这样的地理环境和气候集聚了以渔猎为生的人群，他们或因血缘或因地缘而聚，分散在重山之间、江河之缘。

辽宁东部山区的山地丘陵面积较大，平原低地面积少，地形破碎，当地人多用"八山一水一分田"的俗语来概括。该地区自然资源较为丰富，森林覆盖率多达60%以上，因而野生植物资源种类繁多，分布广泛，如短梗五加、辽五味、蕨菜、缬草、人参、刺龙芽、天麻、蘑菇、木耳、榛子等，同时松、樟、柞、桦、榆、杨树等资源丰富。广阔的森林植被给兽类提供了良好的隐蔽条件、食物资源与栖息生境，而且人为干扰较少，为大型有蹄类动物以及森林啮齿类动物提供了大面积的适宜生境，所以驼鹿、马鹿、狍、麝和野猪的数量很多。该地区内河流众多，流经区域植被良好，水土流失轻微，河流含沙量少，鱼的种类丰富并且数量较多。故而山地森林广布，动、植物资源丰富的条件成为渔猎型聚落在此形成的重要原因之一，在这里生活的人群除了打鱼和捕猎之外，还以采集、贸易为生，家家安居，自给自足。

千百年来，依托辽东山区独特的自然环境，养育了这里一代又一代以渔猎为主要生产生活方式的各民族。今天辽宁东部地区的满族便是最具有原始渔猎特色的民族，尽管曾经以渔猎为主的生活方式已经发展为现如今以农耕、养殖为主，采集、畜牧、手工业并置，渔猎为补充的生产生活方式。然而渔猎、采集依旧是当地重要的经济来源，其蕴含的精神也深深扎根于满族人强悍的民族个性当中，其聚居生活的方式与习惯等也不同程度地保留至今。

二、选址特点

渔猎文化影响下聚落（简称渔猎型聚落，下同）的选址最能体现人与自然环境相互融合的状态。中原文化自古有"背山面水，负阴抱阳""凡宅左有流水谓之青龙，右有长道谓之白虎，前有河池谓之朱雀，后有丘陵谓之玄武"之说，聚落选址以风水讲究为首。但辽东地区自古以少数民族游猎文化为根本，在地形、财力、物力等都不够充足的条件下，适当向自然让步是必需的选择，于是建房尽量地顺从于各自地段的地形条件，虽有风水的考虑，但相对弱化了很多。比如，山里的民居，多用石材、木材建筑，就地取材，形成一种特有的聚落景观；背山选址可以遮挡冬季北风，为了争取良好的日照朝南向布置，同时，为了争取较好的充足的日照，避免建筑物的相互遮挡，聚落布局上采取分散的形式，体现了传统聚落的节能。另外，村落依水布置，方便了生活和灌溉，有利于疏通雨水；丰富的森林资源以及良好的植被可以保持水土，调节小气候；依山种植果林也可以带来经济效益。这些均能体现辽东山区传统聚落"巧因借，弱风水"的选址原则，论具体选址的区位，辽东山区传统聚落受山区的山地、水体形态的影响最大。

（一）山地形态与聚落选址

渔猎型聚落与平原聚落最大的区别在于山地聚落基底是具有地表起伏的三维性而导致的聚落空间差异。按照聚落所在地貌形态的空间位置，最常见的选址可以分为四种类型：山腰的高台地、缓山坡地、山麓的冲积扇、山间谷地。当然，山区聚落的选址是山地平面位置和空间位置的组合，可能是其中的一种，也可能是其中的多种组合而成。

1. 选址于山腰的高台地和缓山坡地

除了古城聚落选址在山顶台地和丘陵山冈上以外，渔猎型聚落的用地一般位于山体的中下部位置，地形广阔。聚落顺应地形，依山体择高台地而建（图3-1-1、图3-1-2）。聚落所在的辽东山区自古就是少数民族政权的控制地带，聚落一般建于高台之上，可防可守，可集可猎。此外，长期以来的生活所形成的居高防卫的习惯已经逐渐演变成了居高者吉的心理，即便不再是战争频发的年代，这里的人群依然将聚落选址在高地上。居民习惯用土石垒砌高台作为房屋选址，一方面在于位高吉利的心理，另一方面是由于山区潮湿的小气候，村民将自家房屋垫高防潮，这也是辽东山区村落的苞米楼子架要比辽西北地区高得特别多的原因。

缓山坡面地带，具有良好的地质条件和良田沃土，聚落大多坐落在凹形坡内。由于地区内冬季北风凛冽，为遮挡寒风、获得充足阳光，聚落习惯选址于向阳的半

山坡，坐北朝南。聚落建设不拘于形制，十分灵活，没有既定的规制和边界，上有山林，动植物资源丰富，适于狩猎和采集。比如五女山下的瓮村（图3-1-3、图3-1-4），此处原是建州女真部落南迁定居的最早居址，为了维持固有的渔猎生产生活方式，李满柱率领部众"将家财妻孥并移山幕，每日出后下本家，申时还山幕。远处土田又不得耕获。"[①]"山幕"是出猎时在山林中搭设的居住场所，"山幕"下有"本家"，距离"本家"远处有适宜农耕的"土田"平原。由此可推测，"本家"选址于半山坡的地势平缓处，山上树林茂密，是"可猎""可集""可樵"的良址。今天居住在翁村及其周边村落的居民依旧上山猎获小动物，用以手工业生产、自食或者到镇里集市进行交易，有时他们也把林下采集来的药材、山货等集中销售，每次都可以卖得一个好价钱，因此，除了耕作之外，这也成了他们重要的经济来源。

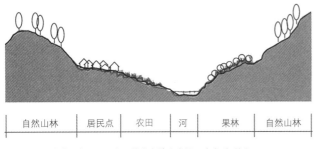

| 自然山林 | 居民点 | 农田 | 河 | 果林 | 自然山林 |

图3-1-1 选址示意图——山腰的高台地（来源：秦家璐 绘）

图3-1-2 小市镇董家岭村（来源：秦家璐根据谷歌地球改绘）

---

① 吴晗. 朝鲜李朝实录中的中国史料 [M]. 北京：中华书局，1980：554. 卷8. 世祖九年（明天顺七年，1463年）七月壬子。

2. 选址于山麓的冲积扇和山间谷地

在山区，山麓的冲积扇地带和山间谷地是渔猎型聚落最为典型的选址区位，聚落分布在河流之侧，生产、生活用水便利，人们利用山麓河岸边的平坦地形以及山麓谷地间难得狭窄的平坦之地建房和从事生产。冲积扇是河流出山口处的扇形堆积体。当河流流出谷口时，摆脱了侧向约束，其携带物质便铺散沉积下来。位于山麓的冲积扇是辽东山区发育广泛的地貌类型，地表开阔，坡度和缓，一般为几度到十几度，这种平坦且面积较大的地带可以说是山区最为宝贵的地形，一般此处聚落呈块状、带状的居多，与其他居选址区位相比，富有较多可利用的耕地土壤（图3-1-5、图3-1-6）。

山间谷地可以说是渔猎型聚落为数最多、最典型的选址区位了。山间谷地是位于山区内部、被山体所环绕的洼陷地，宽窄大小不一。由于山区高山、丘陵独特的分布状态，区域内地形破碎，相对较宽的山谷由于多数有河流的经过和冲刷，地势更为平坦、土壤更加肥沃，聚落总体呈线性沿山底分布，但单个院落因山势的形态变化而选址灵活，朝向也不一致；相对较窄的山麓间隙则一般作为聚落生长和延伸的选址区位，聚落呈断断续续的长链状或树枝状（图3-1-7、图3-1-8）。

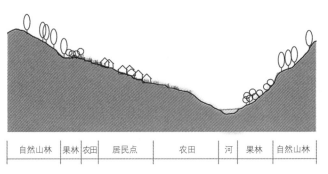

| 自然山林 | 果林 | 农田 | 居民点 | 农田 | 河 | 果林 | 自然山林 |

图3-1-3 选址示意图——山腰的缓山坡地（来源：秦家璐 绘）

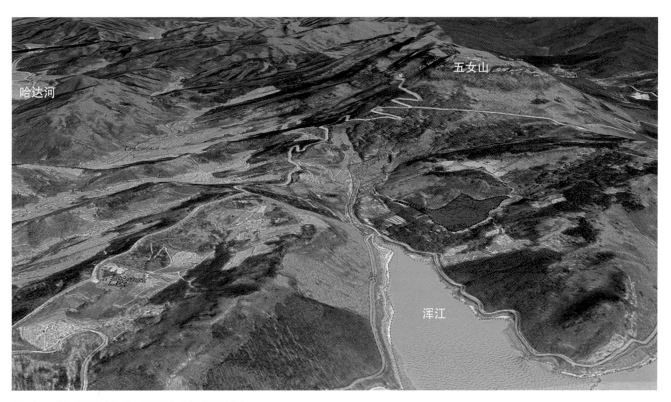

图3-1-4 桓仁县瓮村（来源：秦家璐根据谷歌地球改绘）

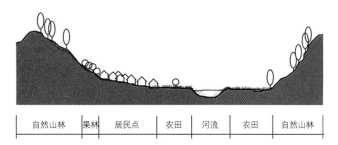

| 自然山林 | 果林 | 居民点 | 农田 | 河流 | 农田 | 自然山林 |

图3-1-5 选址示意图——山麓的冲积扇（来源：秦家璐 绘）

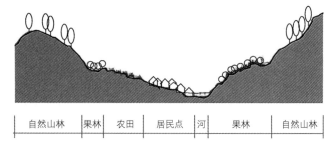

| 自然山林 | 果林 | 农田 | 居民点 | 河 | 果林 | 自然山林 |

图3-1-7 选址示意图——山麓的山间谷地（来源：秦家璐 绘）

图3-1-6 南芬区下旬子村（来源：秦家璐根据谷歌地球改绘）

图3-1-8 东汤镇姜家堡子村、何家堡子村等（来源：秦家璐根据谷歌地球改绘）

（二）河流形态与聚落选址

山地区域内的河流与平原地区相比，在漫长的形成和演化过程中，在形态结构上有着较大差异。其一，山地河流的平面形态十分复杂，河道曲折多变，多急弯卡口，沿程宽窄不一，岸线和床面都极不规则，常有边滩和心滩出现。其二，山地河流的断面宽深比较小，河道断面多呈浅"V"字形或"U"字形。其三，山地河流的河源与河口的落差大，水能资源丰富。山区河流形态的独特性，使逐水而聚的聚落选址区位也有所不同。

1. 选址于蜿蜒曲折河道的凸岸

早期居民打鱼为生，沿江流、河流居住对于捕捞和取水都十分便利。因此聚落以水系为选址依据，以江、河为主线线形分布在其两岸或其支流两侧，遵循"沿大水、亲小水"的选址原则，逐水而生。选址一定程度上融入了风水学，对于"大水"，聚落居址优先选在河道

内转弯的平地处，此位置在古代风水中称作"汭位"，汭为凸岸，天然水面围绕可作防御之用。凸岸以沉积作用为主，有利于泥沙沉积、土壤形成，有利于农业生产，并且水流较缓，便于取水。而"反弓水"是不适合辟为住宅用地的，因为水流侵蚀作用强烈，水深，便于港口的建设。对于"小水"，由于河流水不甚湍急，所以聚落位置的选择对其凹凸岸要求不是很高。

以苏子河为依托的聚落一般选择河的细流处或支流两旁作为聚落居址，同时立村于地势较高之处，既可就近用水，又便于除湿和避开洪水（图3-1-9）。据清朝皇族后裔肇氏老者陈述，赫图阿拉村的村民早期便依赖苏子河打鱼，并且以近山采集和远山狩猎来维持生计。苏子河是浑河的分支，系辽河的二级支流，发源于今新宾满族自治县境内分水岭，满语称"苏克索护毕拉"。"苏克索护"是满族"鱼鹰"的意思，早期这条河上捕鱼的鱼鹰（即鹗或鸬鹚俗名）很多，因而得名。经考

图3-1-9 逐苏子河而生的聚落（来源：秦家璐根据谷歌地图改绘）

察，沿着这条河的两岸，自东向西分布有许多聚落，如南、北拨堡沟，以及达子营、蓝旗、老城、夏园、阿伙洛、多衣伙洛、台宝、马凤沟、和睦、大洛、小洛、木奇、水手、马尔送女、五龙、夹河、腰站、占贝、古楼等。

2. 选址于小曲大直河道的坡岸

选址于小曲大直河道的浅"V"字形河岸一侧或两侧的聚落，在渔猎型聚落中也不占少数，并且在其中可寻到传统聚落在演变和发展中的一些规律。小曲大直的河道一般分为两类：一类是较宽阔的主要河流，河谷两侧的谷坡上多形成和发展成较大的乡（镇）级别的聚落；另一类是较窄的支级河流，河道两岸的浅"V"字缓坡地由于被河水冲刷而土壤比较肥沃，聚落在资源优越和用地条件较好的一侧建房，居民点规模相对较大。

这类选址区位空间指向性较强，受山际、水边的限制，易于引导聚落形成沿河"一"字形带状布局。同时道路也与河道大致平行，原始聚落逐水发展渐渐演变成沿路而生，渔猎采集自给自足的方式也渐渐演变成沿路交通和贸易。这类选址区位一般是由于原始"母聚落"人口增加，被迫迁出的新增人口聚居生长所形成的"子聚落"的择址方式。最初的房址选在山脚下，每家每户的房屋是相对独立的，还没有形成街道，建筑散布在一个较为固定的范围内，格局自由而分散。随着生产力的发展，商品交换频繁，投亲、嫁娶、繁衍等因素造成人口的增加，大量房屋的加建使相对独立的房子之间也被填满，并且有朝道路靠近的趋势，此时逐渐形成了聚落内部街道和沿路街巷。这是聚落发生演变的结果，不过聚落依然维持着林下采集的生活方式，并且聚落沿路两侧生长，更有利于对外交通和上山采集之后的贸易活动（图3-1-10）。

三、分布特点

辽宁境内具有山（林）水（畔）地形的东部山区是渔猎型聚落分布较为集中的区域，并且此处渔猎聚落的形态格局最为典型。最具代表性的渔猎型聚落集中分布于两处，其中一处在五女山的东麓、南麓，于浑江中下游流域，此处是永乐二十一年（1423年）建州卫第三代首领，释家奴的独子李满住，在他还没承袭其父官职之前，以舍人身份率领部众南迁至辽宁境内的最早定居位置，是渔猎型生存聚落的典型代表区域，周边聚落受渔猎文化的影响也最大。不仅如此，在高山流水的环境下，浑江的支流富尔江、大雅河、六道河子等河流两旁也均分布着以渔猎、采集为主要生产方式的聚落。另一处位于岗山、烟囱山、鸡鸣山内圈和外缘，于浑河、苏子河流域，此处是1440年建州女真人为免受朝鲜军队侵扰之苦大规模迁徙的另一重要聚居地，在长期的生活中其悠久的渔猎文化也被很好地传承下来。

渔猎型聚落规模受自然山水限定因素最大，其规模小于同等级别的平原聚落。由于山区山势起伏，土壤保水性较差，资源条件分布不均衡，利于生产和建房的平整地块较少且不规则，所以房屋因山势、水势而建，空间布局较为自由灵活，村庄分布向宜耕地带聚拢，院落密度较大，呈现集群状态。由于林下产品是该类聚落的主要经济来源，聚落的格局与可利用的山林质量、面积、分布形状也有相当大的关系。居民点或位于山间谷地，在山体缝隙中生长，或在较宽的山壑间逐水生长。就单个聚落来讲，随着地势复杂程度的增大，房屋密度呈现由小到大再到小的趋势（表3-1-1～表3-1-3），也就是说，当地势较为平坦的情况下，聚落房屋密度较小，因为可耕可建的土地面积较大，一般在12%～18%；当地势变为稍复杂的情况，土地面积和资源较紧张，对优良土地的利用率就会变高，建筑房屋就会变密集，密度一般在13%～20%；地势最为复杂多变的情况下，可建筑的土地较少，由于地形和资源分配不足，且房屋对日照的渴求较大，所以一般不会有太多人口聚集，密度一般在10%～15%。

图3-1-10 岫岩县坎子村（来源：作者根据谷歌地球改绘）

地势平坦处聚落的建筑密度的随机不完全统计表 表3-1-1

聚落名称	下湾子村	小洛村	夏园村	右寨子村	二道河子村
建筑密度（%）	17.56	15.95	16.03	14.06	12.30

地势稍复杂处聚落的建筑密度的随机不完全统计表 表3-1-2

聚落名称	山城子村	下堡子村	上房身村	下马塘村	砬崴子村
建筑密度（%）	19.25	18.61	19.08	17.39	13.86

地势复杂多变处聚落的建筑密度的随机不完全统计表 表3-1-3

聚落名称	杨家店村	柳沟村	刘家堡子村	库仓沟村	岔沟村
建筑密度（%）	12.03	14.85	14.40	15.02	10.06

由此看来，置于重山带水之间的渔猎型聚落，聚落间间距较大、分布较为分散和灵活，且规模大小不一，单个聚居点的人口相对较少，房屋排布较为密集。从整体上来看，呈现出"大分散、小聚居"的特点（图3-1-11）。

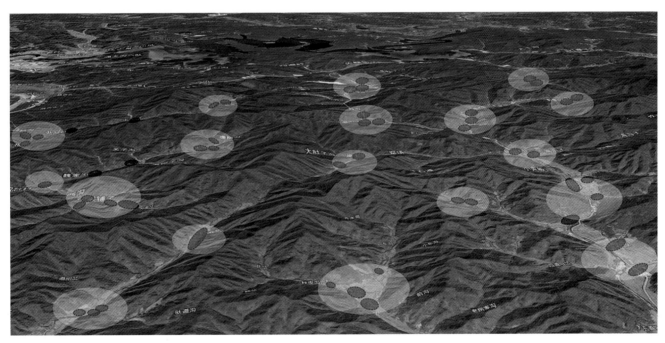

图3-1-11 聚落分布特点示意图（来源：秦家璐根据谷歌地图改绘）

第二节　聚落的构成要素

以渔猎为主要经济形态的聚落，其构成要素主要有自然山体、河流、田地、林地、池塘、水库、道路、院落民居、寺庙、古井、古树等。

就渔猎型聚落来讲，山林、水系等自然环境要素共同形成其模糊化的边界，它们属于自然界，也属于聚落的一部分，自然山水、农田、池塘、种植林及道路，天然和人工两类要素空间组成不规则的曲线边缘，聚落本身通过边界空间与外界取得交易补给联系，居民也通过对边界和外界的掠取得以生存。聚落一般以山脚下的居民点、寺庙建筑为中心，向外环发散，建筑密度逐环递减，最后与田、河、山、林相接。聚落的房屋形态发展受规模的制约同时又突破着规模，与自然环境和人文因素有密切联系。其发展形态会随获取自然资源的需要或对外联系的需求而趋近于山林或道路，会随生产力的

提高而纵向伸展或横向延长来获得生产空间和生活空间，也会随着人口增加或迁入而增加密度等，这些因素也都共同改变着聚落的边界和中心。

聚落的坐向和走势因其特定地域也有别于其他类型聚落。主要有三种情况：第一种是聚落坐落于临近山脚，主要走向与山体等高线相平行，农田、池塘等环绕在居民点外圈，河流一般也环绕在外缘，与山体等高线呈大致平行趋势，比如本溪县西堡村（图3-2-1）；第二种是坐落于山脚或山腰，位于两侧山壑之间，有向沟壑中延伸的趋势，细流位于山间，在居民点一侧经过，农田和果林一般从居民点的一侧或两侧向山坡上蔓延，比如岫岩县佟家堡子村（图3-2-2）；第三种是背山临水（或临路），聚落的布局更多地取决于水岸（或道路）的走向，农田、池塘围绕在居

图3-2-1　西堡村构成要素示意图（来源：秦家璐根据谷歌地图改绘）

民点四周，果林分布在半山坡上，比如清源县双河村（图3-2-3）。

无论从争取良好自然条件还是风水观念上考虑，山地聚落都大多坐落于山的东南坡，这样将可以获得避风向阳的良好环境，从高程方面看多位于山麓，以利于对外的交通联系，但为避免洪水侵蚀，地势又不位于太低的位置。

一、自然山水

自然的山水是构成这类聚落最重要的要素。无山则不可猎，无水则不得渔，山水环境作为聚落所依托的"母体"，承载着该地域下以渔猎为主的聚落的生存文化。在辽东地区，这类聚落所依托的山主要是长白山支脉吉林哈达岭、龙岗山、千山延续的部分余脉，如岗山、烟囱山、鸡鸣山、歪头山、老秃顶子山、五女山、铁刹山、凤凰山、大孤山、老黑山等。众多的河流遍布于山峰之间，主要的河流有太子河、浑河、苏子河、浑江、富尔江、雅河、六河等。

二、人工林田

随着聚落人口的增长、自然资源的减少，为延续渔猎的生产方式，人们开始大面积开辟人工林地、修建水库和池塘。同时开垦农田进行农耕，以此来补充渔猎获取生活资料的不足。

开辟林下采摘空间是人们依靠自然山林自发拓展经济来源的方式之一，通常种植采摘地点会在山脚或半山缓坡处，离居民点稍远。村民在那里可种植成片的果树、山参、榛子、蘑菇等，或是打理养殖的柞蚕。如今渔猎已经逐渐作为附属补充的生产方式，但在辽东地区林田中依然可以看到渔猎文化的缩影。例如，在耕地、林地、菜地里时常可见到以往建在山里用于居住的形如

图3-2-2 佟家堡子村构成要素示意图（来源：秦家璐根据谷歌地图改绘）

图3-2-3 双河村构成要素示意图（来源：秦家璐根据谷歌地图改绘）

马架子房的简易棚子，以及以前去山里打猎、挖参建造的临时住处——地窖子。池塘和水库除了用于蓄水、防洪之外，更多地用于养殖水产品，以便贸易。由于地形限制，水库的总体数量较少，但单个规模较大，多个聚落共用一个水库。

三、院落

院落是构成聚落的基本单元。渔猎型聚落的居民宅院依山而走，形成丰富多样的聚落形态和变化万千的聚落肌理。

（一）院落构成要素

院落的主要构成要素除主要建筑和附属建筑、厕所、牲畜圈、菜地等必要空间外，还有渔猎特色的苞米

楼子、晾晒场地、障子和栅门等，这些要素在聚落的院落生活中具有重要地位。

1. 苞米楼子

苞米楼子（图3-2-4）是用于储存苞米和肉干的地方，一般建在前院内一侧，靠近院门的位置。苞米楼子大多为一间，用4根大木柱为腿，也有两间的，用6根大木柱为腿。与其他地域不同的是，苞米楼子因防潮要求通常在距地面1.5~2.0米高甚至更高处。老式苞米楼子的仓底铺圆木，上铺木板，仓顶起脊，用小檩子、小椽子搭成人字架，上面覆盖瓦片或苫以干草。仓身周围以树条编好，或用木板钉好。它可以充分发挥架空高处、通风良好的有利条件，有效地解决带有水分的苞米和肉的晾晒风干和长期储存的难题，架高做法不但避免了粮食发霉，也可以解决猪拱、牛啃、老鼠糟蹋的问题。苞米楼子大多和养殖、仓储空间结合建造，上面空间存粮食，下部空间则作家禽圈、牲畜栏或存放杂物用，其尺度根据各家生产方式的不同产生较大的差异。早先单纯以渔猎为生的少数民族也称其"鱼楼子""肉楼子"，用来储存鱼干、兽肉等。

2. 晾晒场地

晾晒除了用苞米楼子以外，还有效利用了前（南）院空间（图3-2-5）。一般打鱼或上山采集山货回来会将野菜、蘑菇、渔网等进行晾晒。

3. 障子和栅门

障子和栅门（图3-2-6），是以前院墙、院门的叫法，在房子、仓房周围"四面立木若城，名曰障子，以栅为门，或编桦枝，或以横木。"[①]山里人家，每户都有一个大院子，包括庭院、菜地（种菜、养人参、育木耳

图3-2-4 聚落的构成要素——苞米楼子（来源：秦家璐 摄）

等），四周用木杆圈起来，以防人畜擅入。如今这种障子的形式被用作围合菜地的院墙和院内隔墙，有效分隔了各个功能空间和组织流线。

院门、院墙一般根据各院规模大小不同有不同的修建方式，对于单座独院来说，院门柱一般为圆木柱或砖石垒砌而成，两端大多搭一根圆木，圆木正中系着一块红布条。对于红布条的解释，当地村民说是春节系上去的，为讨个好兆头。门扇大多为带有纹样的镂空铁艺门，也有老式的木栅栏门。

院墙遵循就地取材的原则，大多用当地石材或红砖、瓦片，也有用木板钉的、树枝和苞米杆编的、渔网线围的。院墙高低根据其位置不同有不同的情况，像是临路的院落为保证私密性，院墙一般较高，有1.6~1.8

---

① 杨宾.《柳边纪略》。

图3-2-5 聚落的构成要素——晾晒场地（来源：秦家璐 摄）

图3-2-6 聚落的构成要素——障子和栅门（来源：秦家璐 摄）

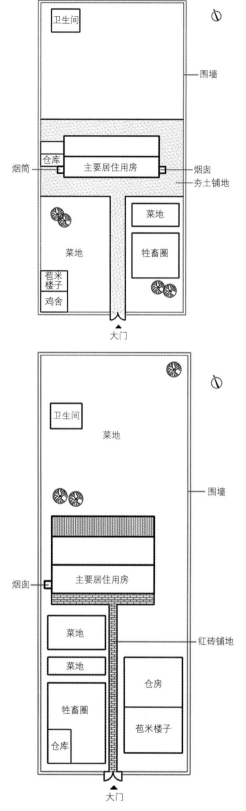

图3-2-7 典型单座独院院落布局图（来源：本书编写组 绘）

米，在材料选择上也倾向于比较坚实耐用的砖、石、瓦一类，比较厚实。离道路较远，离耕地或山脚较近的院落，院墙相比之下较矮一些，1.3～1.5米高，用砖石材的也较多，根据主人喜好有砌出镂空花样的做法。至于菜地周边的院墙就没那么高了，通常0.5～1米不等，材料的选择也很丰富、简易，砖、石、瓦、木板、圆木、树枝、苞米杆、渔网、柴火垛等都有，每当有春夏秋三季攀藤植物、野花、菜、瓜果等依墙而生时，别有一番乡村风情。

（二）院落布局

渔猎文化影响下的院落根据规模可分为单座独院、三合院、四合院和多进院落三种形式。

1. 单座独院

单座独院（图3-2-7）是辽东山区目前存在最多的一种渔猎型院落形式。院落中正房一般南北向布置，以其中心线为轴线南北单向纵深控制整个矩形院落，院落南北长度与东西长度的比通常为1.5～3.0：1，由南进入，院门与正房沿轴相对。院落中以正房为分界形成前后院，前院作为主要使用院落，面积约占整个院落面积的2/3。前院主要有正房、偏厦子、仓房、苞米楼子、牲畜圈等，其余位置按照主人爱好以一定规律网格划分不同种类的菜地。前院以正房体量最大、高度最高，其高度与前院纵深长度比约为1：2～3。正房大多建在台基之上，以较大体量和尺度控制整个院落。后院一般设置卫生间、地窖，其余为菜地。

2. 三合院

三合院（图3-2-8）的形式是渔猎型院落中较为常见的一种，其构成要素比单座独院多一侧到两侧住人的厢房。房屋占地面积相对较大，后院面积相对减小，但整体的院落布局和比例尺度与单座独院差别不大。正房一般三到五间，东西厢房一般为两间，若住人则为三间。其他构成要素与单座独院基本一致。

3. 四合院和多进院落

四合院（图3-2-9）一般为清朝中期以后的民居。一些部族首领和贵族的宅院会出现四合院和多进院落的形式。四合院是在三合院的基础上增建了门房和影壁墙，有东西厢房的人家，一般都要砌上门楼，中间开有门洞，通向内院。本溪市南芬区思山岭村翁家大院门楼为脊架门楼，上覆青瓦。门洞有双开大门，门洞两面墙壁上有砖雕图案，颇为讲究。该家族原姓萨克达氏，镶黄旗满洲人，祖居长白山一带，从原始祖翁爱至今大约有三百七八十年的历史，在这漫长的岁月里，该家庭经过世代繁衍，族系俱增，脉序深广，今天的思山岭街

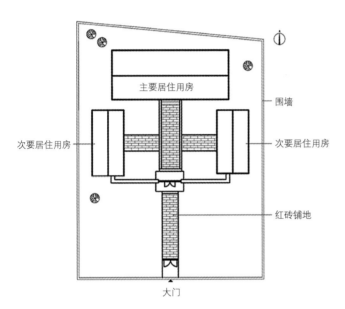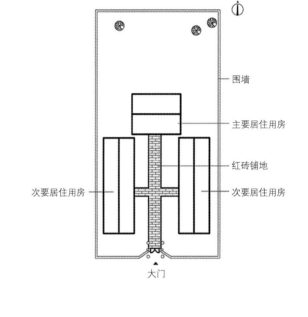

图3-2-8　典型三合院院落布局图（来源：本书编写组 绘）

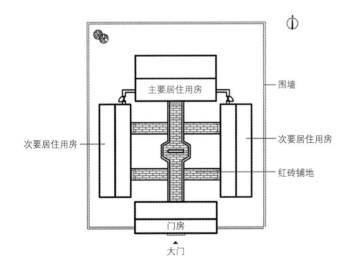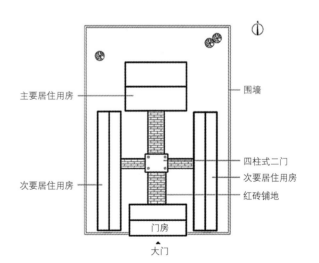

图3-2-9　典型四合院院落布局图（来源：本书编写组 绘）

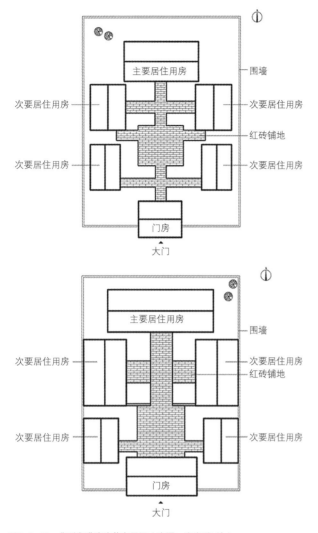

图3-2-10 典型多进院院落布局图〔来源：秦家璐 绘〕

图3-2-11 院内祭祀场面〔来源：秦家璐 摄〕

① 本溪日报. 贾春林, 2014-8-12。

道办事处思山岭村就是该家庭世代生息繁衍的地方。[①]翁家大院的围墙也十分讲究，围墙总高近4米，下为青条石砌筑，高近3米，青石之上为青砖，青砖之上为1米高的花墙。院墙东西两角上筑有炮台。而一般人家的院套，正中为院门，围墙或以石块摆砌，或以石块打底，上用草泥垛至1米多高，也有的用杂木树枝或树皮、秸秆等编结为"障子"，因地而异。有钱有势的人家门楼前两侧，还置有镇宅石兽（或石狮子等）。还有的置石墩，为方形，称为上马石。上马石一般为一至三级，具体根据主人地位而定，本溪满族自治县山城子乡的磨石峪村邓举人宅院的楼前上马石为二级，石上刻有图案，左边图案为如意将军，右边图案为松下猴，取拜将封侯之意。

多进院落（图3-2-10）的宅院基本结构和比例与四合院相似，只是院内有第二道花墙及二门，把院子分为前后两院，前院也有东西厢房，东厢房为杂役住房，西厢房为磨碾房、食品库。东西厢房和院内花墙之间有小仓库，也称耳房，满语叫哈次，整体就是二进四合院。内院中如同一般满族四合院，只是东西厢房有带雕花楼盖式扶手游廊，有前廊后厦之说。

（三）院内祭祀节庆空间

院内通常以正房之前的空地作为大小祭祀的场地（图3-2-11），每逢节日或自家发生大事件，比如春节、中秋、迎娶、出嫁、迁新房等，村民就会摆出桌案，亲朋好友齐聚一堂，屠宰猪、羊以进行一番欢庆。杀猪是年庆活动必不可少的项目。满族是第一个养猪的民族，辽东山区的渔猎部族在拓展农耕生产方式的同时发展了养殖业，之后养猪、杀猪、吃猪肉成为节庆祭祀时的一个重要习俗活动。除了年节，每年正月二十五添仓节的时候，渔猎聚落户户讲究煮糯高粱米饭，放在仓库，用秫秸棍编织一只小马插在饭盆上，意思是马往家驮粮食，丰衣足食。

另外一个院内祭祀空间就要说到"索罗杆"了。这主要来源于满族的祭祀习俗，后逐渐在山区村落中形成了习惯，并经历了形式的演变。根据旧俗，该地区的大部分院落里都要树立一根木杆，有祭祀、祈福之意，这是满族民间院落的组成部分，满语称"索罗杆"。相传，这是老罕王小时候在白山老林里挖人参用的索拨棍，后人把它立在院中东南角，流传下来。《宁古塔纪略》记载祭祀流程曰"凡大小人家，庭前立木一根，以此为神，逢喜庆疾病则还愿，择大猪，不与人争价，宰割列于其下，请善诵者名叉马向之念诵，家主跪拜毕，用零星肠肉悬于木杆头。"也有在杆上置锡斗的，里面装肠肉、谷米之类，让乌鸦来吃，称之"神享"。随着岁月的推移，祭神等习俗渐渐减少，而春节时院子里点灯笼的风俗延续了下来，并且越挂越高，从烟囱边移到了院中央又移到了院门，以高高的灯笼杆取代了索罗神杆。灯笼杆多用松木，又长又结实，杆端是翠绿的松缨，以示吉祥。

四、民居

民居建筑是聚落的核心要素。据《北盟会编》所载，"到了辽代，鞨羁人始有房屋，但却是春夏居其中，秋冬仍穿地为洞。直到金代的女真，方才依山谷而居，联木为栅，屋高数尺，无瓦，覆以木板或山草绸缪之。墙垣篱壁，率皆以木，门皆东向，环屋土床，炽火其下，寝食起居其上，谓之炕，以取其暖。"这是渔猎型聚落传统住房的雏型。在这个雏型的基础上，凭着人们的聪明才智，经过一代又一代地改进结构、完善设施，逐步推出一种体现地区特点、宗教信仰、家庭礼俗和审美观念自身特色的传统民居。

（一）平面形式

渔猎型聚落中的民居建筑多为矩形，这种形状在寒冷地区非常实用。建筑在面阔方向不一定要单数开间，也不强调对称。根据其平面布局形式可分成"口袋房"式和"对面屋"式两种类型。

1."口袋房"式

正房一般为三至五开间，坐北朝南。三开间大多在最东边一间的南侧或中间开门，四开间和五开间在东次间开门，门间为灶房，西侧连在一起的二间或三间为居室。在辽金以前，渔猎部族先民信奉萨满，崇尚太阳升起的东方，所以门偏东开。这种平面形制开口于一端，形如口袋，所以称"口袋房"，也叫"筒子房"（图3-2-12）。其灶间一般两个角上设1~2个锅，锅台长宽大致相同，为0.75~0.8米。居室内保留有"一面炕"和"万字炕"形式，一般南北炕宽约为1.8米，"万字炕"的西炕宽度为0.5~0.6米，高度均约为0.5米。民间传"七行锅台八行炕"，就是说在盖房时，锅台为七行砖高，炕为八行砖高。居室内保留有火墙，设在炕面上，与炕同宽，高1.5~2.0米。通常采用这种平面形式并且炕的形式为"万字炕"的大多为满族民居，由于其以西为贵的风俗，西屋一般由家中长辈居住，西墙上还有供奉"窝撒库"（神龛）的位置，

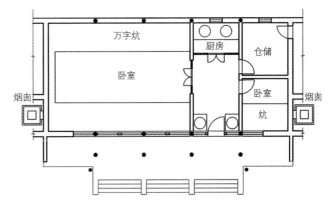

图3-2-12 典型"口袋房"式民居平面图（来源：本书编写组 绘）

即在西墙上设扬手架，搭板上放祖宗匣子，匣子中有祭祀用的族谱、索绳、神偶。在木架上贴挂着表示吉祥和家世的剪纸——"满彩"，剪纸的颜色与族旗的颜色相同。说到炕，渔猎民族炕的用途比中原地区炕的用途多，除了睡觉、取暖，还有吃饭、会客之用，炕头坐客人，再依次是主人、粮食晾晒等。炕头取暖不可少火盆，火盆是满族先民传承下来的一种取暖器物。据传说，满族先祖常年在长白山的老林子里打猎挖参，居无定所，炊无定灶，于是便发明了一种盛火用的器皿，最初由黄泥制成，白天用来做炊，夜间用来取暖。

2."对面屋"式

正房一般为三或五开间，坐北朝南。居中开门，称为"对面屋"，这是渔猎部族后受中原文化影响形成的。开门一间称"外屋"或"灶房"，为厨房，置锅台及饮食用具，东西两侧为"里屋"，即居室。灶房四角分设四个锅台，锅台的烧口不能两两相对，锅台长宽大致相同，为0.75～0.8米。居室内保留有"一面炕""对面炕"和"万字炕"形式，南北炕宽约为1.8米，高度均约为0.5米（图3-2-13）。炕和火墙等做法与上述"口袋房"式基本相同。不同的是，这种平面形制私密性较好，只需隔扇门分隔南北炕之间的空间即可。一些条件好的人家，开间较多、进深宽敞，"外屋"可作会客之用。

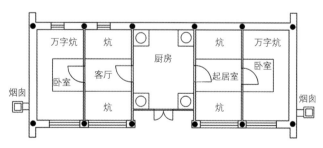

图3-2-13 典型"对面屋"式民居平面图（来源：本书编写组 绘）

（二）造型特点

渔猎型聚落中民居建筑的外观，一般都是起脊的硬山式双坡屋顶形式，这种形式从人们定居以来沿袭至今。其特点是两侧山墙同屋面齐平，或略高出屋面。山墙多为毛石垒砌，造型厚重大方，既结实，又御寒。早年，渔猎型聚落选址于依山傍水的坡地上或山脚下，利用山上的石头、木材和黄泥为材料，形成典型的渔猎型传统民居建筑。

该类型聚落中民居建筑（图3-2-14）的立面分为三段，即屋顶、墙身和台基（部分民居已不设台基，只在墙壁的下面加一圈土衬石）。

1. 屋顶

"硬山"是渔猎型聚落中民居建筑的典型特征，其屋顶形式、做法和材料均是所在地区山地寒冷的自然气

砖墙瓦顶

泥墙草顶

图3-2-14 民居造型特点（来源：朴玉顺 摄）

候条件的写照。由于地处辽宁东部山区，冬季寒冷、春秋潮湿，所以屋顶厚重以保暖，坡度较陡以增加屋面的排水速度。屋顶材料主要有两种：草顶和瓦顶。草顶是在椽子上盖苇芭或秫秸，上覆稗草，铺置平整。长时间经风吹雨打后草的颜色逐渐变成黑褐，称其为"海清房"。瓦顶一般采用小青瓦仰面铺砌，年代久远的房屋或是富裕人家，其屋面两端会做两垄或三垄合瓦压边，并在房檐处以双重滴水瓦结束，能防止墙体被雨水侵蚀，同时有一定装饰作用。屋脊的样式分为实心屋脊和花瓦屋脊两种，实心屋脊造型简洁，花瓦屋脊则比较讲究，可拼出银锭、鱼鳞、锁链和轴辘线等图案。大户人家的屋脊中央还有特殊的造型，两端有鳌尖的造型，都是寓意吉祥的做法。

2. 墙身

从民居建筑的正立面（图3-2-15）来看，屋顶与墙身的比约为0.772（无台基），屋顶、墙身与台基的比约为6：7：1。正立面为南向，由于冬季寒冷，为充分获取阳光，一般前檐墙在两檐柱间满开支摘窗或直棂窗，窗间墙和窗下槛墙为砖石。窗与实墙、木材与砖石形成了虚实和材料的强烈对比，其中槛墙多为石砌，檐墙为砖砌。前檐墙起0.8~0.9米高的窗台（距室内地坪），占前檐墙高度的3/10左右。前檐墙砖石墙面面积占整个前檐墙面积的48%~65%，其余基本为门窗，单扇门的高宽比为2~2.5：1，单扇窗的高宽比为1.2~2：1。另外，有的房屋前檐墙的东侧会出现凹龛，它的用途根据各地不同习俗有所不同，像抚顺新宾一带，凹龛用来供奉佛陀妈妈，而鞍山岫岩一带，凹龛用来放置五谷杂粮、喂食乌鸦，这也是由早先渔猎民族延续下来的习俗形成的。

从民居建筑的侧立面（图3-2-16）来看，屋顶的高跨比约为0.322。山墙由腰线石（砖）分成两部分，下部用砖或石垒砌。上部一般为砖砌，山墙极少开窗。有的在墙的中心砌成阶梯状的墙心，称为"五花山墙"，材料一般为条石，余下部分用砖填塞，这也是满族典型的山墙砌法。靠近脊檩的山墙处留有梁架的通气孔，往往用砖拼成几何图案。

从民居建筑的背立面（图3-2-17）来看，为防止冬季冷风，北侧墙面尽量不开或少开窗户，若开窗，其面积也较正立面的小。一般后檐墙起0.9~1米高的窗台，高于南向的窗台，且每间只开一扇窗户。墙面为砖石砌，墙面面积占后檐墙的80%左右。

该类型民居建筑还有一个重要的造型要素，即烟囱。一般来讲，烟囱的位置可分为三种：一是出于屋

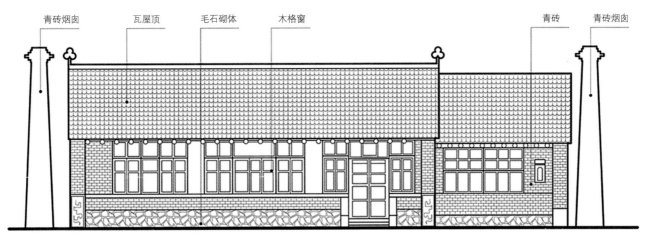

图3-2-15 典型民居正立面图（来源：秦家璐 绘）

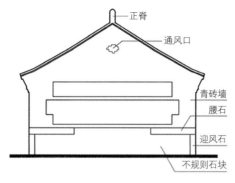

图3-2-16　典型民居侧立面图（来源：本书编写组 绘）

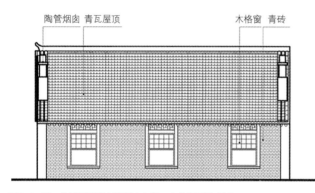

图3-2-17　典型民居背立面图（来源：本书编写组 绘）

顶，材料有草泥的、砖砌的、石垒的，后来还有陶管的；二是"跨海烟囱"，是比较典型的一种，置于山墙面的一侧或两侧，高出屋面0.5~1米。基部距离山墙1~2米，横截面为方形。这种烟囱分为收分式和变截面式两种，收分式烟囱由下到上作收分，收分角度约为15度。变截面式烟囱从下到上分为4层或5层，退台式层层上收，每层收进0.03~0.05米。这种独立式烟囱来自早期山中自然形成的空心整木，以渔猎为生的先民生活在山地，树木资源丰富，就地取材，简单方便。根据《柳边纪略》记载，"烟囱多以完木之自然中虚者为之，久而碎裂，则护之。"空木年久易开裂，则用草泥抹护，并缚藤条加固。后来直接用草泥、砖、石垒砌而成。三是附墙式烟囱，横截面为方形。一般不做收分或变截面处理，截面尺寸一般约为0.7米×0.7米或0.8米×0.8米。将烟囱移至房屋两侧是为了防火，早期的渔猎

型民居建筑皆是草房，屋盖也是草苫的，若烟囱在屋顶，冒出的火星落在屋顶上很容易引起大火。"跨海烟囱"还有另一好处，就是在房屋和烟囱相接的位置可以安置狗窝、鸡舍等，冬季非常暖和。

3. 台基

渔猎型聚落中的民居建筑虽愿意择高为址，但大多没有台基，只是在墙壁下面加一圈土衬石，对墙体起必要的保护作用，比例很小，有的几乎看不到。

（三）材料特点

渔猎型聚落中的民居建筑一直秉承就地取材的原则。

1. 土和草

民居建筑的墙身早先均为土坯墙，外层由草泥抹面。所谓"土坯"，也可以说是用泥和草制成的"土砖"。由于聚落所在地区土壤性质较好，有一定的黏性，在此基础上选择细长柔软的草，用铡刀切成短段，一层一层地掺在土中，使泥和草黏合在一起，再和匀。一般建房习惯用坯是长一尺、宽七寸、厚二寸左右，将草泥放进坯模子里，用手按实抹平，脱起模子便成为块坯。这种草泥墙的墙体比较厚，热阻和热惰性指标比较大，从而使室内冬暖夏凉。以草拌泥筑墙可以增强坚固性能，使其不开裂缝。草泥墙的建材全部取之于当地，废弃的草泥墙建筑可以直接回归农田，既经济又环保。

2. 木材和树皮

在山多林密的自然条件下，树木给予了渔猎型聚落中民居最天然的建材。无论是柱、梁、檩枋、椽，还是门窗和室内家具，都离不开木材。当地松木丰富且质地适宜建房，因此松木在该类型民居的大木作中应用广泛。另外，桦树资源也极其丰富，当地先民常用桦皮做

屋顶，至今仍有承袭。而且据记载，女真在辽、金时期就有采剥桦皮制器做屋的习惯。

3. 石材

渔猎先民由于多依山而居，获取山中石材非常方便，且坚固、防潮、耐压，所以在该类型民居建筑中石材的应用十分常见，甚至像岫岩县一些地区房屋墙身的石材用量达到60%以上。一般民居使用石材的部位集中于土衬石、下檻墙、迎风石、山墙转角处的垫石、墙身拼花等。

4. 砖

从年代较久远的民居中可以看到墙身的用砖是青砖，青砖的生产采用过去的马蹄窑烧制，首先是用黏土或者河淤土做成砖坯子，经日晒干燥后入窑烧制即得。

青砖一般规格为8寸×4寸×2寸（242毫米×121毫米×61毫米），与现在通用的红砖大小相仿。

图3-2-18 本溪市南芬区程家村白马寺全景（来源：秦家璐 摄）

图3-2-19 永陵镇赫图阿拉城普觉寺山门（来源：秦家璐 摄）

五、公共建筑

渔猎型聚落中的公共建筑一般包括寺庙（包括关帝庙、老爷庙、狐仙庙、山神庙等）、祠堂、作坊、兵器库等。

（一）寺庙、祠堂

这类公共建筑用于祈祷祭祀、积福消灾和供奉神冥，为聚落主体供给精神上的需求。其位置一般可分为三种情况：一是位于半山坡，夹于两侧山谷之间，聚落的边缘位置，比如本溪市南芬区程家村的白马寺（图3-2-18），位于沟壑之中，居民点道路的尽端。考古工作者根据寺院现存碑刻记载，确定白马寺建于明万历二十七年（1599年），历史悠久。白马寺四面环山，漫山遍野生长着古松、红枫、核桃、栗子、山梨、猕猴桃、黄菠萝等珍稀树种，旁有川流不息、清澈甘甜的山涧，当地还流传着老和尚坐化成佛的民间传说，节庆时节人们纷纷到此举行庙会活动，以求福泽深厚；二是直接建于山的制高点，比如永陵镇的普觉寺（图3-2-19），位于赫图阿拉故城内城南门里路北偏西20米左右，始建于明万历四十三年（1615年），是后金国初七大庙之一，是清代第一座关帝庙。庙垣东西宽35米，南北长51米，占地1785平方米。二进院落，原建筑由前至后依次为马殿（山门）、钟鼓楼、关帝殿、东西配房（讲经堂、厨房、客堂）、佛殿、东西禅堂9座建筑，建筑面积593.43平方米。山门前有旗杆石；三是山脚下小型的山神庙、狐仙庙等，它们都源自渔猎民族对萨满的信奉和对大自然动、植物的崇拜。寺庙大多离居民点有一段距离，因为有民房离寺庙太近会触犯神灵的说法。这类公建的规模根据具体祭祀对象和祭拜主体的不同均有所不同。

（二）作坊、兵器库

这类公共建筑主要用途是为自身聚落和周边聚落提供物质需求，比如一些铁器制作作坊是为城里首领和军队提供作战武器的，如抚顺新宾县赫图阿拉村，历史上是因屯兵、屯粮、制造兵器而形成的聚落，现外城存在铠甲制造厂、弧矢制造厂、仓廒制造厂和驸马府的遗址。再如，五女山上的狐仙洞，洞为整块岩石覆盖下的横向凹入部，纵深5米，宽约3米，高仅容人坐。一说此洞是狐仙之洞；另说此洞曾是道士修炼之处。有人根据朝鲜史料，申忠一所撰《建州纪程图记》中所记，五女山上"又有窟，室内刀、枪、胄多积，而取之者则死"，认为此洞曾是高句丽时期的兵器库。[1]这种公共建筑的规模一般较大，具体根据物质需求的不同其大小也不同。

六、公共空间

渔猎型聚落中的公共空间一般包括村口空间、祭祀广场、民俗广场、冬捕场地、水系两岸、古树下空间、古井边空间、石棚周边、墓地空间等。这些公共空间按照其属性可分成两大类，一是民俗信仰型，二是生活社交型。

（一）民俗信仰型公共空间

民俗信仰型公共空间一般包括祭祀场所、民俗广场、冬捕场地、石棚周边、古树神树下、墓地空间等。这类公共空间指从事祖先崇拜、宗教信仰、民俗活动等的活动场所，是聚落的精神文化中心。

---

① 《本溪市志》第一卷。

1. 祭祀场所

渔猎型聚落中的祭祀场地一般选择开敞的空地，须能容纳大量观礼的人，但规模大小不等。具体分三种情况，一是萨满神祭场所，一般位于聚落中心位置，可在自家周围选地，各家围观沾福气。场地平时可供休憩之用，节日时则请人跳萨满舞来祭祖、祭天、祭神冥，上香祈福来保佑平安和祈求渔猎丰收。二是直接在开海时在海边祭海、冬捕时在河边祭河神、上山捕猎时在山脚下祭山神等。比如开山节，渔猎先民在每年秋季中秋以后，或农历九月中旬为采集草药获得丰收而进行祝福活动。过去每年开山节都要面对长白山，进行祝福祷告，感谢山神给予采药人的丰富恩赐，在这一时期采到的人参则要供奉在自家的神龛中。三是在寺庙、祠堂、石碑雕刻、神树等场地祭祀各路神明。

渔猎民族的祭祀活动，神秘庄重。最初的各家族拥有不同的神灵体系，清朝统一女真各部之后，为削弱各家族的自我独立意识而禁止满蒙八旗各家族再行私祭，从此便形成了辽东家祭的基本格式。祭祀过程中萨满跳神是一项重要的活动。据《竹叶亭杂记》记载："萨满乃头戴神帽，身系腰铃，手击皮鼓，摇首摆腰，跳舞击鼓，铃声鼓声，一时俱起"（图3-2-20）。

图3-2-20　祭祀场面（来源：《新宾县非物质文化遗产名录》）

2. 民俗广场

渔猎型聚落中一般有1~2个公共的民俗广场空间，其规模大小不等，一般位于聚落居中的位置，可满足村民日常聚集活动和节日举行传统的体育活动。每到春节、元宵节、二月二、端午节和中秋节这些节日，一般都要举行珍珠球、跳马、跳骆驼、滑冰等传统体育活动。这些活动大多与先民渔猎活动有关，动作和形式都由生产方式演变而来。除此之外，在民俗广场上也举办一些曲艺舞蹈等活动，比如地秧歌、八角鼓等。秧歌的动作多来源于跃马、射箭之类，也有模仿鹰、虎、熊等动物的动作，体现渔猎文化对聚落先民的影响。

3. 春、冬捕场地

渔猎祖先居地，江河纵横，濒临大海，有着丰富的渔业资源，素有"瓢舀鱼"之说。先民自古以来就从事着捕鱼、采珠和海猎生产。居于辽东山区的建州女真部的直系祖先"胡里改"部，就是以"围网"作为部落名。南北朝时，靺鞨人就到日本海中"捕鱼充食"。渤海时期，渔业相当发达，已分为江河与海上捕捞。唐开元七年（公元719年），拂涅部向唐朝进献"鲸鲵鱼睛"。当地人善用鱼叉、钩钓，掌握了网捕法，他们熟悉各类鱼的习性和活动规律，创造了各种捕捞工具，涌现出许许多多捕鱼能手，数千年来的世代承袭，形成了著名的捕捞习俗。

大型春、冬捕场地在远离聚落的地方，辽东山区的渔民有自己较为固定的捕捞场地，一般逢节日或开海季会到江河、水库中进行捕捞。采东珠，是昔日春季捕捞业中的一个重要项目。冬捕的场地也有很多，如今人们不完全依靠捕鱼为生，所以冬捕大多被定义为一种创收利益的民俗活动，其场地也较为固定。比如大伙房水库、桓仁水库等，人们会相聚共同协作捕鱼并当场售卖，如今还有品鱼汤、坐爬犁等娱乐项目。据了解，每

图3-2-21 春、冬捕场面（来源：《新宾县非物质文化遗产名录》）

年12月末至春节前的一段时间，是渔民进行大规模冬季捕鱼作业的黄金时间。这种渔猎文化源于史前，盛于辽金，也是因为冬季捕鱼易于保存运输，所以这一古老的冬捕方式一直延续至今，千年不变。如今冬捕作为一种渔猎传统文化在冬季节日或者捕鱼黄金期被人们作为一场不可或缺的活动。依照传统，冬捕之前会有"祭湖"仪式、"萨满祭水神"仪式、"醒网"仪式、"鱼祭"等，渔民跳舞、诵词，祈求湖神赐予丰富的渔获，保佑冬捕顺利平安（图3-2-21）。

4. 石棚周边

石棚是青铜时期巨石文化的产物，石棚又称"石桌坟"，辽东山区新宾县的聚落中就有大量的石棚遗存，主要分布在苏子河流域及太子河流域，多建于小山之巅、河畔台地、山坡这样依山邻水的向阳平缓之地，石棚大小不一，形制各异。据考古研究，石棚是一种古代火化墓葬，如上夹河镇胜利村石棚及河西村石棚，皆发掘出了鼎足器和陶器耳等，并有火烧土层。如今村民将石棚作为一个祈福祝祷的空间，一般石棚周边空间规模不大，但很讲究。每逢过节村民都会在石棚顶端盖一张大的红纸，并供奉每年收获的粮食水果以祈

图3-2-22 胜利村石棚（来源：秦家璐 摄）

图3-2-23 古树神树下空间（来源：秦家璐 摄）

求来年风调雨顺。例如，新宾县上夹河镇胜利村石棚（图3-2-22），属小石棚，位于胜利村中心的位置，北侧临田，南侧临居民院落。从古御路由南到北的小路到达石棚，石棚和周边空间规模不大，坐西朝东，不过平时来祈福的人也络绎不绝。再如，鞍山岫岩的析木石棚，位于海城去往岫岩的方向道路旁东北的山冈上。据有关史料和专家的实地考察，析木石棚应是青铜时代所建的一座石板支盖式石棚，而且它属于大型石棚，为祭祀活动场所，是辽东半岛巨石文化的代表。

5. 古树神树下

该类型聚落中有许多古树，渔猎民族先民有祭神树的习俗，古树下空间很多、规模一般在5～100平方米，形状不定，在树下空间形成的祭祀活动一般由几个人或一家人完成。比如，沿古御路两侧分布有13棵300多年的古榆树，集中分布在腰站组东侧入口、西岗组的西侧、罕王路以南各分布一棵，胜利组中部、胜利石棚附近有一棵，树干上悬挂一口古钟（图3-2-23）。

6. 墓地

聚落的墓地空间（祖坟）位置可分为四类，一是位于较矮山坡的坡顶，其北侧有另外一座较高的山相衬，墓碑坐北朝南，规模较小，此种类型较少；二是位于半山缓坡地带，在人工林田和自然山林的交界处，开辟出一大块空地，此类墓地空间规模最大，多数设置为家族墓群，背山朝阳，有的讲究的人家还在墓群周围种植松树，以求死者长眠不朽，世界得以安宁之意；三是位于山体南麓，耕地与山体相交处，此类墓地空间规模有大有小，有单个的，也有成组几个的；四是位于田埂间，规模较小，有时会在周围种一棵树，为其遮阳挡风，愿死者安详，此种类型在山区其实是不多的，一般在平原地区比较常见。

每到清明祭祀之日，都要到墓地，由长辈到小辈依次进行祭拜仪式，这也是清明节最重要的内容。山区的村民们还保留着清明上坟插"佛托"的习俗，这种习俗来源于山区人们对萨满的信奉，萨满教祭祀中，有一位始祖母女神，叫"佛托妈妈"，即"柳枝祖母"。在实地调研中得知，新宾县腰站村的满族人，祭祖时都用"达子香"。"达子香"是腰站村山上生长的一种木本植物，村民们将其叶和秆采集后晒干碾碎，在祭祖时使用。皇陵一般置于山坡处，在环境上占据有利地形。例如爱新觉罗阿塔家族墓，位于莲花山下的向阳山坡，上自一世祖索长阿塔，下至阿塔十世孙辈墓。墓葬形制为土坑封土墓。每年清明、七月十五、十月初一、年三十时大祭，清明插佛托，年三十烧包袱，都是他们的丧葬祭祖习俗。

（二）生活社交型公共空间

生活社交型公共空间一般包括村口空间和包括河岸、树下、井边等。这类公共空间指居民通过群体性聊天，参与红白喜事、人情往来等涉及日常生活社交的社会场域空间。发展到今天，这些公共空间同时也作祭拜和祈福之用，比如树下、古井边等。

1. 村出入口

该类型聚落的村口空间是出入村落的标志性节点空间，一般根据该地区聚落的形态特点分为两种情况：一是沿交通轴线展开的以主要的陆路或水路交通线为主要轴线展开的聚落，呈现"线性"的形态特征。这种类型村落空间的村口一般在主要轴线的头、尾附近的位置，利用主路与支路三角岔口的空间设置村口。村口的规模不大，通常利用牌坊、指示牌等作为引导（图3-2-24）。二是位于山体间呈分散式的聚落，呈现"散点性"的形态特征，由于地形地貌复杂，村口位置也呈散点式分布，自由度大，使村口空间自然融入聚落中。

图3-2-24　村出入口（来源：朴玉顺 摄）

2. 河岸、树下、井边空间

河岸这类景观要素周边空间呈线性，根据河段的宽窄、易达性和周边景观环境可形成多种供人休息的区域。

因树形成的空间，其位置有多种可能，可能分布于村落边界处、空场地边缘、两宅院之间等处不定，但由于古树的存在使许多消极单调的空间变得活跃。若将古树分为"塑造空间型"和"远距观赏型"两种类型，那么"塑造空间型"的古树周围可自然形成开阔空间，成为村民交流、纳凉的休闲之处，根据形成休闲区域面积的大小，村民自发定义其为不同类别的活动场所，也会根据其位置和历史传说等形成祭祀祈福空间。而"远距观赏型"的古树多与村边界山林结合较好，在视觉上具有较强的可观性（图3-2-25）。

聚落中的古井同样可塑造积极空间，它们是聚落的分中心点元素，人们的生活圈、信仰圈等以此类元素形成聚落生活和信仰的分中心，它们普遍存在人为的处理界面，包括古井基座，人为设置的保护措施和石凳石桌等，也成为聚落里的小型休憩或祭祀空间。比如，腰站村内的井，位于罕王路南侧两民居院落之间，井周边自然围合形成小广场，规模不大，但可供人午后休闲聊天之用。如今，每逢节庆，村民们都会在井的侧面张贴新的楹联或挂红福条，以祈求风调雨顺（图3-2-26）。

图3-2-25 树下空间（来源：秦家璐 摄）

图3-2-26 井边空间（来源：朴玉顺 摄）

第三节　聚落的空间形态特点

渔猎型聚落的空间形态特点受自然因素影响较大，聚落以山水为依托，在重山带水间沿沟壑而生、逐水而居。

一、聚落整体形态

该类型聚落整体形态根据最重要的影响因素——山、水、道路走势，将其分为四种类型：自由分散型、带型、团块型和集合型。

（一）自由分散型

自由分散型是渔猎型聚落最典型、最常见的空间形态类型。这种空间形态的形成虽与河岸（道路）的平直、曲折、弯曲有关，但更多是取决于山体形势。聚落多分布在山腰缓坡和山间谷地，整体布局随山势自发形成，多以自然界的山、水、林等围合出实体边界，故

而用地范围极其不规则，居民点形态也没有固定的程式，建筑密度极低。按聚落具体形态，可分为无形态散点式、链状分散式、团状分散式三种类型。

1. 无形态散点式

这类聚落分为两种情况。一种是分布在低山和丘陵地带的山壑谷地，由于山体较小，山坡较缓，山间沟谷较宽，且地表整体呈平坡和缓坡，高程差不大，这些山体特点都使聚落对地形的适应能力加强，生长和延伸更加自由和灵活。这种布局模式的聚落占地面积最大，房屋密度最低，往往呈树枝状，放射状，无固定形状自由布局，道路迂回弯曲程度大，聚落与聚落之间没有明显的界线，相互交错分散在农田之间，由于整体地形处在山丘起伏的状况下，因此，农田、种植林等与山体结合较好，呈缓坡台阶式层层上升（图3-3-1、图3-3-2）。

图3-3-1　无形态散点式（类树枝状）〔来源：谷歌地球〕

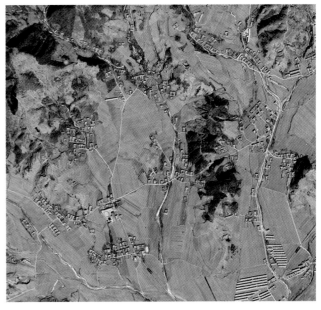

图3-3-2　无形态散点式（类放射状）〔来源：谷歌地球〕

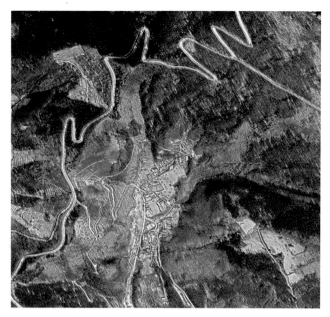

图3-3-3　无形态散点式（平缓坡面上）（来源：谷歌地球）

图3-3-4　链状分散式（来源：谷歌地球）

另一种是分布在高山山腰的平缓坡面上，这种散点的布局模式是辽东山区最早、最典型的聚落布局形态（图3-3-3）。在战乱频发的历史时期，这种聚落形态和地理位置既有利于对外防御，又有利于上山捕获猎物。聚落往往单个出现，不成群组，规模都不大，结构松散，建筑布置灵活多变，朝向也不固定。聚落边界模糊化，凹凸曲折，隐于自然山林之中。农田主要分布在居民点下部山坡上，其边缘呈曲线与山林自然结合。

2. 链状分散式

这类聚落也是辽东山区极为常见的空间形态，分布在低山山麓狭窄的山间谷地，由于地形破碎，环境复杂，山地平坦，土地稀缺，聚落利用山沟缝隙有机生长，民居建筑疏密不一，方向灵活，但整体在山壑内部呈长链状延伸（图3-3-4）。农田分布在山壑中，在建筑周围被房屋灵活分割成大小不等的田地，聚落边界是农田与自然山林相互咬合相错的曲线。

此布局随时间生长的张力较大，能创造丰富多样的空间构图，聚落规模一般不大，通常只有一条主要道路作为主轴线，随地形而转折弯曲，其他道路则为入院道路，宽窄不一，互不平行。

3. 团状分散式

这类聚落整体形态呈组团聚合状，多分布在山麓的冲积扇地带，聚落背靠山林，三面环河或一侧有河流经过，山水形势使聚落占据了天然的防御优势，这样的格局是早期渔猎聚落的最佳选址（图3-3-5）。聚落占据地形与前两种类型相比要平坦得多，而且可利用土地面积相对来讲也较大，聚落民居的排布受限因素少，因此可以形成团状的形态，以便于节能、村内互通交流，以及与田地、池塘、林地相结合等。前两种聚落的耕地面积十分有限且土壤利用率低，而此类聚落四面环田，上可狩猎、采集，下可捕鱼、耕地，其耕地、种植林、池塘等生产用地的面积可达到聚落占地面积的三倍，甚至更多。

这类聚落规模都不大，建筑布局在团内呈散点状，聚落没有明确的中心，内部只有进出村的道路作为主路较宽阔，其他道路分级不甚明确，且尽端式道路较多。

图3-3-5 团状分散式（来源：谷歌地球）

图3-3-6 沿山脚外凸生长的带型（来源：谷歌地球）

（二）带型

聚落的用地因山地的限制或对水体、道路的依托而呈线性展开，聚落边界由自然的山水和半人工的林、田、池塘以及居民点构成，村内主要的交流和公共活动空间基本上集中于线性展开的主要街道两旁。村落布局根据依托环境的不同分为以下两种情况。

1. 依山麓走势，形成平行于山体等高线的带状布局

带型聚落走向取决于山势的起伏变化，主要街道沿山脚外凸离心式生长或者在山坳间隙蜿蜒呈弯曲的带状空间，曲率大体与等高线一致，没有显著的高程变化，建筑密度一般在12%~28%之间，但前者村落空间肌理是依附于干路较为规则有序的（图3-3-6），后者的房屋分布则依附于山势，相对灵活多变（图3-3-7）。

自然山体、水系从两侧将村庄平行包夹起来，村内的人工林、田根据地形和土壤性质的不同呈长条状分布在居民点的一侧或两侧，一般村内人工林田和池塘空间的面积是居民点空间面积的二到三倍。

2. 沿水系延伸，河道和主街成为聚落延展的边界和依据并贯穿始终

一般在水系的弯曲程度不大且东西流向段的河道两旁容易形成规模相对较大的带型村落，其主要交通道路与水系平行而置，支路垂直于干路，呈现鱼骨状，主次分级明确（图3-3-8）。聚落整体一般没有较大的高程变化，村内房屋排布相对整齐有序，建筑密度在10%~25%之间。

聚落主要依托于水系的一侧，带状逐水而生，村内生产空间基本上为田地和人工池塘，田地空间所占面积可达居民点面积的四到五倍。

（三）团块型

聚落一般形成于较为平整的地块，其形状大致分长方形团块、扇形团块、多边形团块等几种，以纵横的街道形成网格状的基本骨架。街巷较为平直，以直角相交，村落中一般有一到两个明显的道路承担主要交通，其他网格状道路为次级道路。村落由于平坦的地形优势、较少的边界条件限制，一般具有较大的规模，其

图3-3-7　山坳间蜿蜒蔓延的带型（来源：谷歌地球）

图3-3-8　沿水系的带型（来源：谷歌地球）

边界大多是虚体的，除了人工道路和开垦的农田之外，村落之间的边界一般由于血缘、宗族、民族、习俗的不同和迁入迁出等社会文化原因自然形成分隔。村内建筑呈并列式，排布紧凑，密度相对较大。不同功能的公共空间根据服务半径的不同而分散在村庄内外。该类型聚落根据分布位置的不同可划分为以下两种情况。

1. 处于背山（面水）的山脚平坦地带

聚落或背倚山体的脊背、面向三面开敞之处，或环抱于三面山体之中、面向河流，此种聚落的格局堪称风水极佳的位置，此处形成的小气候较为宜人，且较利于上山采集和狩猎，同时也利于防御。由于山水的围合和限制，这种类型的村落是团块型聚落中用地最为有限的一种，规模普遍较小（图3-3-9）。

2. 处于带型水体的转弯处

由于水流方向、流速以及水体弯曲程度等因素的影响，此类聚落分布在水体转弯处的内侧或转弯处外侧与水流方向相反方向处，并且村落位置高程高于水体，以此来避免水流对村落冲击的威胁，前者夹于水体内弯，若是水体弯度大，则能形成三面环水的天然防御形势，聚落的规模与水体弯转程度有关（图3-3-10），后者无论水体呈平滑弯转还是曲率较大，均能形成较大的村落规模。

（四）集合型

集合型聚落指包含多个聚组群，并且各组群之间有较大的时空关联性的一类村落。辽东山区山势地形复杂，带水环绕在群山之间，一个聚落往往不能以一块较完整的平坦之地聚合起来，所以一般在山间出现多个聚居点共同形成聚落。根据形成的原因和形态的不同，可分为三种类型。

1. 链条组团式

链条组团式是一个村落多个组团之间由于某种原因，链形联系在一起，由道路组织起来的一种布局形态，一般是就复杂的社会因素而言的，村落随人口、家族、社会组织结构、生产用地等逐渐扩充发展成为链

图3-3-9　背山（面水）的山脚平坦地带的团块型（来源：谷歌地球）

图3-3-10　带型水体的转弯处的团块型（来源：谷歌地球）

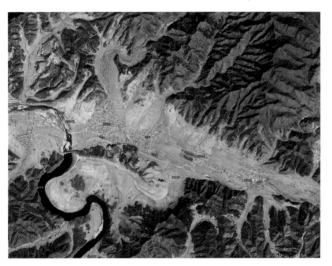

图3-3-11　链条组团式（来源：谷歌地球）

图3-3-12　集中片区式（来源：谷歌地球）

状。譬如由于重要的历史事件、先人的活动轨迹等由线性延展成链条状空间（图3-3-11）。周围的山体、林田、河流、道路形态同带型村落基本相似。如上夹河镇腰站村，沿水路和古御路分别由腰站、西岗、东街、胜利四个团块型小聚落组成，整体布局沿道路呈一字带型，其形成原因是清朝皇族后人从原聚落迁出另择良址的迁移活动。

2. 集中片区式

集中片区式指的是聚落群组围绕一个或多个中心呈向心内聚式的布局形式，这里的中心一般为聚落中的重要公共空间和建筑，周围的村落成为中心空间的附属聚落（图3-3-12）。如永陵镇赫图阿拉村，由老城村、北关村、老城新村和老城河北村四个组构成，虽然现如今一些村内道路空间格局已经翻新，但根据历史文献资料

图3-3-13 分散树枝式（来源：谷歌地球）

聚落整体规模大而分散，但密度不高，树枝状通常每支一组，每组内院落建筑分散排布，朝向不一，道路曲折蜿蜒，随山体丘陵走势而定。

二、路网结构

聚落内部因山就势的道路骨架和院落相互交织，所呈现的肌理结构与图底关系，显现出辽东山区传统聚落独有的特色。其路网结构的形成与依托的自然山水密切相关，主要分为以下四种类型。

和实地调研资料可知四个组在历史时期均为一个中心即赫图阿拉城服务，依附于古城，因城下兵粮囤聚、铠甲弓弩制造等原因共同构成集中式向心块状聚落。

（一）自由树状结构

树状结构是渔猎型聚落最典型的道路结构，多出现在山间谷地和缓坡上的聚落中。道路因山而成，蜿蜒曲折，迂回多变。最初的房屋是沿着山体走向零星分布的，均为相对最佳的居住位置。随着人口的增加，沿山体的居住点逐渐增加成聚居点，其相互之间产生必要的交通和联系，进而形成主要交通道路和相对明显的聚落走向，并沿着山体继续延伸发散。同时，山体其他方向沟壑形成的聚落道路，相接相融，拓展蔓延成树枝形态，使得整个聚落获得更多的生产和交流空间（表3-3-1）。

3. 分散树枝式

分散树枝式是在人口规模扩大时，由于山体地形地貌的限制在山坳和山谷间自然生长成各个小规模的或散点或枝状的分聚落，从而形成整体不规则的树枝状布局形态（图3-3-13）。如岫岩新甸镇石坂村，聚落由八个组构成，在低丘陵区呈柳枝状蔓延伸展进丘陵沟壑中。

两类自由树状结构道路的特征分析   表3-3-1

类型	图示	特征分析
平行于山体等高线		常见于山麓的山谷沟壑间或丘陵缓坡选址的村落，主要道路平行于山体的等高线，次要道路呈叶脉状延伸进山壑。少数聚落可形成平缓的"之"字形道路结构，道路与等高线斜向交接，随山势缓缓上升、转折，可形成高程不同的小型台地，高程差虽不大，但能形成丰富错落的聚落空间

类型	图示	特征分析
垂直于山体等高线	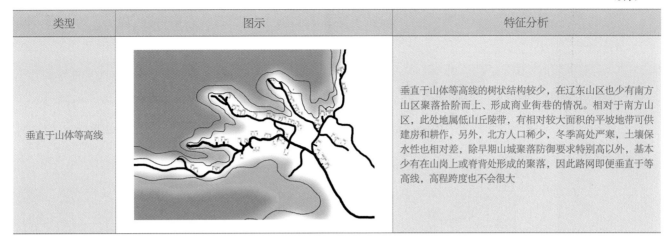	垂直于山体等高线的树状结构较少，在辽东山区也少有南方山区聚落拾阶而上、形成商业街巷的情况。相对于南方山区，此处地属低山丘陵带，有相对较大面积的平坡地带可供建房和耕作，另外，北方人口稀少，冬季高处严寒，土壤保水性也相对差，除早期山城聚落防御要求特别高以外，基本少有在山岗上或脊背处形成的聚落，因此路网即便垂直于等高线，高程跨度也不会很大

　　树状路网结构受山水地形的影响较大，聚落中院落密度大小不一。地形复杂的位置院落密度小、规模尺度大，并会产生较多不规则形制的院落；地形平缓的位置院落密度较大、相对规则。

（二）线性鱼骨结构

　　线性鱼骨结构道路主要出现于无形态分散型和带型聚落中，沿山麓或水路延伸形成的线性聚落由一条主要道路从中间穿过，形成聚落主轴线，若干支路以鱼骨状方式辐射，主次道路分级明确。若山间谷地特别狭

窄，还会出现一字线型道路，其他支路直接入院。这种道路结构的干路承担着交通联系和组织村民生活公共空间的作用，成为公共和半公共的线性交往空间和公共交通的主要通道。支路则联系着生产空间，承担着院落相互之间交流的作用（表3-3-2）。

　　这种线性街巷式的空间肌理，干路两侧面向街道的院落密度相对较大，建筑并排而置，前院空间小后院空间大；而向后拓展而成的院落，密度则相对较小。院墙是界定道路边界的形状和尺度的主要因素，村庄肌理的统一性相对自由树状结构要强，但辽东山区传统聚落的

两类线性鱼骨结构道路的特征分析 　　　　　　　　　　　　　　　表3-3-2

类型	图示	特征分析
沿山麓选址的聚落		线性鱼骨结构道路普遍出现在沿山麓选址的聚落中。其演变过程是由散落的院落或房屋逐渐串联，从而形成直线形的主干路，一街两巷形成后，院落和房屋沿着干路两侧向外生长。面向干路的民居院落的门前空间或者前院空间较小，但交通、贸易十分便利，故聚落的发展呈现沿街道横向展开，再纵向拓展的顺序

类型	图示	特征分析
沿水路选址的聚落	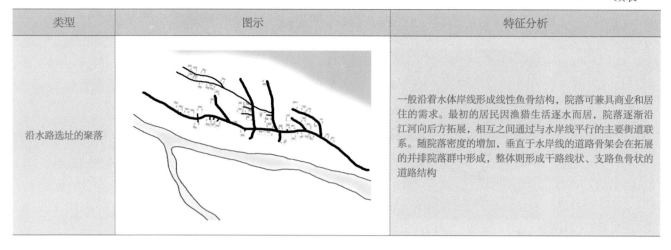	一般沿着水体岸线形成线性鱼骨结构，院落可兼具商业和居住的需求。最初的居民因渔猎生活逐水而居，院落逐渐沿江河向后方拓展，相互之间通过与水岸线平行的主要街道联系。随院落密度的增加，垂直于水岸线的道路骨架会在拓展的并排院落群中形成，整体则形成干路线状、支路鱼骨状的道路结构

院墙高矮不一、突出凹进也不一致，所以街巷空间也呈现不出很强的秩序感和领域感。

（三）网格结构

网格结构的道路系统多出现于地形平坦、规模相对较大的聚落中，这样的道路系统使村庄内部的可达性增强。聚落最初的起点一般因借山体、水系形成零散房屋，后扩大成团成片，因生产、生活、交通的需求，产生遍布聚落内部的或规则或不规则的网格道路。

网格道路结构的肌理特征体现在疏密变化和分区上。从建设条件上看，从交通良好等拥有最优发展条件的区域，到不适宜建设、交通条件较差的区域，肌理密度逐渐减小；从人文因素上看，渔猎文化影响下的公共建筑和空间如寺庙、祠堂、民俗广场等对居民具有较强的集聚力，肌理密度大。整体来看疏密分区，可分为两个圈层，密质圈层以日常居住为主，是聚落中房屋分布均匀和集中的区域；疏质圈层以生产和祭祀为主，一般是聚落边缘向外生长的区域，同时大多也是聚落最初的生长点，其界限一般较为模糊，内外的渗透多以山、河等自然要素为软化边界（表3-3-3）。

两类网格结构道路的特征分析　　　　　　　　　　表3-3-3

类型	图示	特征分析
规则网格		规则的网格道路结构呈棋盘式纵横交错，辽东地区由于地理环境的复杂性，形成的规则网格状的道路常常并非经纬分明，而是顺从地形在三维空间上曲折变化。这种类型聚落中的院落房屋朝向基本一致向阳，排列相对整齐，干路、支路、巷路三级道路分级明晰

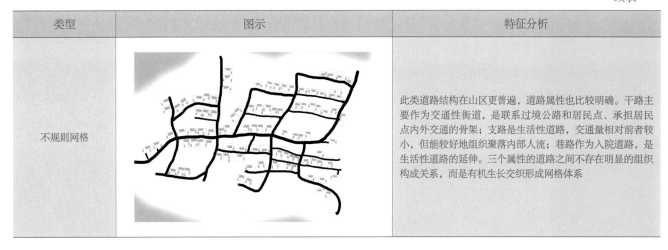

类型	图示	特征分析
不规则网格		此类道路结构在山区更普遍，道路属性也比较明确。干路主要作为交通性街道，是联系过境公路和居民点、承担居民点内外交通的骨架；支路是生活性道路，交通量相对前者较小，但能较好地组织聚落内部人流；巷路作为入院道路，是生活性道路的延伸。三个属性的道路之间不存在明显的组织构成关系，而是有机生长交织形成网格体系

（四）混合式结构

该道路结构反映了聚落的生长轨迹，聚落多从半山缓坡或山谷生长至土地条件较好的区域，在其生长过程中为了适应地形地貌和找寻更优的土地，自然而然地形成自由树状和局部网状结构的融合（表3-3-4）。

混合式结构的特征分析　　　　　　　　　　　　　　　表3-3-4

类型	图示	特征分析
自由混合式结构		聚落最初选址在山腰或山麓向阳日照充足、自然资源丰富、防御条件良好的位置，后因聚落规模扩大或山下土地垦殖，道路逐渐向四周扩张和延伸，民居也逐渐向交通便利的道路两侧偏移和聚集，自然而然地形成了局部网状肌理

三、院落组合

院落是构成聚落的基本单元。辽东山区传统聚落的院落组合方式反映了山地丘陵区的地域环境特点，居民宅院依山而走，形成丰富多样的聚落形态和变化万千的空间肌理。平原地区院落通常沿纵向或横向二维展开，而山区院落除此之外，还增加了竖向的空间维度，在其空间组合上体现了与坡地地形结合的特点，也真实反映了原始渔猎生产生活的状态。根据之前笔者在《桓仁建州女真志》以及辽东地区的各县志、乡志的记载中，选取的多个辽东地区早期女真驻扎的卫址所对应今天的聚落地址和形成年代较久的村落，在实地调研中确定了信息的准确性和聚落形态以及院落组合方式的原始性和代表性之后,在本节分析院落组合特点时,更细致地将等高距为1米的高程图附着至谷歌地图,分析不同组合特点之间的规律,最终提取出几种辽东山区典型的院落组合方式,共分为六种,即聚拢散点式、均质散点式、山底线性式、坡面错台式、山谷并列式、平坡联排式。

1. 聚拢散点式

聚拢散点式的院落组合方式常出现在地形复杂、等高线密集、高差大的地带(图3-3-14),这种地形下,人们将少有的平坦地带作为生产用地,房屋则在较为困难的地段依坡而建。道路的布置因受制于地形而相对紧凑,一般是树枝状和线性鱼骨状的结合。院落依赖于道路形成整体集聚、局部散点的组合特点,其相互之间在平面上形成错位、在竖向上形成起伏,各个院落的大小和形制根据所处的地形地貌特点和家中主要从事的生产方式的不同而差异较大,但院落的朝向基本一致,组织

在尽端路的院落较多。整体来看,虽然院落分布较为自由、零散,但与干路结合得较紧密,呈现组团聚拢的状态(图3-3-15)。

2. 均质散点式

均质散点式的院落组合方式常出现在地形起伏较缓、等高线疏、高差小的丘陵地带(图3-3-16),宜生产的用地(包括人工林、田)和宜建设房屋的用地被小块丘陵和自然林地灵活分割成大大小小不同形状的地块。道路布置得要比聚拢散点式类型舒展,呈自由树枝状和放射状的组合,院落分布面大且相对均质,院落组合更为灵活和分散(图3-3-17)。从平面上看有四院并列的、三两成组的、单个游离的等,从竖向上看,起伏稍小一些。由于地处丘陵缓坡地带,相对高山沟壑地带,没那么潮湿,山体对阳光的遮挡少,地形的局限度也不是特别高,所以院落的朝向相对来讲也没那么一致。但院落的大小和形制却相对统一,且有相当一部分院落组织在支路上,所以在尽端路的院落同样很多。

图3-3-14 田家街村部分高程图(来源:谷歌地球)

图3-3-15 聚拢散点式示意图(来源:秦家璐 绘)

3. 山底线性式

山底线性式的院落组合方式顾名思义，院落是沿山麓平行于等高线并列布置的，房屋紧贴山底线建在等高线较密集、坡度较陡的地带（图3-3-18），以一条干路作为主轴、鱼骨式的道路为入院巷道，将院落蜿蜒并列贯穿起来，以此为界，上山可采集、捕猎，下山可农耕、捕鱼。院落在地形的限制下并排有序，但大小、形制却千差万别（图3-3-19）。从竖向上看，所有的院

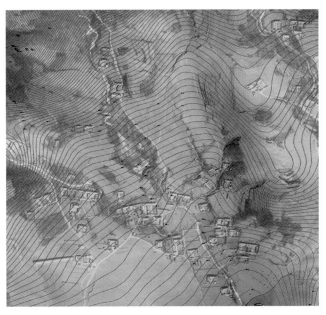

图3-3-16　新丰村部分高程图（来源：谷歌地球）

图3-3-17　均质散点式示意图（来源：秦家璐 绘）

图3-3-18　老砬子村部分高程图（来源：谷歌地球）

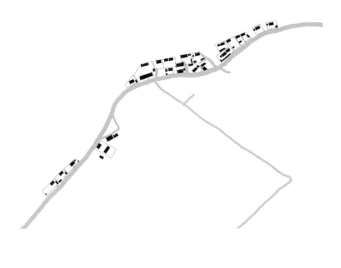

图3-3-19　山底线性式示意图（来源：秦家璐 绘）

图3-3-20 姜家沟村部分高程图（来源：谷歌地球）

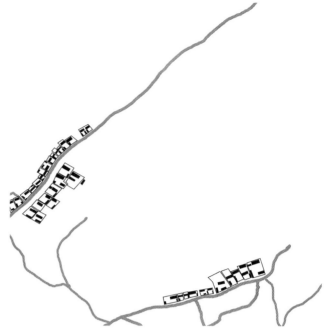

图3-3-21 坡面错台式示意图（来源：秦家璐 绘）

落建在坡上，前院高程小，后院高程大，很多院落甚至没有后院，直接房后是山。值得一提的是，这种院落中的民居建筑不论是出于防潮除湿的原因，还是出于渔猎民族心理抑或是风水堪舆，大多数都有高低不等的台基架高。

4. 坡面错台式

坡面错台式的院落组合方式常出现在沿山体沟壑上坡的聚落中，院落沿山体边缘并列布置，为了将大面积土地用于农耕生产，房屋集中于等高线密集的地带，其山上、山下土地空间的运用习惯和大多数院落中的民居建筑架高的做法，与山底线性式的特点相似。道路垂直于山体等高线线性布置，串联两边的所有院落。然而这种院落组合方式最大的特色是，院落并排布置的方向是垂直于山体等高线上升的（图3-3-20），所以从竖向空间上看，院落是在坡面上错台拾阶而上的。错台式组合具体来看可分为两种形式，一是民居建筑山墙对山墙、横向并列上升组织院落，院门正对建筑；二是民居

建筑背立面对正立面、纵向并列上升组织院落，从一侧入院。两种组合方式可形成不同感受的山地院落空间，增添了院落组合的趣味性（图3-3-21）。

5. 山谷并列式

山谷并列式的院落组合方式选址于山间谷地的聚落（图3-3-22），秉持着"占山不占田"的山地建房原则，在山壑间沿山体边缘等高线密集的位置并列布置院落，与山底线性式相似的是院落的布置方向平行于等高线，由线性道路贯穿汇入山麓平坦地带较大的院落组团当中。山谷间的院落组合比山底线性式和坡面错台式要更自由、更灵活，有单个位于道路线上的，也有三两个并列成组的，院落之间的大小和形制差异也比较大（图3-3-23）。

6. 平坡联排式

平坡联排式一般出现在高程变化不太大且坡度较均匀的平坡地带（图3-3-24），在实际的建设找平中，

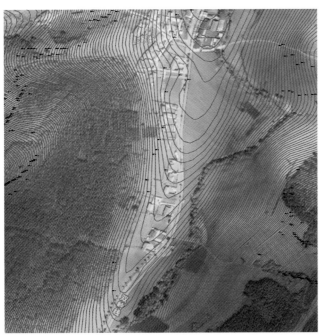

图3-3-22 纪家街村部分高程图（来源：谷歌地球）

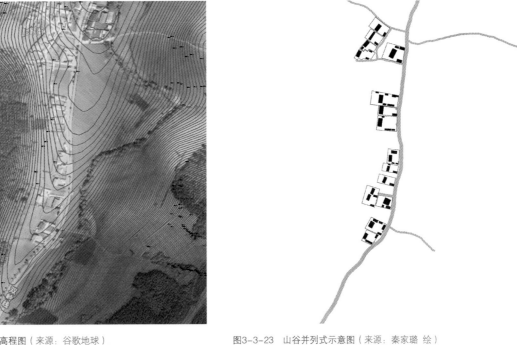

图3-3-23 山谷并列式示意图（来源：秦家璐 绘）

图3-3-24 弯龙背村沟里部分高程图（来源：谷歌地球）

图3-3-25 平坡联排式示意图（来源：秦家璐 绘）

竖向上的高程差过于微小，可近似看作整体院落分布是在二维空间上展开的。平坡地带的道路布置相对有序，院落采用聚集式的联排组合，相对规整，朝向一致，院落相互间的大小和形制变化也较小（图3-3-25）。规

整的联排布置特点是对山区土地合理利用的结果，院内民居建筑前后齐平也源于当地人的讲究，"房前沿要与左邻右舍平齐，后退者视为不吉利，前进者视为不和睦"。

四、街巷空间

渔猎型聚落的街巷空间是与环境共生的，在早期渔猎文化的影响下，"房在山间""屋邻水旁"的布局特性决定了其二维平面上的蜿蜒性和主从性，以及三维空间上的开合性和层次性。

（一）表现在二维平面上的蜿蜒性和主从性

街巷的蜿蜒性指的是该地区街巷曲折多变，蜿蜒灵活，街道少有笔直、单调的，街巷在平面形态上的转折和弯曲是街巷与自然山水互动的产物。聚落中最能体现街巷蜿蜒性的有两种，一是随山体等高线或水岸线而形成的"平滑曲线街巷"（图3-3-26），这种街巷弯曲变化顺畅甚至不易被感知，若是同时随地势平缓起伏，会形成较强的韵律感。二是在地形复杂的山间谷地中延展的"弯折迂回街巷"（图3-3-27），这种街巷弯转在山体和院落之间，随着山势的起伏，更增添了街巷的趣味性。

街巷的主从性是指即便街巷走势自由、不规则，甚至在山谷间曲折迂回，其主与次的层级关系依然十分明确，街巷的尺度根据等级和走向的不同而表现出差异性。比如聚落中一般由"主街（干路）—次街（支路）—巷道（巷路）—院落"构成了层次分明、风貌特色鲜明的街巷空间序列，尺度逐级递减（表3-3-5）；另外，为了争取好朝向，一般东西向的街巷比南北向的街巷尺度要大，在统计中，东西向街道成为主街的情况较常见，南北向的街道从属于东西向街道。

（二）表现在三维空间上的开合性和层次性

街巷空间的开合性和层次性是该地区传统聚落最典型的特征，它表现在街巷的空间尺度和界面组合上。

图3-3-26 "平滑曲线街巷"示意图（来源：谷歌地图）

图3-3-27 "弯折迂回街巷"示意图（来源：谷歌地图）

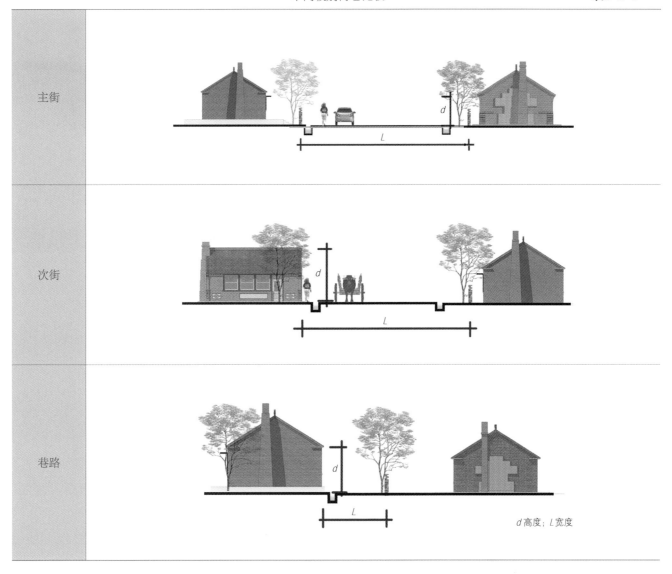

主街	
次街	
巷路	*d* 高度；*L* 宽度

辽东山区传统聚落街巷空间的开合性源自于其独特的临街空间序列。所谓临街的空间序列，就是构成街巷各要素之间的组合关系。从民居建筑上看，该地区建筑布局分散，整体建筑高度低矮、错落有致，使街巷获得较开敞的空间。从临街院落上看，首先，院落的沿街组合是不连续的，院落的形制和大小是不统一的；其次，因为每户的生产生活习惯不同，临街的侧界面要素是不一致的，可能有不同高度的院墙、院门、门房、厢房的山墙、苞米楼子、仓房房檐或山墙，甚至是河流、田地、林地等，那么临街两侧即是这么多情况的排列组合。从街道自身来看，该地的街巷空间尺度相对宽阔，导向性较弱，其最大的特点是，由于院墙和民居建筑退让空间的不一致，街巷会形成时而凸出，时而凹进，各段尺度不一的情况（图3-3-28）。从山地地形上看，沿街道纵向的起伏使人产生"并列式"的街巷空间感受，而沿街道横断面的错台则会使人产生"比较式"的空间感受（表3-3-6）。总之，街巷横、纵两个方向上的开合性令每一段街巷的空间特点都不同。

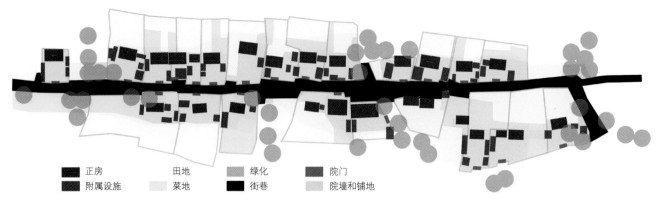

■ 正房	田地	■ 绿化	■ 院门	
■ 附属设施	菜地	■ 街巷	院墙和铺地	

图3-3-28　街巷的开合性示意图（来源：秦家璐 绘）

街巷空间的"并列式"与"比较式"　　　　　　　　　　　　表3-3-6

类型	图示举例	特征
并列式		两侧界面构成方式有相似性，呈并列关系，给人平稳感
比较式		由于山区地势高差原因，两侧的建筑或院墙产生高低不等、视线开阔程度不同的界面组合方式

同时，在进行半结构式访谈和驻村蹲点之后发现，这种开合性的空间为人们提供了多种形态的驻足、休息地点，这也令该地区以渔猎经济为主的聚落街巷空间增加了功能的复合性，即在满足交通功能的同时，更多是商品交换、人际交往的场所，产生了"一巷多用"的情况。

关于层次性，最能体现空间景观层次性的则是街巷的顶界面和聚落街巷的天际线。顶界面是沿街两侧建筑与周边环境顶部边线所划定的天际范围，该地区聚落街巷顶界面因民居的低矮而较宽广，常常包含环绕的山林环境。其中民居建筑的屋檐、屋顶、山墙、院门、院墙等构成街巷顶界面的一次实体轮廓线，轮廓线凸凹错落，在此基础上，街巷中民居出挑的构件、路灯杆、种植的树木、田地、林地、远山等构成了顶界面的二次虚体轮廓线，这些元素使得聚落街巷空间的顶界面变得丰富和自然（表3-3-7）。

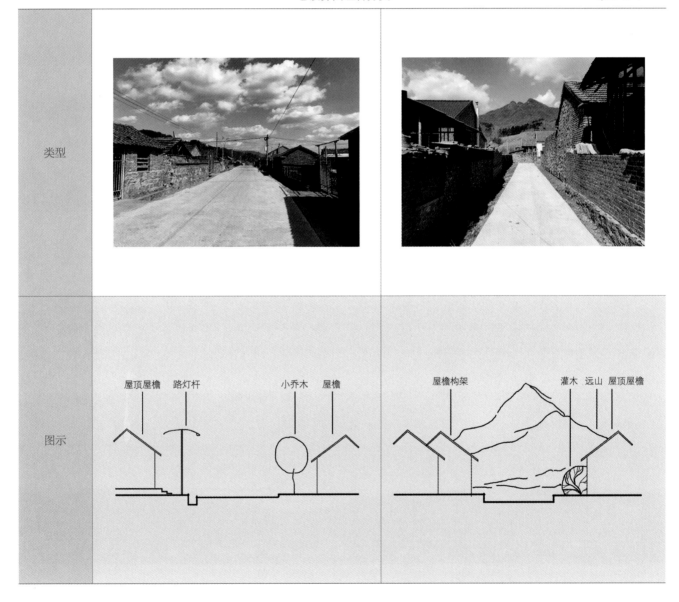

巷顶界面组合分类　　　　　　表3-3-7

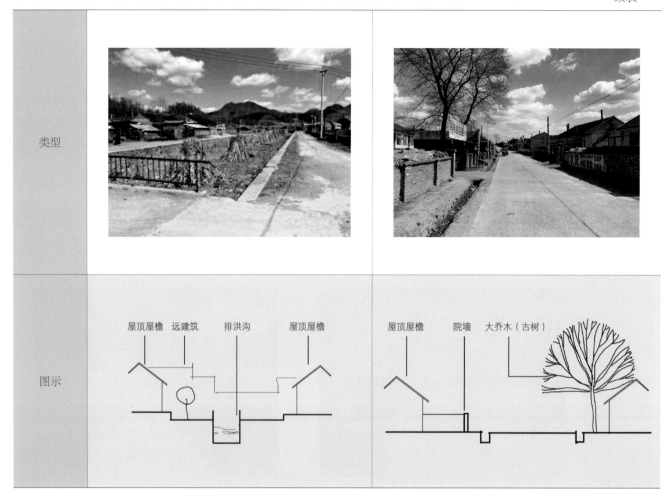

类型	
图示	

从远处看整体街巷，其天际线层次更加优美（图3-3-29）：第一重，田地—道路—水系线；第二重，地被、灌木—台基、设施小品轮廓线；第三重，村庄建筑轮廓线；第四重，乔木—人工果林轮廓线；第五重，山体轮廓线。地形复杂之处，可形成多重交互错叠的天际线，极为丰富。

图3-3-29 街巷天际线层次示意图（来源：秦家璐 绘）

第四节　代表性聚落举例——桓仁县刘家沟村

一、区位、自然环境

刘家沟村坐落在五女山的西南麓、哈达河的下游，总面积38平方公里。境内海拔高度242~821米。村境东、北和西部的北侧为群山环抱，村境中央及西南为哈达河及浑江的冲积平原，整体地势呈东北高、西南低之势。地貌大致为"六山一水三分平地"。哈达河纵贯村境南北，既是全村农田灌溉的主要水源，又与浑江一起围绕桓仁县城构成神奇的太极图形（图3-4-1）。

刘家沟村属温带大陆性湿润季风气候，冬季严寒多雪，冷冻期长；夏季炎热多雨，酷暑期短。村志记载刘家沟原是一个森林密布的地方，《桓仁八卦城》中也记载，在建县之前，这里山高林密，水源充沛。山参、鹿茸、蜂蜜、稻米、细鳞鱼等物产丰富，贫苦百姓来此采集、狩猎、捕鱼、拓荒；沿海一带贫民也闻风而至，种植五谷，搭草舍而居，久而久之，日渐人多。可见刘家沟村历史上就是具备山水环境优势的典型渔猎聚落址。

二、历史沿革

刘家沟村的发展历史较早。汉元帝建昭二年（公元前37年），夫余族后裔朱蒙在五女山上修建了高句丽的开国都城，并在此地居住了40年，成为桓仁地区有建制之始。明永乐二十二年（1424年），建州女真首领李满柱率众部驻扎五女山及其南麓的瓮村。直到1644年清王朝建立，220年间，这里是满族先人的居住地。清顺治至光绪初年（1644~1875年），200多年间，辽东一带为荒边禁区，人烟稀少。道光年间（1820~1850

年）的时候陆续有人来此违禁垦荒。光绪三年（1877年）始设县治。刚建县时，刘家沟一带人烟稀少，后来由于关内军阀混战和严重自然灾害逼迫大量难民逃往东北，刘家沟人家开始增多，逐步形成了西荒沟、武家街、一面街、石洞沟、刘家沟、姜家沟、金银库沟等自然屯落。

三、特点

刘家沟村选址于五女山西南山脚下，南向蜿蜒的水系为浑江，浑江支流哈达河南北轴线式穿过聚落中心，两条主要河流为聚落的生活生产主要水源和主要水路交通运输线（图3-4-2）。哈达河以西为南北穿过的201国道，聚落西南边界由桓泡公路围合。聚落整体背山面水，以金银库沟为历史最早居址、以刘家沟为最大中心组团呈树枝状向山坳间延展开来，分布于重山之间。九个组之间距离较大，规模受地形地貌和分布不均的自然资源限制而大小不一，就每个组自身来看，以中心道路为轴线呈一字形展开，道路一侧或两侧布房。其中洋井、武家街、一面街三个组均位于山体东麓，其主干路均与山体等高线平行，随山体走势自然弯曲，农田和池塘分布在居民点以东、哈达河以西；而西荒沟、石洞沟、石洞沟沟里、刘家沟、姜家沟、金银库沟六个组均有一大部分居民点以道路为轴线，被包夹在两侧山壑之中，道路有高程上的变化，从山脚蜿蜒上升。

聚落主要依托周边山林采集蘑菇、榛子、山野菜、山药材等，用于贸易，村内还设有人参等药材的出售公司。由于樟、柞、桦、榆、柏等树木茂盛，也有少许木材交易。另外，聚落的坡面耕地以种植玉米、蔬菜

图3-4-1　刘家沟村山水格局示意图（来源:《刘家沟村志》）

图3-4-2 刘家沟村整体形态〔来源：秦家璐
根据谷歌地球改绘〕

图3-4-3 药材晾晒场〔来源：秦家璐 摄〕

和果林等为主，果林以梨树、山楂树为主，除了自食，也对外销售，种植业成为村内的经济支柱产业之一。据考察，早期居民渔猎的地点多为哈达河和五女山，有时也直接到浑江里捕鱼，从前院落里会有固定的晾晒地点，用来晾晒山货、鱼干、肉干和渔具，如今院内的晾晒区大多改为了菜地或仓储用房。虽然院内的晾晒区被逐渐减少，但是村内新增了公共的药材初加工和晾晒的地点（图3-4-3）。村内院落基本上为单座独院和二合院两种形式。院落受山体限制，形制不规则，院内布局也均不相似，有的院落因背靠山体而不设后院墙，民居建筑在山脚下，为了防潮除湿，一般都将房屋做垫高处

理，下作储藏空间（图3-4-4）。

村内除了村部的文化广场举行文娱活动之外，没有设置较大的公共祭祀活动空间，一般直接在开海节等节日期间直接到江河、水库边举行仪式。有时村内老人去祈福祭祀，也会到五女山上的古树、狐仙洞等地方祈求保佑，渔猎文化影响下的村民对山、水、动植物都有一种原始崇拜，所以有时在山脚下也可看到有小的山神庙、狐仙庙等。除了公共祭祀的场地，每逢家中有喜事，自家院内会留出场地举行祭祀仪式，院门和正房房檐上挂有红花，院内院外支起好几口大锅，杀猪宰羊，一团和气（图3-4-5、图3-4-6）。

图3-4-4 民居的垫高处理（来源：秦家璐 摄）

图3-4-5 祭祀活动（来源：秦家璐 摄）

图3-4-6 院内祭祀场地（来源：秦家璐 摄）

从刘家沟村的整体布局形态来看，属于集合型的分散树枝式，由于地形地貌的限制，在人口增加需要扩大生活空间规模时，在山坳间自然形成小型枝状分聚落。聚落内部道路系统分级明确（图3-4-7），基本上由平行于山体等高线的进村道路和垂直于山体等高线向上弯折延伸的道路组成，两条主干路大致呈十字控制整个居民点部分，三条次干路垂直于主干路呈鱼骨形式。聚落的每个小组道路结构基本上是网状结构与自由树枝状结构的混合。

以刘家沟、姜家沟、石洞沟（图3-4-8～图3-4-10）为例，它们三个组均有较大规模的居民点，选址于山脚下，有一条主要的街道平行于山体等高线，也平行于哈达河，另一条主要街道包夹于山壑之间。它们的共同点是均由山脚平地较大的团块式居民点和延伸入山间谷地的较灵活的自由分散式居民点两部分构成，其院落密度

也同居民点聚集特点的不同有大小之分。团块式居民点的部分院落密度较大，院落排布较为规整，自由分散式居民点的部分院落密度较小，排布则相对灵活。院落组合主要以聚拢散点式、坡面错台式和平坡联排式为主（图3-4-11～图3-4-13），院落密度根据山体形状和陡峭程度的不同而区别较大，院落组合灵活，田地、菜地和果林以零散的地块分布在院落之间。

其主要街道平行于哈达河布于山脚下，7～9米宽，一侧是院落，正房的山墙面朝向街道，另一侧大部分为田地，街巷开阔且开合性较强；次街是向山壑中延伸的街道，5～8米宽，蜿蜒上升，两侧为院落，民居建筑错台而上，富有韵律感，而且由于渔猎型村落构成要素丰富，整体村落的天际线由河—田地线，地被—台阶轮廓，灌木—院墙轮廓，房屋轮廓，乔木—果林轮廓和远近山体轮廓几个层次交错产生，层次感十足。

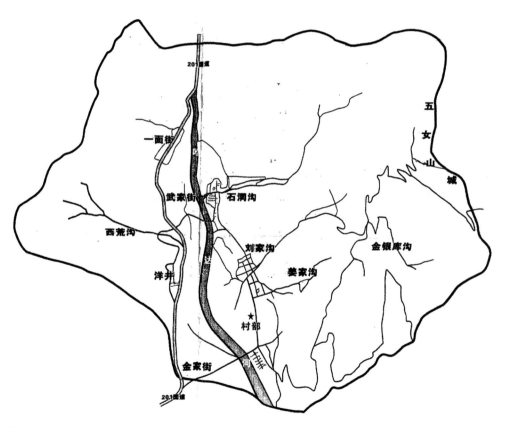

图3-4-7　刘家沟村路网结构示意图（来源：秦家璐根据《刘家沟村志》改绘）

图3-4-8 刘家沟航拍图（来源：张续坤 摄）

图3-4-9 姜家沟航拍图（来源：张续坤 摄）

图3-4-10 石洞沟航拍图（来源：张续坤 摄）

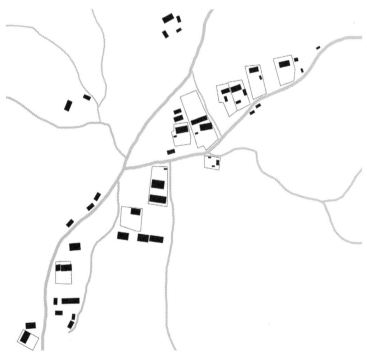

图3-4-11 石洞沟沟里聚拢散点式院落组合（来源：秦家璐 绘）

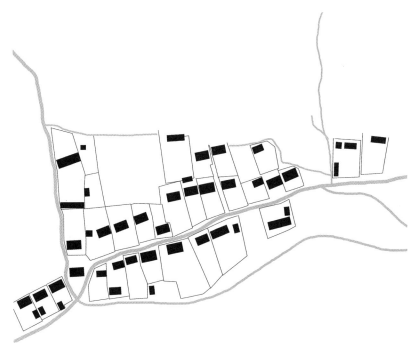

图3-4-12 石洞沟坡面错台式院落组合（来源：秦家璐 绘）

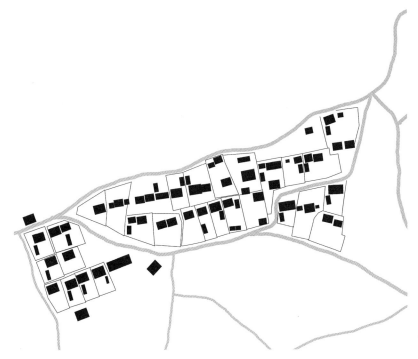

图3-4-13 姜家沟平坡联排式院落组合（来源：秦家璐 绘）

第 四 章

游牧文化影响下的聚落

第一节　概述

辽河流域拥有独特而复杂的地理环境，是连接东北与中原的核心地带，历史上北方少数民族逐鹿中原多以此为军事重地和重要后方。今辽宁西北部与内蒙古高原相接，蒙古的游牧文化与东北地区的农耕文化在此碰撞、融合，孕育了不同于大草原的游牧部落风情。时至今日，仍有许多受游牧文化影响的传统聚落分布在整个辽宁西北地区。

辽西北地区多为低山丘陵和丘陵缓坡地带，整体处于半干旱、半湿润易干旱区，光照条件好但降水量较少，耕地灌水能力较差，且地势坡度较大，田块规模较小，分布零散，土壤层较薄，有机质含量较低，整个辽宁西北地区属于不适宜耕种和建设区域。

基于辽宁西北地区复杂而独特的地理位置，形成了多个民族在该地域上大杂居、小聚居的特色分布，其中辽西北地区的人口来源主要由蒙古草原迁徙而来，大致是喀喇沁、土默特、蒙古勒津、科尔沁等四个部落后裔定居于此，而这四个部落都属于游牧民族，他们将自己本身的生活习性带到了辽西北，与辽西北的地形地貌环境融合，形成了不同于原来的草原游牧文化的独特风情。

通过研究可以发现具有游牧文化特点的大部分聚落分布在某些流域的冲积平原范围内，根据他们的集散分布可以将该类聚落细分为三种类型：绕阳河—细河流域、大凌河流域、辽河上游流域。这三部分聚落曾经都具备游牧生存的自然条件和人文因素，绕阳河—细河流域曾经具备成为牧场的深厚底蕴和茫茫草原，绕阳河以北到柳河流域附近（清时称杨柽木河），为清军入关时

为保护养生之地，保护"满族之本源"，对此地实行封禁，从而形成水草丰美的苏鲁克牧场，后又称养息牧场。大凌河流域清时也有属于自己的牧场，名称便是大凌河牧场，是清朝时东北唯一的牧马场，大凌河牧场有两处，均位于大凌河的中下游部分，它几乎伴随了清王朝的始终。辽河上游流域更是具备放牧条件的自然环境，俗语道："一进法库门，一半牲口一半人；出了法库门，只见牲口不见人。"这片区域位于科尔沁沙地边缘，靠近内蒙古，土地贫瘠，是南北交通要道，辽河上游流域法库边门以外，过去放养牛羊的很多。此三部分聚落不仅分布地域不同，每一部分的人口族源也存在差异，大凌河流域部分聚落主要分布在喀喇沁左翼自治县境内的大凌河两岸形成的冲积平原，该类聚落内住民是喀喇沁部落的后裔，后又融合了部分兀良哈部落人口，但仍沿用喀喇沁部落名称。绕阳河—细河流域部分聚落的分布为关山以北的细河、绕阳河、柳河三条河流的流域范围之中，该类聚落原住民主要是蒙古勒津部落后裔，至今仍沿用蒙古勒津或蒙古贞的名称。绕阳河—细河流域的该类聚落主要分布在关山东北到细河流域范围内和绕阳河西南一侧，少部分散布在绕阳河及柳河以北地区，但绕阳河以北的部分地区曾为清朝皇家牧场，其地形地势及气候环境与蒙古草原相近，故而具有很好的放牧条件。辽河上游流域的聚落主要集中在辽河干流上游西侧的康平、法库两县的蒙古族乡，他们主要是科尔沁部落的后裔。而其每一类又由于所处地域的不同，与周边其他民族在长时间发展中逐渐产生融合，形成了具有各自不同特点的文化习俗。

第二节　选址和布局特点

在辽西北地区，要满足游牧民族生存必须具备两大要素，第一是游牧民族最基本的"逐水草而居"的水源和牧场，第二就是在辽西北地区的山地环境中，山地占据了大部分比例，一方面随着草原的逐渐荒漠化，另一方面也伴随着他们迁徙到并没有广阔草原的辽西北地区，丰美的草原已无法奢求，这里的开阔地只能用于耕种和少量放牧。因此，他们只能退而求其次，将放牧地点选在山上，通过在山上放牧来满足牲畜的需求，牧民本身由原来的游牧生活逐步向半游牧半农耕转变，通过从事简单农事劳动满足自身生活所需。

辽宁西部地区的水文状况虽不像其地势走向那么错综复杂，但也有几条河流和数个水库遍布整个该流域地界之内，从绕阳河、大凌河、辽河几条最主要的河流到它们的源头支流和干流水系，沟壑纵横，哺育着临水而居的游牧人民，再加上佛寺水库、七家子水库、卧龙湖等众多大小水库零星分布，一静一动遍布整个游牧民族活动的辽西北大地，让迁徙而来的游牧民族未曾感到过多的不适，依然过着他们"逐水草而居"的生活，保持着他们最初的生活习惯和文化习俗。

一、绕阳河—细河流域

绕阳河—细河流域范围大致为阜新的关山以北至柳河流域的中间部分，此部分地区地势西北高，东南低；西南高，东北低。正如前文所提到的，该区域大部分地形为山地丘陵，故此该流域内游牧民族聚落选址及布局多数受复杂地形和水源分布影响。由于该流域范围地处辽宁西部低山丘陵区，医巫闾山、小松岭、努鲁尔虎山等众多大小山脉汇聚于此，地势由西南向东北延伸，西南部的医巫闾山从其构造体系看延伸较远，尾部形成剥

蚀平原，在绕阳河西岸匿迹。小松岭从西南向此地区延伸，到该流域部分后即成尾部。努鲁儿虎山山脉也是从西部向本区延伸，该山多阴山向构造（即纬向构造），到此地区亦成尾部。由于这些山地的尾部在此地区相会，形成地形骨架构造错综复杂的格局。而这一复杂地形格局也在一定程度上取决于众多河流的分布，除却细河、绕阳河两条典型河流外，还有柳河、伊玛图河、牤牛河、沙河等较小支流将该地域进一步切割。细河是大凌河下游左侧最大支流。源出该地域内东骆驼山（清初名摩该波罗山）北坡附近，经阜新市区，阜新蒙古族自治县的东梁乡、伊玛图乡、卧凤沟乡以及清河门区的蔡家屯入义县，在复兴堡汇流入大凌河。绕阳河辽代称锥（珠）子河，是辽河中下游主要水系之一。源出该地域内的察哈尔山一带，流经该地区中部，由北而南跨24个乡、340个村，是该地区流域面积最大的水系。绕阳河流域土地肥沃，是重点粮油产区。柳河是辽河中下游右侧的多沙河流。干流以上有三条主要支流，合流后水势增大，始称柳河。尽管此河流域较宽，但由于干流处多洪水泥沙，不适宜生产、生活使用。因而该区域内的传统聚落分布多集中在细河与绕阳河流域范围内。

二、大凌河流域

大凌河发源于辽宁省与河北省接壤地区，大小支系纵横交错，主脉横贯辽西，东南汇入渤海。其上游分为南、西两支，两支在喀左县利州街道小河湾社区龙源湖汇合，这里所说的大凌河流域主要指大凌河的南支和西支进入辽宁省境内开始，另加上凌河干流的中上游及其大小支流所流经的部分地区。该部分地区南临渤海之滨秦皇岛市，北依内蒙古腹地，海陆兼备，地理位置优

越，是东北地区进关的重要通道。地表层峦叠嶂，丘陵起伏，峡谷相间，沟壑纵横，只有小块山间平地和沿河冲积平原，结构大致为"七山一水二分田"。此外，从地理分布上来看，该流域范围受东南部海洋暖湿气流影响，属于北温带大陆性季风气候，但由于北部蒙古高原的干燥冷空气经常侵入，形成了半干燥半湿润易干燥的气候特征，四季分明，雨热同季，日照充足，日温差较大，降水偏少。因此，该流域内游牧民族在选址时便将水源作为最重要的因素，大凌河便成为当地村民赖以生存的用水来源，大凌河作为辽宁省西部最大河流，大小支流二十余条，干流流经努鲁儿虎山和松岭间纵谷，贯穿辽西，东南汇入渤海。曾有山戎、东胡、乌桓、鲜卑、契丹、蒙古等民族在这里繁衍生息，被视为"福德之地"，现如今该流域内的游牧民族仍主要分布在大凌河、蒿桑河、榆河、芍药河、牤牛河沿岸的乡镇。

三、辽河上游流域

辽河，古称句骊河，亦称枸柳河，又叫巨流河。辽河有二源。东源称东辽河，西源称西辽河，两源在辽宁省昌图县福德店与西源汇合，始称辽河。这里所称的辽河上游流域主要包括辽河的东源、西源两源以及汇合后的干流上游部分。该流域范围西邻阜新市彰武县，南接法库县，北与内蒙古科左后旗毗邻，处于长白山山脉与阴山山脉余脉交汇处，辽河右岸，地势北高南低，北部

为科尔沁沙地东南缘，东部为辽河冲积平原，形成西高东洼、南丘北沙、地形起伏、高低不平的特点。分为低山丘陵、黄土丘陵沟壑、低丘平岗、低洼平原（风沙盐碱）四个类型地貌，丘陵平原起伏交错，地形起伏变化较大，属丘陵平原区。西北部和中南部多山，为医巫闾山余脉，山丘在400米以下，有巴尔虎山、拉马山、马鞍山、五龙山、磨盘山等，北部是100～200米左右的丘岗。

八虎山位于该流域中部，山势东西走向，南坡平缓，北坡较陡峭，山顶部平坦舒展，方圆约8000平方米，山上鹿、兔、鹰等动物种类繁多，盛产人参等上百种药材及大量蘑菇、野菜，山脚下建有一座人工水库，山上绿树青青，山下碧水潺潺，八虎山历史悠久，蕴含着古老与现代文明，清朝一位公主陵墓建在八虎山的东南，西南建有僧格林沁王爷陵。

辽河及其支流秀水河、拉马河贯穿全境，在东、南、西及中部形成较大面积的冲积平原。除过境辽河外，境内河流面积在10平方公里以上的有数十条，其中较大的河流有秀水河、拉马河、王河、小河子四条，其余均属时令河。有另外七条属辽河水系，河流纵贯全境，经东南汇入辽河。卧龙湖位于巴尔虎山北部，是辽宁省第一大平原淡水湖。卧龙湖地区地势平坦，土地肥沃，腐殖质堆积较厚，大量生长着蒲草、芦苇、三棱草、莲藕等70余种植物，它与辽河一同孕育着这片土地上的游牧民族及其可移动的"财富"。

第三节　传统聚落构成要素

辽西北独特的自然环境，催生出与之相适应的游牧生产生活方式，创造出了别具特色的人居环境。该地区的人们所营建的聚落一般由山体、水域、牧场、道路系统、院落和民居、公共建筑和公共空间等要素构成（图4-3-1）。

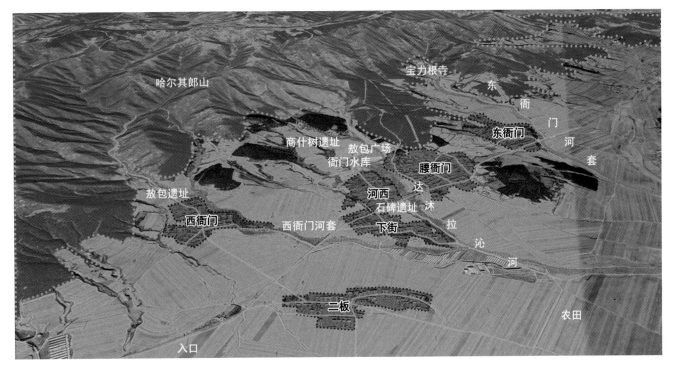

图4-3-1 聚落构成要素分布示意图（来源：李卓伦根据谷歌地球改绘）

一、山水

（一）山体

与传统的村落和地形的布局不同，该区域内低山和丘陵不仅仅会存在于聚落的北向，它们会遍布聚落的任何方向，这是因为许多低山丘陵对其聚落的采光影响较小，另外对于游牧民族而言，由于牧民对于游牧场所的迫切需要，没有了大片的草原，低山丘陵便成了他们的新牧场。也就是说，该地区的低山丘陵，除了通常人们所提到的作为村落天然屏障的作用外，还具有为牧民提供牲畜食物来源和敖包石块的来源。

（二）水域

辽西北地区游牧民族聚落的水源主要有自然形成的河流、水库和人为打凿的水井，三类聚落河流的最终来源为辽河、绕阳河和大凌河三条贯穿辽西北大地的主要河流。该流域内大大小小的水库零星分布在各个聚落之间，其名称大多为近代由原来自然湖泊修整改名而来，作为其牲畜饮水场所及牧民生活使用水的来源。

二、牧场

辽西北地区也曾具备广袤草原、优良牧场，清朝时的牧场众多，仅奉天（辽宁省）境内便有四处，其中养息牧场、大凌河牧场、盘蛇驿牧场并称为"盛京三大牧场"，其中养息牧场位于绕阳河—细河流域，大凌河牧场、盘蛇驿牧场位于大凌河流域，然而随着土地沙漠化的加剧、人口及牲畜的增多以及清政府放垦后实行"借地养民"政策，游牧民族也逐渐开始定居，定居时受部分汉民影响，选择依山傍水、顺应地势，同时，聚落所依附的山体多为低山丘陵，也是放牧的优良场地，结合附近的小面积平原草场，出现了固定的冬夏牧场，并随着牧民的半农业化，开辟部分土地种植作物，防止冬季牲畜因缺少食物冻饿而死。

图4-3-2　道路系统——对外联系道路（来源：李卓伦　摄）

图4-3-3　道路系统——干路（来源：李卓伦　摄）

三、道路系统

（一）对外联系道路

游牧文化影响下的传统聚落相互之间间隔较远，聚落内部自给自足，但仍有一条对外联系的道路，起着沟通聚落与聚落之间或聚落内各组团之间关系的作用，该道路路幅宽度在10～12米之间，对外联系道路分两种：一种是对外道路直接穿村而过，又可称之为过境道路；另一种是在村旁与村落尚有一定距离，通过聚落主干路与这条对外联系道路相连接，进而保证整个聚落与外界的联系（图4-3-2）。

（二）干路

聚落内部往往会有一条或两条干路，干路的方向与聚落延伸方向相同，且通常也会与山体或河流走势相顺应，聚落干路的街巷宽度以街巷两侧院落墙体之间的距离或院墙与田埂之间的距离进行计算，聚落干路若与对外联系道路相重合，则路面宽度可达12米，若不相重合，则街巷道路宽度为7～10米，可以允许各种体量的农牧用具和大批量的牛羊牲畜快速通过，干路贯穿整个聚落，并联系其他支路形成大构架（图4-3-3）。

（三）支路

聚落中的支路是在聚落中存在最普遍的道路，它们呈叶脉状遍布整个聚落，联系着干路与入户路，人流、车流等相对于干路少了许多，道路宽度也是有所下降，通常路面宽度为5～7米，过宽易使得支路两侧的院落显得空旷，过窄则不利于牲畜的通行（图4-3-4）。

（四）入户路

入户路是聚落中最末一级的道路，它们就像人体中的毛细血管，完成最后的疏散功能，将家家户户的移动性"财富"运回自家院落，虽不起眼，但无处不在，最窄的入户路宽度也需要容许牲畜和农牧用具通过，入户路宽度一般保持在3～5米范围内，且多为尽端路，它们只有"达"的功能，没有"通"的功能，只需保证入户路两侧的村民使用即可（图4-3-5）。

（五）数量

在街巷的数量和名称方面，聚落的表现就相对比较简单，部分聚落的街巷数量和名称都与其宗教信仰和生活习惯有千丝万缕的关系。如阜蒙县佛寺镇佛寺村从高空俯瞰，其村落格局宛如一个大大的"乌力吉"图案形状，"乌力吉"在蒙语中意味"吉祥"之意，其街道呈

图4-3-4 道路系统——支路（来源：李卓伦 摄）

图4-3-5 道路系统——入户路（来源：李卓伦 摄）

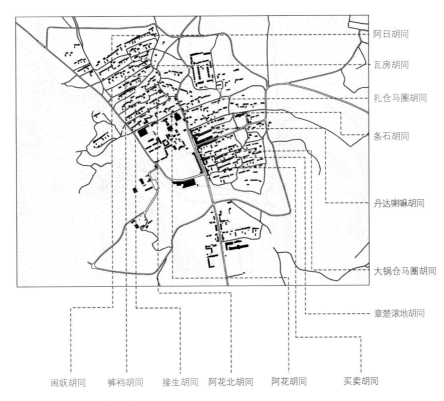

阿日胡同
瓦房胡同
扎仓马圈胡同
条石胡同
丹达喇嘛胡同
大锅仓马圈胡同
章楚滚地胡同
买卖胡同

闹妖胡同　裤裆胡同　接生胡同　阿花北胡同　阿花胡同　买卖胡同

图4-3-6 佛寺村聚落街巷数量及名称（来源：李卓伦 绘）

东西走向，共由13条"胡同"组成。"胡同"是蒙古语，是街巷的统称，奇数13是蒙古族神奇而吉祥的数字，这13条"胡同"错落有致、各具特色，有的长，有的短；有的直，也有的弯曲；有的"胡同"铺上条石，便于风雨天走路。"胡同"的名字根据实际特点起名，有买卖胡同、条石胡同、长胡同、裤裆胡同等。其中有的还以喇嘛的名字命名，买卖胡同现在已经成了集贸市场；由长约1米、宽约半米的999块条石铺成的条石胡同，也是"满招损，谦受益"之观念的体现，警示村民时刻保护谦虚、谨慎的态度（图4-3-6）。

四、院落和民居

（一）院落布局

游牧民族的院落可分为独院、三合院和四合院，其中独院是辽宁地区游牧民族民居的主要类型，主要构成要素由主要居住用房、仓储、厕所、车库、牲畜棚和小型菜园等组成。

1. 独院

院内大量的牛棚、羊圈等牲畜棚是游牧民族院落中所特有的典型构成要素。

大面积的前院空间是用来满足其畜牧养殖的功能需求，院内只有一栋主要居住用房，并位于院落的中心或偏后，仓库用房位于其一侧，牛棚和菜地在房前依次排列展开，将柴草垛置于院外，而后院多为种植用地，厕所一般位于后院的一角或者房屋的后侧（图4-3-7）。

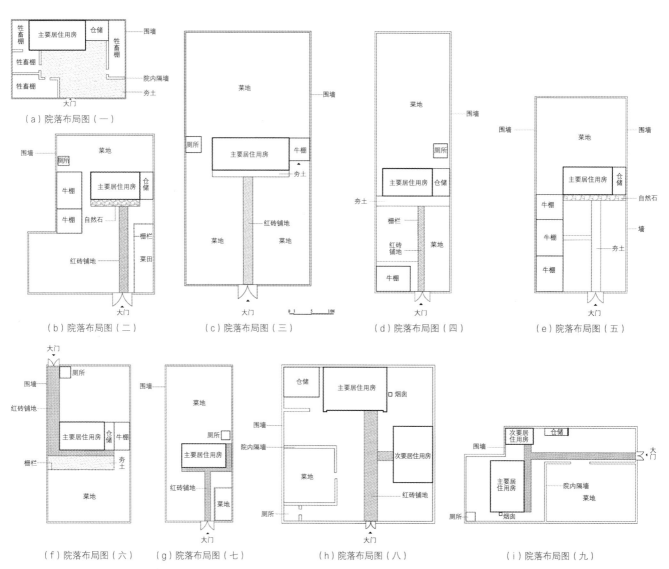

（a）院落布局图（一）　　（b）院落布局图（二）　　（c）院落布局图（三）　　（d）院落布局图（四）　　（e）院落布局图（五）

（f）院落布局图（六）　　（g）院落布局图（七）　　（h）院落布局图（八）　　（i）院落布局图（九）

图4-3-7　典型独院式院落布局图（来源：本书编写组 绘）

2. 三合院和四合院

三合院和四合院的民居院落多是以南北纵轴方向发展为主，多为两进院落，入口大门多开在中间，入口处一般不设影壁，个别大型院落把影壁建在入口外侧，以减少视线的干扰（图4-3-8）。

游牧民族的生产生活方式与农耕文化有很大不同，因而其衍生的与之相对应的习俗也有很大不同，院落中的每片布局都有其独特的用途。聚落中院落布局与农耕类聚落不大相同，其院落空间较大，有条件的家庭往往房前屋后各一个院落，前院的布局大致是大门正对主体建筑为一条道路，道路两侧分别为牲畜棚和玉米秸秆或干草储藏堆放的空间，一般来说，牲畜棚在院落朝向的右侧，或露天，或搭棚，有的甚至为小体量建筑，一定程度上有利于采光，保护牲畜冬天不会受冻。柴草堆位于院落朝向的左侧，主要是堆放用于给牲畜的冬季饲料。这是与传统游牧文化的不同，传统游牧民族没有干草的囤积，所以传统游牧民族饲养的牲畜经历的都是"夏壮，秋肥，冬瘦，春死"的过程，干草的囤积和畜棚的存在可以将牲畜"冬死"的概率降到最低，保障村民最基本的财富。

（二）朝向

辽西北游牧型聚落的院落朝向总是偏向于南，但总体看来可大致分为正南、西南、东南和偏东向几大类。该地区游牧文化影响下的院落因选址靠近山脚，故院落朝向大多数因地形等高线而异，有的顺着等高线走向，有的垂直于等高线，坐落于山脚之下的山脉之南，根据具体走势决定自家院落朝向，但其大门方向所对应的为村民经常放牧的平地或者低山丘陵方向，便于观察牲畜情况。

（三）民居

1. 建筑形态

在绕阳河—细河流域的传统聚落民居中，其主体建筑一般位于与大门正对的方向，数量一般为一间、三间、五间等奇数，没有厢房，厢房位置为院落中牲畜棚和草料堆。主体建筑形式是由蒙古族迁移而来，形成了具有了辽西北地区独有特色的房屋形式—海青平房，它的外形酷似一座马鞍，又如海青（雄鹰）展翅，故名海青平房（图4-3-9）。其正立面由屋顶、屋身构成，屋

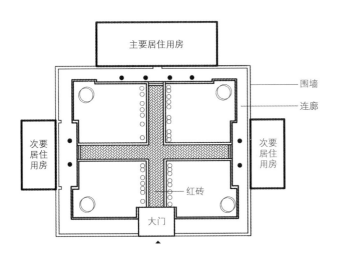

图4-3-8　典型三合院院落布局图（来源：本书编写组 绘）

图4-3-9　衙门村海青平房外观（来源：朴玉顺 摄）

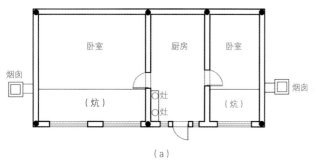

图4-3-10 典型三开间民居平面图

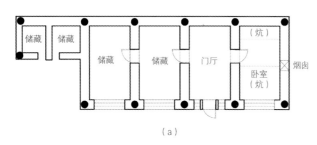

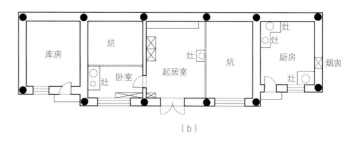

图4-3-11 典型多开间民居平面图

顶为囤顶，背立面墙上最多只开一扇窗户，窗户多为矩形，这是蒙古族人民为了纪念游牧生活，融合了满、汉等民族特点设计建造的特色建筑。该房屋建筑风格独特，既秉承了游牧文化风格，又体现了农耕文化特色，距今已有300多年的历史。

2. 平面布局形式

平面以规则或不规则矩形为主，开间数不拘泥于三、五、七奇数开间，二、四、六开间的建筑也较为常见。

1）"一明两暗"三开间

遵循"以西为尊"的文化观念，西侧的卧室为主卧，东侧为次卧。主卧的开间尺寸比次卧要大，火炕多位于北侧，烟囱多布置在山墙的内部，少设置在山墙外（图4-3-10）。

呈中轴对称布局，中间为门厅，东西两侧为卧室。

在门厅用隔墙划分为内外两个空间，外部设有灶为厨房，内为门厅连接两个卧室。

2）"一字形"多开间

若为奇数开间，则中间为门厅，两侧为卧室，在卧室的一侧或两侧多出一间房为储藏用的库房和厨房，并设单独的出入口。若为偶数开间，门厅偏置一侧，但并不占据末间，其两侧布置卧室或储藏室（图4-3-11）。

3）"口袋房"式两开间

平面为三开间，将门设置在东侧的房间使平面呈口袋式布局。入口为厨房，西侧为卧室，在室内地面设有柱子，火炕多位于北侧，烟囱多布置在山墙的内部（图4-3-12）。

图4-3-13所示的平面为两开间，分别设单独的出入口，一间为厨房，另外一间为卧室，并将火灶设在卧室内，属于口袋房的特殊样式。

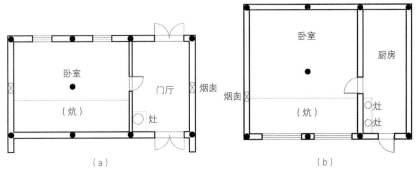

图4-3-12　典型三开间口袋式民居平面图

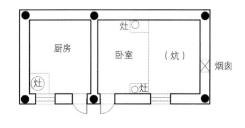

图4-3-13　典型两开间民居平面图

五、公共建筑

（一）寺庙

在这一流域范围内，寺庙类建筑多为藏传佛教传承，与西藏和内蒙古地区不同的是，寺庙内主殿的西南或东南侧会有一座关公庙，同样为藏式建筑，殿内塑有关公像，两旁有关平和周仓，四壁绘有关公忠义一世的相关彩画。

在辽西北地区受游牧文化影响的聚落中，最为典型的寺庙为佛寺村的瑞应寺，瑞应寺堪称中国东北地区乃至东北亚最大的寺院，俗称"佛寺"，蒙古语称"葛根苏莫"，拥有300多年历史（图4-3-14、图4-3-15）。瑞应寺建筑自南向北，采用突出中央、两侧相辅格局，显得主次分明，协调有致。仿西藏布达拉宫形式，又有一定变化，充分体现了满、蒙、藏、汉融合在一起的藏传佛教类型寺庙的建筑风格。大雄宝殿外有四大扎仓、得丹阙凌。大殿周围庙宇分别建在东西南北的山顶或山坡上，形成内外相映、四面对称的格局。殿外有6000米长绕寺一周的环寺路，路旁有万尊石佛环路而立，素有"环寺路上万尊佛"之说。在通向寺庙的每条路旁和附近的山上，到处都有大小不一的石雕佛像，瑞应寺堪称佛教圣地。瑞应寺在鼎盛时期有僧众3000多人，寺院建筑方圆十里有余，其中有大雄宝殿、祈愿殿、九大臣祈愿殿及东西配殿，大雄宝殿外有四大扎仓和德丹阙凌（藏语：安乐具足法殿）及活佛殿，周围有五座学院

分别建在东西南北山顶或山坡上，大白伞盖寺在东北山顶，护法寺在东南山顶、面北而坐，度母寺在西南山头，关帝庙在西南山坡，舍利寺在西北山顶。整个寺院布局合理、主次分明，寺院内的每座殿堂楼阁、经亭佛塔，风格各异、宏伟壮观。

（二）经幡塔

在该地区稍大型的藏传佛教的庙宇周围，都会有各式各样的风马旗存在，小到各种悬挂式的、插挂式的，视其环境、地势、用途而张挂，可长可短，可疏可密，主要插在村口、屋顶、十字路口、山顶或山道上，大到可以成为立体形式的经幡塔和立柱式经幡。大型经幡塔其形制巨大者达数十米，每一个村庄都有一座用丝质风马经幡层层系挂、片片重叠而成的撑天大伞般的经幡塔，用作集体祭祀的场地。每个村庄或寺庙附近的经幡塔经常会吸引周边村庄的村民自发前去整理经幡和风马旗，他们将这些作为一种信仰，通过这些来为自己及亲人积德祈福（图4-3-16）。

六、公共空间

（一）广场

生活在该地区游牧型聚落中的蒙古族人很好地传承和保留了该民族的传统习俗，那达慕、睦邻节、安代舞

图4-3-14　佛寺村瑞应寺航拍图（来源：李卓伦 摄）

图4-3-15　佛寺村瑞应寺入口〔来源：李卓伦 摄〕

图4-3-16　佛寺村经幡塔〔来源：李卓伦 摄〕

等都是他们独特的文化活动，游牧民族在继承原有经济文化模式的基础上逐渐受满汉民族的影响，形成了固定的居住空间和活动场所，进而将其特有的习俗活动集中于固定的广场上，该地区聚落的广场因当地村民的人数和服务半径的不同而不同，最大的如大板镇衙门村的敖包广场和佛寺镇佛寺村的瑞应寺广场可达到8000平方米左右（图4-3-17），形状为近似矩形，最小的则类似于查干哈达等只服务于本村的小聚落，广场只有1000平方米左右，这类广场形状同样为矩形。广场的位置很少位于聚落的中心处，一般处于聚落的出入口附近或者靠近山、水的位置，利于举行相关的其他祭祀活动，如祭山、祭天等。经常于广场上举行的安代舞和睦邻节等都是蒙古族特有的文化习俗活动，每逢农历十月十五，全村人身着节日盛装，聚集在广场上，一部分人煮肉粥、做菜，一部分人跳起安代舞、扭起大秧歌，还有一些老人唱民歌，最后全村老少聚在一起会餐。睦邻节有一项最重要的活动内容是曾经闹过矛盾的两家人要同坐一张

图4-3-17　敖包广场（来源：李卓伦 摄）

圆桌，促膝交谈，冰释前嫌，邻里乡亲"一笑泯恩仇"。

（二）出入口

与中原地区的聚落都不同，原始的游牧民族没有聚居的习惯，最多者为三五成群聚居一处，这些聚落并没有刻意的规划，所以也没有明显的出入口，一般都是一条12米左右的道路贯穿整个聚落，道路与聚落的两端交点便为聚落的出入口，出入口的设置方式因地形的不同而有道路、桥、寺庙等不同形式（图4-3-18），靠近河道的就是以桥作为聚落的出入口，靠近山脚下同时离水源较远的则是沿道路进入聚落，还有一些是将该聚落的寺庙等建在聚落的入口处，作为聚落的标志。

（三）墓地

墓地选址通常在邻近的半山腰位置或王陵所在地的半山腰，也有少部分的聚落至今仍没有墓地。然而，在过大年祭祖时，蒙古族人却不像汉族人那样到坟上去祭

图4-3-18　衙门村村庄入口（来源：李卓伦 摄）

祀，而是一个家族的成员一起来到离家较近的墓地里去祭祀，祭祀用品有酒、肉、豆包等，最后放三个炮仗，然后分别面向北方和祖坟的方向磕头。这种风俗既保留了游牧民族的遗风，又融入了一些汉民族的祭祀内容。

（四）其他特色要素

1. 商什树

"商什树"是指村外生长的赋予神灵的高大的独树，没有刻意要求是什么树种，生长多少年，它是村民的一种精神寄托，只需要生长于聚落外部且易于辨识的高大树木即可，但每村只有一棵。祭商什树是每年都会进行的民俗活动，尤其到年节时，家家户户合家到此树下祭祀叩拜，祈求全家平安。最大型的祭祀是每年的农历四月十六。祭祀前从每家每户收取钱粮。到了祭祀日期，全村人一起动手，杀猪宰羊，在商什树附近搭上几口"芒津锅"煮肉粥。祭祀开始前摆好供桌，并从村屯中选出一名老人扮成商什老人，抱着商什树坐于商什树

下，村民用油脂等涂抹商什神全身，涂抹完毕由老人边蘸酒祭祀边祈祷。商什老人祝福完后，全体叩拜，并赏商什老人，礼仪就此结束。

2. 敖包

敖包的位置不会在聚落的内部，一般处于居民点与牧场或农田的交接处，或者道路的交叉口，是村民在生产生活过程中遇到了困难对石块进行祈福祷告，进而把石块堆放在一起形成的，所以最原始的敖包大小是因聚落的时间长短而不同，但敖包的数量不是唯一的，一个大些的聚落可能会有多个敖包，分布在不同的小聚居点，如衙门村敖包有13座（图4-3-19）。

3. 小岗子

小岗子指的是一些位于聚落周边不大的土包，蒙古族称之为"道包"，道包的选择没有大小、方位等硬性要求，但必须是与该聚落村民生产生活关系最密切的山包，蒙古族人一个家族或一个村屯集体祭天都在此处。

图4-3-19　衙门村敖包（来源：李卓伦 摄）

第四节 传统聚落的空间形态

一、聚落空间结构

根据居民点与山水环境关系，游牧型聚落大致分为两类，一类是距离山体、水域较近，整体聚落的发展方向和走势受环境影响较大；另一类是与山体或水域具有一定距离，且聚落所在地较为开阔，聚落的空间形态往往会比较规整，并且聚落结构有一定的民俗信仰寓意。

（一）与山水较近的聚落

此种类型的聚落结构以地形走势为主，靠近山体的聚落结构主要为背靠大山，沿山脚下道路方向发展，若聚落中有水体，则多数为较小流量的河沟、溪流等，穿插在聚落之中，会对聚落有一定的割裂现象，但对于以牧为生的民族，这却又是一个优势，因而他们的聚落布局结构又会随河流的走向而变化。

在绕阳河流域，无论其文化、语言、风俗、习惯或是宗教建筑均有着浓浓的游牧风情，根据表4-4-1可以看出，表中列举出受游牧文化影响的11个聚落，其中依山而建或依水而居的聚落有9个，其比例约为82%，剩下18%的聚落与山体、水域之间的距离也均在2公里范围内，对当时的出行方式和交通工具来说，这是一个可接受的范围，可以在村民放牧牲畜、收拾干草的途中歇脚或喂饮牲畜。

如查干哈达村，查干哈达村立村之始以放牧为主。全村住于自山里到山外、自西向东的"Y"形街里。在交叉之处有一座形如马首的山头，山名称为"莫仁套路盖山"，汉译为"马头山"。当年在瑞应寺当乐师的包氏，名为"纳森仓"（长寿之意）的人，落户放牧千匹白马，每天在马头山上，晨奏"四弦胡"，引马入草原，晚吹觱篥（簧管乐器）唤马入圈。如此日复一日，年复一年，

绕阳河—细河流域聚落与山水关系   表4-4-1

市	乡镇	村	与山距离（米）	与水距离（米）
阜新市	阜新蒙古族自治县大板镇	衙门村	依山水而建	依山水而建
阜新市	阜新蒙古族自治县王府镇	王府村	1500~2000	依水而建
阜新市	阜蒙县佛寺镇	佛寺村	<500	依水而建
阜新市	阜蒙县佛寺镇	牛心屯村	<500	依水而建
阜新市	阜蒙县佛寺镇	查干哈达村	依山而建	>2000
阜新市	阜蒙县塔营子镇	塔营子村	—	依水而建
阜新市	阜蒙县塔营子镇	六家子村	—	<500
阜新市	阜蒙县红帽子镇	两家子村	依山水而建	依山水而建
阜新市	阜蒙县	旧贝营子村	<500	依水而建
阜新市	彰武县大四家子镇	扎兰村	1000~1500	依水而建
阜新市	彰武县苇子沟镇	土城子村	<500	—

| （a）查干哈达村 | （b）东官大海村 | （c）公主陵村 |

图4-4-1 传统聚落空间结构（来源：李卓伦 绘）

放马长达32年，故称村名为"阿都沁皋"（牧者之村）。美中不足的是查干哈达是依靠离其不远的佛寺水库为主要水源，没有流经该村的河道、溪流（图4-4-1a）。

在大凌河流域主脉横贯辽西，大小支流20余条，在大凌河的切割下，大凌河流域地表层峦叠嶂，丘陵起伏，峡谷相间，沟壑纵横，只有小块山间平地和沿河冲积平原，该流域内聚落的分布和空间结构与其他流域相比显得较为破碎，但相应地与地形地貌的结合更加密切。在如此复杂的地形之中，当地的传统聚落均与自然要素的山体、水域环境关系密切，它们坐落于层峦叠嶂之中，也有很多属于典型风水学的选址，背山面水，相应的聚落的空间结构便是顺应山体、水域的形态发展。根据表4-4-2可以看出，大凌河流域传统聚落列举出29个，依山水而建的有15个，占比52%，坐落于山脚下的聚落有10个，占比34%，与山水关系在500米以内的有3个聚落，只有1个聚落与山体、水域间距离均在500米以上，以此计算，该流域与山水关系密切的聚落比例达到了86%之高。如朝阳市喀喇沁左翼旗自治县官大海管理区地处喀左县城西部13.2公里，南临榆河（大凌河西支），北靠青山，聚落内与大凌河西支最近的院落距河道仅有不到500米距离，与北侧大山亦是环山脚而建，东官大海、西官大海互为一体，可以看出整体走向为自西南向东北顺应大凌河西支曲折蜿蜒，作为当地村民生产生活用水的来源，大凌河西支在潜移默化之中对当地的气候环境有着一定的改善作用，形成适合牧民生存的福德之地（图4-4-1b）。

与绕阳河—细河流域不同，辽河上游流域并没有被低山丘陵占据大部分面积，而是由于曾经属于皇家马场存在大片地势平坦的区域，因此，在居民点与山水环境关系方面，该类聚落多数与山体或水域距离较远，聚落所在地较为开阔，土地因近科尔沁而偏沙化，聚落的空间形态往往会比较分散，院落排布较为稀疏，形态多样。具体而言，该片区域因较靠近内蒙古沙漠地带，辽河上游区域支流较少，对聚落影响较大的地形因素主要集中在山体上，该区域最主要的山体为巴尔虎山，巴尔虎山为医巫闾山余脉，此山山南坡平缓，北坡较陡峭，山顶部平坦舒展，以此山为界，以南为地形复杂的、与山水关系较近的聚落，聚落形态受地形影响而呈现条形或多个条形组合而成的现状，在封山之前，他们便是围绕在山脚下而聚居，以山上丰富的植物资源为生。根据表4-4-3可知，该流域所列举的10个传统聚落中，依山水而建的有5个，占比为50%；与山体、水域相距500米以内的仅有2个，占比20%；与山体、水域距离500以上的有3个，占比30%。也就是说，在辽河上游流域，与山水关系密切的聚落比例仅有50%，与绕阳河—细河流域的82%和大凌河流域的86%相比，显得比例略逊一筹。如公主陵村，地处巴尔虎山南侧，整体聚落空间形态呈现细长条状；王爷陵村，同样位于距离公主陵不远的巴尔虎山南侧，聚落整体形态亦为条形，但

市	乡镇	村	与山距离（米）	与水距离（米）
朝阳市	朝阳县七道岭镇	苏家营子村	依山脚而建	＜500
朝阳市	朝阳县波罗赤镇	南洼村	500～1000	依水而建
朝阳市	朝阳县黑牛营子乡	田杖子村	依山而建	—
朝阳市	朝阳县贾家店农场	北德立吉村	坐落于山脚下	＜500
朝阳市	朝阳县太平房镇	香磨村	＜500	500～1000
朝阳市	朝阳县乌兰河硕乡	乌兰河硕村	＞2000	500～1000
朝阳市	朝阳县乌兰河硕乡	札兰营子村	坐落于山脚下	500～1000
朝阳市	朝阳县杨柳湾乡	梁东村	依山而建	—
朝阳市	朝阳县太平房镇	八棱观村	坐落于山脚下	500～1000
朝阳市	朝阳县太平房镇	黄花滩村	500～1000	＜500
朝阳市	朝阳县五家子乡	撒牛沟村	＜500	＜500
朝阳市	朝阳县清风岭镇	南塔子村	依山水而建	依山水而建
朝阳市	朝阳县柳城镇	西大杖子村	依山水而建	依山水而建
朝阳市	凌源市三家子乡	天盛号村	依山脚而建	＜500
朝阳市	凌源市三道河子乡	胡杖子村	依山而建	—
朝阳市	凌源市宋杖子镇	康官营子村	坐落于山脚下	＜500
朝阳市	凌源市前进乡	石门沟村	依山而建	—
朝阳市	凌源市沟门子镇	二安沟村	依山而建	—
朝阳市	凌源市刘杖子乡	郭杖子村	依山而建	—
朝阳市	凌源市刀尔登镇	烧锅地村	依山水而建	依山水而建
朝阳市	凌源市四合当镇	奈曼营子村	坐落于山脚下	＜500
朝阳市	凌源市四官营子镇	老杖子村	依山而建	—
朝阳市	凌源市城关街道办事处	十五里堡	依山水而建	依山水而建
朝阳市	凌源市三十家子镇	裂山梁村	依山而建	＜500
朝阳市	凌源市乌兰白镇	十二官营子村	依山而建	＜500
朝阳市	北票市下府开发区	三府村	依山脚而建	＜500
朝阳市	喀左县公营子镇	五家子村	＜1000	＜500
朝阳市	喀左县南哨街道	白音爱里村	依山而建	＜500
朝阳市	喀左县官大海管理区	东官分场	＜500	＜500

市	乡镇	村	与山距离（米）	与水距离（米）
沈阳市	法库县四家子乡	王爷陵村	依山水而建	依山水而建
沈阳市	法库县四家子乡	公主陵村	依山水而建	依水而建
沈阳市	法库县四家子乡	四家子村	依山而建	依水而建
沈阳市	康平县西关屯乡	大新屯村	<500	依水而建
沈阳市	康平县西关屯乡	姜家沟村	<500	
沈阳市	康平县二牛所口镇	二牛所口村	—	>2000
沈阳市	康平县二牛所口镇	大莫力克村	—	<500
沈阳市	康平县二牛所口镇	岔海挠村	—	1500~2000
沈阳市	康平县二牛所口镇	兴胜村		依水而建
沈阳市	康平县北三家子街道	苇塘村	—	—

为一大一小两条形交叉形成，两个聚落均为清时蒙古族王族选定的陵墓所在而得名，分别为蒙古族达尔罕王班弟和端敏固伦公主埋葬之地（图4-4-1c）。

（二）与山水关系较远、地势开阔的聚落

此种类型的聚落会在建立之初便有自己的信仰，有一定的中心建筑或标志物，在聚落的发展过程中一直按照一定的模式来发展，这类聚落的空间结构便是以中心建筑为关键点表现本民族的生存信仰。

在前面的表格中，本书将聚落与山水之间的距离细分为依山水而建、坐落于山脚下、500米以内、500~1000米、1000~1500米、1500~2000米及2000米以上的七类，其实可将几小类合为三大类，即依山水而建的聚落（包含依山水而建和坐落于山脚下的聚落）、500米以内的聚落和500米以外的聚落，而500米以外的聚落就属于与山水关系较远的聚落了，因为与自然因素500米的距离已经不会对聚落形态产生太大的影响了。

前文提到了绕阳河流域中与山水关系较远的聚落比例为18%，也就是说，这些聚落的聚落形态不会受到自然环境的严重影响，而2公里的距离于村民而言，仍属于出行的舒适区，且村民的生产生活方式还是离不开大自然的馈赠的，如阜蒙县佛寺镇佛寺村，地势平坦，聚落人口较多，主要为藏传佛教传承地，许多方面都体现着其游牧民族的习俗。该聚落的东西两侧有低矮山丘，周边环境良好，有三山、三泉、三坡、四沟，这几个数字加起来就是13；聚落的中心是坐落于居民聚居地西南角的雄伟的瑞应寺，甚至可以说，这个聚落就是因为瑞应寺而兴起的，村庄内最有价值的结构特点就是其错落有致的13条胡同，每条胡同都有名称即传说，这些胡同相连可以形成类似蒙古族吉祥结"乌力吉"的形状，又称"盘肠"，寓意子子孙孙吉祥如意。此外，聚落内部的13个大碾子和13盘大磨也都体现着蒙古族的习俗。

大凌河流域中与山水关系较远的聚落比例仅有14%，这与当地错综复杂、沟壑纵横的地形地貌有着不可分割的关系，位于辽河上游流域的传统聚落与绕阳河—细河流域不同，他们并没有很明确的宗教和人物信仰，因而该类聚落并没有核心存在，都是因相同的生存需求而聚居于同一处，他们的聚居方式既不受地形地势

的影响，也不受信仰和宗教的干涉，形成看似较为散乱、无序的聚落形态。此类聚落虽近蒙古草原，但仍受较严重的汉文化影响，聚落形态呈整体无序、内部规整的结构，聚落之间距离较近，守望相助。如康平县二牛所口和大莫力克村都是户数与人口较集中的村落，以省道为基准，向道路两侧横向发展，各条街巷结构呈现与省道垂直或平行的趋势。

二、聚落肌理

（一）绕阳河—细河流域传统聚落肌理

游牧民族因"逐水草而居"的生活特性，导致他们的生活居无定所，再加上放牧牲畜往往会需要大范围的草场为其提供食物，注定他们定居后的院落具有空间大、密度低的特点。通过对大量游牧民族定居后的院落分析可以发现，他们的院落占地面积很大，但是建筑只有一排正房，没有厢房，正方前后均是用来圈养牲畜及为牲畜囤积草料的，只有部分多数村民不以畜牧为生的聚落，在受闯关东而来的汉民及满民影响下，逐渐将房屋建得越来越多，院落空间逐渐减小，因而该地聚落的建筑面积与其占地面积相比极低，即建筑密度低。

通过图底关系的密度分布，可以看出这类聚落的建筑分布为"大分散，小集中"的形式，建筑的分布既集中，又分散，即聚落的整体分布明显不是集中的分布形式，但分散的建筑又有小范围的集中，这样既不会使得牲畜的生存环境显得拥挤，又不会使得邻里之间关系过于疏远，既有蒙古游牧民族本身居无定所的特点，又不失满汉族"远亲不如近邻"的优良传统（图4-4-2）。

（二）大凌河流域传统聚落肌理

大凌河流域的山水纵横、层峦叠翠，大大小小的沟壑、丘陵不计其数，这就给了当地生存的村民足够的生存基础，但成也山水、败也山水，如此多山体水域的存在导致该流域内人们的生活居住空间变小，只能于"夹缝"中求生存，因而当地聚落的形态多以条形为主，且聚落与聚落间距离较近，与辽河上游流域地广人稀相比更具有人气，同样聚落内部院落也在不经意间以围绕山脚或河道为基础呈圈层式扩张。再说院落，该流域聚落内的院落空间也相对较小，院落大小通常为进深20米，面宽16米左右，与中原相比这院落格局不小，但与辽河上游流域的动辄近百米进深相比就显得小巫见大巫了。在此地聚落中，每个聚落内的公共场所只有一座村庙，体量不大，用于平时烧香祭拜，祈求平安，每十里八村会有一座大庙，庙内有喇嘛僧人，在一些特定时日讲经布法，为村民消灾祈福。在多种情况综合因素下，该流域内聚落的建筑院落相对集中，公共空间不足，建筑密度较高，使得邻里之间关系更加密切（图4-4-3）。

（三）辽河上游流域传统聚落肌理

由于辽河上游流域与汉文化接触较早，因而该类聚落的院落间距较小，分布较为紧凑，然而聚落之间距离能达到以公里为单位计算，也不失游牧民族因"逐水草而居"的生活特性，再加上放牧牲畜往往会需要大范围的草场为其提供食物，注定他们定居后的院落具有空间大、分布集中的特点。通过对该地区大量游牧民族定居后的院落分析可以发现，他们的院落占地面积同样很大，但是建筑的正房位于院落入口位置，正房后面是用来圈养牲畜及为牲畜囤积草料的。在康平县的腰苇塘村存在最大的院落进深可达110米左右，正房只有一排，因而该地聚落的建筑面积与其占地面积相比同样很低（图4-4-4）；此外，该流域范围内的公共活动空间也较少，只有一处公共活动广场和散布的村民休闲场地，房屋所占面积与整体聚落占地面积相比很少，即建筑密度低。

（a）查干哈达村

（b）牛心屯村

（c）佛寺村

（d）衙门村

图4-4-2　绕阳河—细河流域传统聚落肌理（来源：李卓伦 绘）

（a）十二官营子村

（b）东官大海村

（c）白音爱里村

图4-4-3　大凌河流域传统聚落肌理（来源：李卓伦 绘）

（a）大莫力克村

（b）苇塘村

（c）王爷陵村

（d）公主陵村

图4-4-4　辽河上游流域传统聚落肌理（来源：李卓伦 绘）

三、天际线

（一）绕阳河—细河流域传统聚落天际线

地处低山丘陵区的辽西地区，山峦起伏的地貌使得该地的天际线十分丰富而美丽，每个聚落都处于山环水抱之中，从聚落的入口处望去，起伏多变的天际线给聚落增添了不少生机与美感，另有一些石塔、经幡塔、寺庙类建筑建在低矮山丘之上，更为聚落的天际线增光添彩（图4-4-5）。在聚落居民点中，游牧民族往往会有一个或几个象征其精神核心的建筑物或构筑物存在，而它或者它所在的位置就是居民点内部天际线的制高点，其余建筑的高度没有太大差异，象征精神信仰的绝对核心。

（二）大凌河流域传统聚落天际线

"七山一水二分田"的地形分布，注定使得大凌河流域的聚落天际线十分丰富，每个聚落周边都是山峦起伏，群山环抱，天际线在如此环境之中充满了跌宕起伏的美感，最复杂的天际线形是以聚落居民点为中心，一侧为起伏的丘陵，另一侧是流淌着的河道，在河道向外延又会有低矮群山将天际线抬高；其次是在没有河流的聚落中为两侧群山，中间居民点的形状；最后一种为居民点一侧紧贴山脚，另一侧先是平缓地带，隔一段为居民点，再接山体，最后再加上聚落中的寺庙、佛塔等建筑为其点缀，与低山丘陵相结合，将这些信仰类要素提升到令人敬仰的高度（图4-4-6）。

（三）辽河上游传统聚落天际线

由于辽河上游流域曾有大面积地域曾属于马场，在巴尔虎山覆盖区域外，整个辽河上游流域地形较为平缓，因而此地聚落的天际线与绕阳河—细河流域不同，从聚落的入口处望去，该类聚落的天际线就显得较为简单了。整体没有较大起伏，村民聚居地的房屋为天际线高点，周边下沉，直到水域位置再次下降，整个辽河上游流域的传统聚落天际线普遍较为低矮平缓，与草原上的蒙古包聚居环境特点相类似，即每个小型聚落与周边聚落不相连接，相互之间都相隔一定距离，显得稀疏而平缓。靠近巴尔虎山的聚落与之不同，天际线比较丰富，包含有低山丘陵的起伏和河道沟谷的跌宕（图4-4-7）。

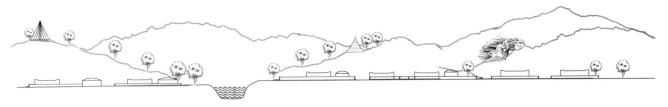

图4-4-5 绕阳河—细河流域传统聚落天际线示意图（来源：李卓伦 绘）

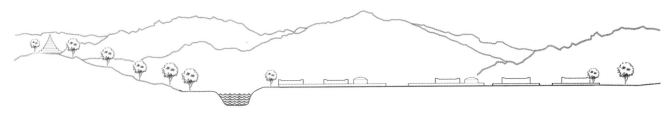

图4-4-6 大凌河流域传统聚落天际线示意图（来源：李卓伦 绘）

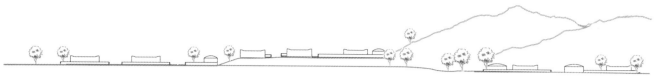

图4-4-7　辽河上游传统聚落天际线示意图（来源：李卓伦 绘）

四、聚落中院落朝向

（一）绕阳河—细河流域聚落院落朝向

在绕阳河—细河流域，由于地形的复杂多变，大部分的聚落朝向是因地形的不同而变化，整体上可以分为三大类，东南朝向、西南朝向和正南朝向，其中东南朝向的聚落所占比例最大，与北方其他地区居民点选择相同，在没有其他因素影响的情况下，人们都会优先选择偏东、偏南的朝向；正南朝向的聚落很少，即便在地势开阔的地方，也只有在道路或者水源合适的前提下才会出现正南方向的聚落朝向，如佛寺镇牛心屯村（图4-4-8）、王府镇王府村；而对于西南朝向虽然有西晒的缺陷，但确是比正南北向选择更多的朝向，因本章所说聚落朝向，指的是单个聚落中大部分院落的朝向，所以每个聚落中都会或多或少存在与聚落朝向不同的院落朝向，而这些院落中又以西南朝向为多，如水泉村。

聚落中院落呈"大分散，小集中"的分布形式，因为地形及游牧民族本身没有聚居习惯的缘故，该流域内聚落居民点院落的分布往往会比较分散，随着地形的变化而呈现没有规律的分布，但仔细辨别又可以发现，再小的聚落也会有组团出现，较大的聚落有的是以某一建筑为中心，呈块状发展，块状的聚落在经过道路或河道分割以后，也会有小组团，他们的院落朝向就不尽相同；有的则是整个聚落分为几个组团组合而成，或者称之为自然村，这种聚落就是整体属于分散分布，但内部又有各自的集中，而这些不同的组团就会有不同的院落朝向，看似散乱，实则很有秩序。与此相对应的，呈块状发展的聚落组团，其院落的排列组合方式也比较规

图4-4-8　牛心屯村院落朝向（来源：谷歌地球）

整，每家每户的院落大小和朝向都是相近的，形成比较整齐美观的沿街立面；另一类处于地形起伏变化较复杂的聚落，其内部的院落排列组合方式就比较富有层次感，随着所依附山体的等高线走势急缓呈等距或不等距的锯齿状发展，院落的朝向也会随之慢慢产生变化，逐渐倾斜，呈以山体为中心的放射状发展。

（二）大凌河流域聚落院落朝向

与绕阳河—细河流域相比，大凌河流域的地形更加复杂曲折，聚落与聚落的朝向不尽相同，从东南朝向到正南朝向再到西南朝向均有涉及，但与之不同的是，聚

图4-4-9　东官大海村院落朝向（来源：谷歌地球）

落中院落朝向的不同为"小同大异"，具体而言，就是大的整体聚落与聚落中朝向不同，但聚落内部的所有院落朝向几乎为一致的。这样的院落朝向也是由于当地的山峦起伏较多，聚落往往是在山脚下围绕而居，此时，位于山南山北就会有所不同，山南的聚落会紧贴山脚形成，无论是在以山体为基座的情况下，面向哪边，都会是受阳光照射的一面，此时如果又有河流在聚落前蜿蜒而过，聚落内院落朝向必然是背对山坡，朝向河流，以东南为主；若聚落位于山北，则必定是与山脚相隔一定距离，以减少山体高度对聚落采光的影响，在这种情况下，山体北侧的地形较为平缓，如朝阳市乌兰河硕乡乌兰河硕村，该聚落整体结构也是具有对山体的向心性，正是由于与山水关系稍远些，乌兰河硕村的院落朝向就偏正南向，还有凌源市乌兰白镇十二官营子村院落朝向就是正南偏西向。另外有一些较大的聚落是由几个类似于村民组的组团聚居而成，这样的聚落会形成很长的条带，而该条带则会沿山脚或河流形成曲折，此时不同组团之间的院落朝向就会发生变化，如官大海包含多个组团，自东北向西南延伸时，聚落内院落朝向便有正南到东南朝向角度范围内的院落朝向，顺应山水环境之走势（图4-4-9）。

这种聚落就是单独看每一个时会出现看似混乱、没有统一的秩序，但整体属于顺应自然而生，内部又有各自集中，而这些不同的组团就会有不同的院落朝向，看似散乱，实则很有秩序。与此相对应的，呈条状发展的聚落组团，其聚落坐向无论是顺应院落朝向或是垂直于院落朝向都不会给人以突兀之感，院落的排列组合方式也比较规整，每家每户的院落大小和朝向都是相近的，形成比较整齐完整的沿街立面。

（三）辽河上游流域聚落院落朝向

在辽河上游流域，对当地聚落影响较大的地形是横

图4-4-10　公主陵村院落朝向（来源：谷歌地球）

亘于辽河上游西岸的巴尔虎山，除此之外，整个辽河上游流域西岸的地形起伏较小，因而该流域内聚落的院落朝向大致以巴尔虎山为分界线，巴尔虎山以南的传统聚落，其院落朝向以西南向为多数，巴尔虎山以北的传统聚落内院落朝向，东南朝向的在数量上略占优势，正南朝向极少。如公主陵村，位于巴尔虎山西南一隅，整个聚落形态呈自西北向东南走向的条形，聚落中只有最北端的一小片区房屋朝向偏正南。巴尔虎山北侧传统聚落所在地域地形相对简单平缓，接近科尔沁沙漠地区，没有显著高差，此区域内不受地形影响，聚落整体偏块状，有集中聚居的块状聚落，也有因地大物博而较为分散的块状聚落，聚落中院落朝向较为统一，普遍呈现最好的东南朝向，既能很大程度地采光，又不会受到西晒的影响，有利于院落中道路两侧畜棚和饲料堆场的采光。

与关内平原地区不同，该流域聚落与聚落之间没有很强的联系，尤其是巴尔虎山北侧靠近科尔沁地区的传统聚落，地广人稀，聚落与聚落之间、聚落内院落之间都有一定的距离，如腰莘塘村、后莘塘村、大莫力克村等。巴尔虎山以南的传统聚落多为条状，每个条形多少都会因为道路分支存在枝杈部分，枝杈部分中院落朝向通常与大部分院落朝向略有不同，如公主陵村等。总体来看，该流域内聚落坐向均是以巴尔虎山为中心，呈放射状发展，即聚落坐向具有向心性，然而聚落中院落朝向不受山体影响，都是以东南或西南朝向为主（图4-4-10）。

五、院落组合方式

聚落中的院落组合方式大致分为四类，分别为：行列式、锯齿状、曲线形和散点式。但是这些院落组合方式很少会单独出现在某一个聚落中，它们往往是组合呈现的。

（一）行列式

行列式的院落布局在辽西北游牧文化影响下的传统聚落中出现较少，通常是在看似散乱的聚落布局中有一两条街巷排列较为整齐，即便是在地广人稀的辽河上游流域也不会出现整个聚落的排布呈现整齐划一的行列式布局，这与游牧民族豪放不羁的性格大相径庭。

（二）锯齿状

锯齿状的院落布局形式在该类聚落中的存在是最为普遍的，错综复杂的地形地貌以及依山就势、逐水而居的选址习惯造就了错落有致的聚落布局。作为聚落院落组成的主体部分，锯齿状的组合形式处于行列式和曲线形的过渡阶段，也可以说这三者属于近亲类别，多段行列式错落连接就会形成大尺度的锯齿状，锯齿状院落以规则式排列则又会延伸成为曲线形布局。

（三）曲线形

曲线形院落布局在大凌河流域存在最为普遍，绕阳河—细河流域次之，辽河上游流域分布最少，主要影响曲线形的因素还是地形的复杂性，大凌河流域层峦叠嶂、河流密布，蜿蜒曲折的河道与山体赋予了大凌河流域传统聚落更灵动的院落排布组合方式，而与此相比，绕阳河—细河流域的山体、水系的比例以及分布密度较为稀疏，为受游牧文化影响的小型聚落留下了充足的建设空间，它们的院落排布方式就相对平缓整齐；至于辽河上游流域，只有接近巴尔虎山的部分聚落，才会出现部分曲线形院落排布方式，多数由于处在与内蒙古交界的沙化地带，地形相对平坦，地广人稀，院落的排布方式会呈现整齐的行列式与散点式相结合的组合方式。

（四）散点式

散点式院落组合形式多数是与锯齿状和曲线形相伴而生，鲜有整个聚落的院落都是散点布局，即便是在聚落成立之初，也是在有了前几家落户之后，后落户的也会选择与前者比邻而居，人都是群居动物，原始的游牧民族也是会三五成群聚居而生。散点式的院落组合形式在三大流域聚落中都有分布，均衡在各流域之内，与其他三种院落组合方式相结合，形成丰富多彩的聚落形态（图4-4-11）。

六、街巷格局与尺度

（一）街巷格局

传统聚落的街巷特征主要受聚落周边地形地貌和相应文化两项因素的影响，在街巷格局方面，较平缓地带的聚落，由于环境适宜，居民更加注重对其自身精神信仰的充分体现，如辽西地区独有藏传佛教文化、蒙古族的吉祥结形态等均会成为其整体布局的影响要素，有的聚落街巷格局便是以吉祥结的图案为参照（图4-4-12），有的受其他因素限制的也会有部分街巷格局形成吉祥结的局部形态，可简要概括为形似猫耳或盘肠，因而，在没有其他限制的条件下，其内部的街巷格局更偏重于对民族和地域文化的体现。而在地形较复杂的低山丘陵环抱中存在的聚落，其内部街巷首要考虑因素是对地形的适应，顺应山脉走势及地形等高线的走向，以及生产生活对周边资源的利用情况，在便于放牧的基础上才会考虑对民族文化的反映。

（二）街巷尺度

聚落中的各项空间尺度也与民族信仰有很大关系，街巷尺度便是其中最重要的一项，街巷是聚落的骨架，支撑着聚落的整体形态结构，根据街巷的宽度，将其分为干路、支路、入户路三类。街巷的宽度计算是按照院

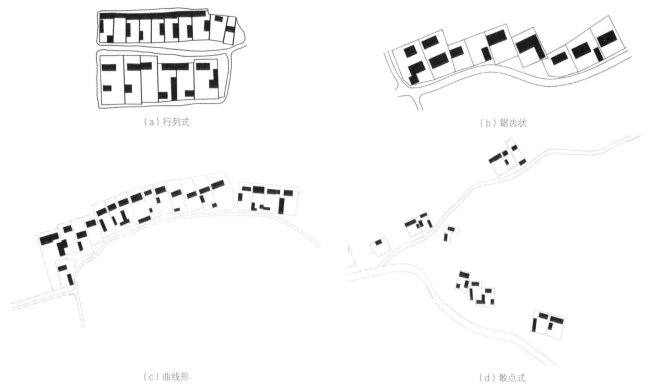

（a）行列式

（b）锯齿状

（c）曲线形

（d）散点式

图4-4-11 传统聚落院落组合示意图（来源：李卓伦 绘）

图4-4-12 阜蒙县佛寺镇佛寺村街巷结构（来源：《东蒙香巴拉》）

落墙体之间的距离计算的，再根据道路与两侧院墙及院落组合关系的不同，将其街巷尺度关系细分为四类，首先是干路层次，干路的街巷宽度大约在12米左右，中间5~7米为常用来通行的部分，两侧为草坪、绿化，紧贴着草坪的是院落的正院墙或后院墙，邻近干路的村民都会在干路这一侧开门，便于出行。院墙再向两边看则是正房，院墙与正房间的距离则视聚落空间的不同而有所不同，正房高度在3~4.5米之间，进深为7米左右，最后正房另一侧仍为院墙与下一条道路相隔。支路层面可概括为两类，分别是道路与正院墙相邻和与山墙相邻两种，与正院墙相邻的这类与前文叙述的干路相类似，只是道路宽度降低为7米左右；道路与山墙相邻的院落大门开在与支路相邻的院落侧面，道路与院墙紧密相连，接下来是正房，正房面宽为15米左右，正房两侧与院墙间有5米左右的空隙或者用于仓储、厕所等空间；最后是入

户路，其尺度最小，路幅宽度在5米以下，入户路两侧的院落山墙多有与正房山墙重叠的情况出现，或者一侧重叠，另一侧相隔3米左右用于沟通前后院（图4-4-13）。

院墙方面三个流域略有不同，其中以绕阳河—细河流域最高，通常院墙在1.5~1.8米之间，大凌河流域次之，院墙高度在1.2~1.5米之间，辽河上游流域最矮，院墙高度多数不超过1.2米，部分人口较少的聚落院墙只有0.9米或者没有实体院墙，该流域内由于村民人数少，游牧民族最大的财富——牲畜不存在丢失问题，因而院墙高度较矮，主要用来作为边界围合，而不是为了保护财产等私密性，与街巷的宽度相比，院墙高度显得就比较小巧。三类街巷的结合构成了整个聚落的骨架，同时也是聚落的未来发展方向。街巷尺度与流域环境相似，地势空旷，与游牧民族粗犷、豪放的性格特征相得益彰。

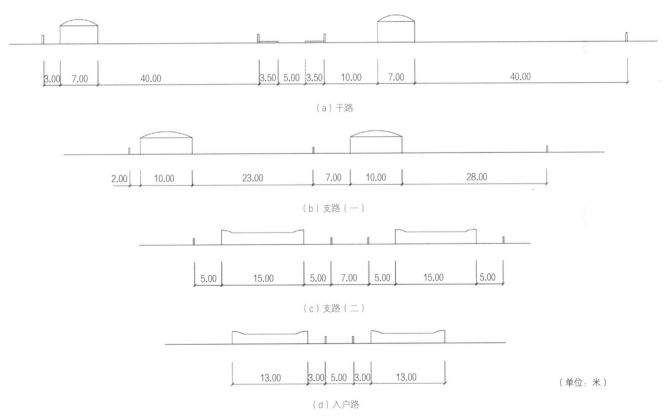

（a）干路

（b）支路（一）

（c）支路（二）

（单位：米）

（d）入户路

图4-4-13 街巷尺度（来源：李卓伦 绘）

第五节　代表性聚落举例

一、阜新市阜蒙县大板镇衙门村

（一）选址

阜蒙县大板镇衙门村位于距离大板镇所在地东北7公里的哈尔其郎山麓，东、西、北三面环山，南临开阔地，一马平川。其间有巴仁衙门皋勒（西衙门河）、助温衙门皋勒（东衙门河）、达木拉沁皋勒三条河流穿插其中，河流汇聚之处另有一衙门水库与村民生活息息相关。哈尔其郎山海拔500多米，两侧支脉呈东北—西南走向，如同草原上的雄鹰展翅腾空，又似慈母般环抱着整个衙门村。它迎接着从渤海上吹过来的暖湿气流，凝云致雨，播洒甘露；阻挡着从北方刮来的冰冻寒流，阳光明媚、冬日融融，形成了与周围地区十年九旱、干燥少雨不同的"小气候"。因此，这里山体植被丰厚、涵养水分，植物区系成分复杂，种类繁多，其间蒙古植物区系与华北植物区系相交接。再加上哈尔其郎山有明显的植物垂直分布，山体顶端有陡峭的裸岩，期间生长着野草野花，造就了天然的优良牧场，绵延数十里，环衙门塔拉而横卧雄踞，形成自毛其来峰到哈尔其郎山、乌兰哈达山、好日嘎山的屋脊地带。这十多公里长的山体以花岗岩岩石组成，其石头资源有上亿立方米，可提供无尽的石料构件，是敖包的石块来源之一。衙门村整体地势北高南低，境内300米以上的山峰有五座，山势陡峻、沟壑纵横，山地面积占65%，沟壑30条，是蒙古居民生产生活、发展农林和牧业的好地方（图4-5-1）。

（二）历史沿革

衙门村有六大自然屯，分别为东衙门、腰衙门、河西、下街、西衙门、二板。其中敦大衙门（腰衙门）、助温衙门（东衙门）、巴仁衙门（西衙门）和豪亚尔拜

图4-5-1　阜蒙县大板镇衙门村空间结构图（来源：李卓伦根据谷歌地球改绘）

兴（二板）四个都是随着土默特左翼旗札萨克贝勒陵墓的修建而出现和衍生的。从第一户守墓者建立聚落（清康熙二年）开始，到现在已经有300多年了，经过300多年的陵园建设，守墓者不断增加，并经生息繁衍，到中华人民共和国成立前，东、腰、西衙门已发展到150户人家（图4-5-2）。

（三）特点

衙门村的要素按照自然和人造两类划分，自然要素体量较大，山体、水域都是处于很明显的视线可见范围

图4-5-2 阜蒙县大板镇衙门村总平面示意图（来源：李卓伦 绘）

图4-5-3 衙门村院落图（来源：朴玉顺 摄）

内，与之相伴而生的查干宝力根阿贵（白泉寺）、十三敖包、敖包广场都是处于聚落的高点，有良好的视线通廊，随时给人心灵安慰和寄托。衙门塔拉水库的位置比聚落居民点的海拔要高，并不是处于地势极低的坑塘，较高的海拔优势利于村民将水库水流在旱季引出至附近河道，用以抗旱。衙门村内曾有四座敖包，第一座位于东衙门和河东之间"吉曼皋"河的西头，即今衙门村委会前面；第二座位于哈日额日根商什树附近，即衙门塔拉水库北面的高地上；第三座位于现在的下街北与去往西衙门的三岔路口；第四座位于西衙门北300米处，在毛其来峰沟口与辽温特音皋勒沟口相交处。这几座敖包要么是处在较高的地势处，要么就是在道路的交叉路口处，同样具有祈福作用的商什树也是处于腰衙门屯的一座小山脚下，交通便利，它们与村民的生活息息相关，这类要素必然拥有极好的视线优势。

由于自然和社会因素，游牧民族放牧牲畜的生活方式完全简单重复"强夏，秋肥，冬瘦，春死"的不变自然规律。在访问中得知，当年的牧民即便是定居以后，牧民们的院落布局仍然为牲畜留下了足够的生存空间，每一家的院落占地很大，面宽和进深均达到30米以上，除去正房建筑外，大门到正门之间有一条宽约2米的道路，两侧均为棚户或围挡，一侧为圈，相当于原来牛羊的围栏，另一侧是在放牧之余开始耕种的生活，在冬季将玉米等秸秆囤积在一起，当作冬天牲畜的粮食，从而减少"冬瘦，春死"的发生率（图4-5-3）。

而正房居住部分也逐渐由原来的毡房、蒙古包等可移动装备逐渐转变为固定居民点，之后又衍生出他们特有的建筑形式——海青平房。海清平房是辽西蒙古民族独具民族特色的古老建筑。因它的外形酷似一座马鞍，又如海青（雄鹰）展翅，故名海清平房。这是蒙古族人民为了纪念游牧生活，融合了满、汉等民族特点设计建造的特色建筑。该房屋建筑风格独特，既秉承了游牧文化风格，又体现了农耕文化特色，距今已有300多年的历史。虽然衙门村的海青平房数量已经不多，但形式类似的建筑尚存很多，而且在整个村庄内的院落布局仍在延续原来的生活习惯，一侧圈牛羊，一侧囤秸秆，展示了其深厚的民族文化底蕴。

衙门村的民俗活动大部分都是聚集在衙门村的敖包广场上，此广场所举办的活动都是服务于半个绕阳河流域，所举行活动包括祭敖包、祭天、祭山等。衙门村的敖包共有13座，位于衙门村北部的衙门水库前，均是村敖包。13是蒙古族的吉祥数字，这13座敖包，样式不尽相同，有圆锥体、锥体、塔式等，其中大者为佛教里的须弥山，此敖包上供奉着圣祖成吉思汗和翁衮神；其余12座敖包象征12部洲，每座小敖包前各有一个小型雕像，正是人们的十二生肖。衙门村的祭天主要是村祭，祭祀时间为每年农历四月十三（图4-5-4）。衙门村的祭的山是哈尔其郎山，祭山的活动始于200多年前，祭山的日期为每年的农历七月初二，人们在黎明前

爬到山顶，将哈达挂于树枝上，向主峰祈祷叩拜，愿山神恩赐的福禄永驻。最后衙门人在秋收打完场后，有祭宝鲁（打场用的石碌）的习俗。祭祀时，把蒸好的两块大饼子放在宝鲁上，同时把木锨、木杈、推板、扫帚等打场工具整齐地排放在宝鲁周围后，主人开始跪拜吟诵祈祷，歌颂称赞宝鲁。衙门村的商什树生长于腰衙门屯南的哈日额热格上，人们从山上搬下来一块巨石立在树下，每年的农历四月十六举行最大型的祭祀活动。

衙门村较大的寺庙有四座，分别为查干宝力根阿贵（白泉寺）、助温苏莫（福吉寺）、巴仁苏莫（高尼格尔庙）、豪亚尔拜兴因苏莫（二板庙）。其中最大的为查干宝力根阿贵，相传为清嘉庆六年（1801年）普安寺藏族葛根活佛丹毕道尔吉在此修建的庙宇，鼎盛时期有170多名喇嘛。寺庙类建筑多为藏传佛教传承，寺庙形式为藏式建筑居多，但装修风格多为蒙古族元素，寺内

图4-5-4　衙门村主敖包（来源：李卓伦 摄）

修行者也是喇嘛僧。另有9座陵园，其建筑结构基本相同，与贝勒、亲王等在世时所住的居室相似，其中西衙门散巴勒诺尔赞贝勒的陵殿大院西南角曾有过关公庙，后移到西衙门西山。

衙门村共六个自然屯，村域面积可达18平方公里的土地面积，建筑密度极低，建筑分布以靠近道路、河流、山脚为主，沿道路两侧或河道两侧向外延伸，称不上规整，但亦有一定的排布规律，因需畜养牲畜，故而院落面积较大，人口不算很多，但每家占地面积大，导致整个聚落的占地范围较广，其中建筑的"图"比例较小，即建筑密度低。整个聚落为不规则形状，院落布局方面没有明确的聚落边界和排布规律，内部的几条河沟和衙门水库为人畜的生存提供了充足的水源，即便不与外界交易也可自给自足。交通方面，有一条彦先路纵贯衙门村，沟通了六个自然屯与外界的联系，顺山脚自西南向东北延伸至大道。

自南向北看衙门村的剖面，整个聚落的天际线走势为"凹"形，最主要的两个高点为西侧的哈尔其郎山及其山上的毛其来峰和东侧的海特哈山及其浩特勒峰，然而后者明显比前者低矮很多，居民点处基本上是一层的海青平房，只有查干宝力根阿贵（白泉寺）建筑群为藏式多层建筑，同衙门水库前的13座敖包构成了居民点内部的两个制高点，也是居民信仰所在。

衙门村的聚落院落朝向比较统一，六个自然屯中只有东衙门的部分人家院落为西南朝向，其余均为东南朝向。除去东衙门，其余五村都是受西北侧的哈尔其郎山走向影响，坐落于其山脚下，必然顺应山川走势而延伸，此外，从山上流下的河道与山脉呈垂直分布，因此聚落组团也顺势分布在河道一侧或者两侧，聚落朝向自然形成了东南朝向，而东衙门的几户人家，则是由于所处地势与其他相比较高，只有一条较窄的羊肠小路通往山上穿过这几户人家，为了交通便利，不得不把院落出口朝向自西北向东南走向的山路，院落朝向便成了西南朝向。

衙门村的街巷结构大体为叶脉型结构，一条主路贯穿六个自然屯，并沟通聚落与外界，该主路与每个自然屯有一到两条主要支路通向自然屯内部，支路再分出入户小巷通向家家户户，形成这种可以说是树形或者叶脉形的街巷结构，属于最实用、最符合村民需求的街巷结构。其主路两侧院落墙体间的宽度约为12米，支路两侧墙体间宽度为8米左右，入户街巷路两侧院落墙体间宽度为5~7米的范围；在长度方面，除连通内外的主路外，支路和入户路的长度一般都在200米左右出现一次转折或者尽端，在每个聚落的小组团尺度中，这个长度在人行进过程中给人很舒适的感觉；该村的纵向街道尺度较小，院落墙体高度仅有1.5米左右，其更多的功能是用于防止所畜养的牲畜离圈，并有部分防盗封闭的作用（图4-5-5）。

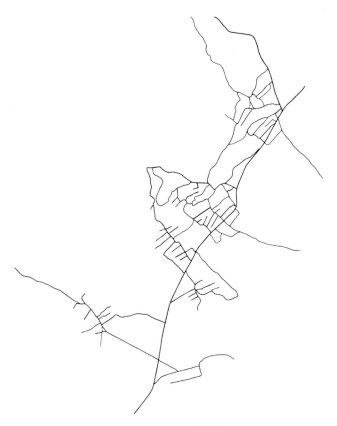

图4-5-5 衙门村道路系统示意图（来源：李卓伦 绘）

图4-5-6 喀左县白音爱里村空间结构图（来源：李卓伦根据谷歌地球改绘）

衙门村整个聚落的尺度及范围在聚落中算是比较大的，究其原因便是所靠的山、水都有足够的资源可以提供。大面积的山水环境造就了大尺度的衙门村聚落，背靠的哈尔其郎山环抱着衙门村，给它以适宜的基础生存条件，衙门水库和六条季节性河流，辅助山体形成适宜居住的生存环境，提供生命之源，孕育着这里的村民生存、发展与传承。

二、喀左县南哨街道白音爱里村

（一）选址

白音爱里村位于辽宁省朝阳市喀喇沁左翼蒙古族自治县南哨镇，它后依王子山，前傍凌河水，既有水的灵性，又有山的厚重，是典型的处于山环水抱之中的"风水宝地"，这里山清水秀、景色宜人。登高俯视，悠悠凌河水如一条玉带，环绕着美丽的村庄。整齐的民居，散发着浓郁的民族特色。整个聚落主要有五个居民点，自西南向东北绵延五公里左右，与弯曲的凌河和王子山一起形成月牙形的小平原，西北和东南为山脉，另有大凌河及其西支绕东、北两个方向，两山两水的自然资源为白音爱里村的村民带来了无尽的生活来源，水边饮牲，山上放牧，充足的生活资源给村民很好的安全感，是喀左县蒙古族人口比较多的一个村落（图4-5-6）。

（二）历史沿革

白音爱里，汉语为幸福的村庄，这里民族文化底蕴深厚，民族风情独具特色，为蒙古族传承民族语言的主阵地。白音爱里村的蒙古族为兀良哈部落。现在居住在

图4-5-7　喀左县白音爱里村航拍图（来源：张续坤、李卓伦 摄）

境内的蒙古人，主要是明代先后到来的兀良哈部、喀喇沁部、土默特部和清代汉人"随旗"（俗称汉人加入蒙古籍或满族籍）的蒙古人后裔，其中宝姓、鲍姓、白姓为成吉思汗的后裔，乌姓为兀良哈部者勒篾的后裔。白音爱里村在相当长的一段历史时期内普遍信仰喇嘛教，自从明代中后期蒙古人移牧此地后，喇嘛教也随之传播开来，清代达到了极盛。明天启二年（1622年），在今喀左县平房子乡北洞村修建了普化寺，这便是喀左境内已知最早的喇嘛寺庙。白音爱里共包含五个居民聚居点，分别称为头道营子、二道营子、三道营子、四道营子和五道营子，这五个居民聚居点是当年随着勒篾到此驻扎的兵团后裔，初始时期，部队驻扎地位于紧邻大凌河的位置，后由于大凌河有过多次水位上涨，对驻扎地安全性有很大影响，后经过两次北迁才最终定居于现在

的位置（图4-5-7、图4-5-8）。

（三）聚落特点

喀左白音爱里村南北有两座山，背靠王子山，面向大凌河，两座山体作为天然屏障将白音爱里村抱在怀抱中，山体是该聚落很重要的自然要素，不仅作为村民日常放牧等生活场所，还作为村民生产和民族习俗等的活动场所，如祭敖包、祭山、举行庙会等都是村民与自然山体要素相互动的活动。白音爱里的水体方面要素主要是大凌河和大凌河西支两条河流，为村民提供生产和生活用水。

白音爱里主要是通过一条贯穿五个居民点的主路与过境道路进行对外联系，过境道路是级别较高的道路，路幅宽度大约在15米左右，是进入聚落的主要入口之一，现设

图4-5-8　白音爱里村航拍图

图4-5-9　白音爱里村入口（来源：李卓伦 摄）

图4-5-10　白音爱里村典型民居（来源：李卓伦 摄）

图4-5-11　白音爱里村典型院落（来源：张续坤、李卓伦 摄）

为具有游牧民族特点的入口标志，蒙语、汉语俱全，同时整体形态集蒙古包与敖包三股叉于一体（图4-5-9）。聚落主干路路面宽度约为8米，贯穿五个居民聚居点，并联通对外联系道路和通往敖包山的小路；由于整个聚落随大凌河的蜿蜒河道而曲折呈条状，因而聚落支路多且短，路面尺度也并不宽，只有4米左右；与此相衔接的最末级的入户路同样因为聚落的条形结构而比较简短，入户路尺度约在3米左右，若为尽端路则直接连接院落正门，若不是尽端路，则会通向附近的山体或与羊肠小路衔接到达其他聚落。

白音爱里村的院落结构多数为明显的独院，进入大门后一条主路正对着正房，正房数量为一间或三间，正房两侧可能会有搭建的简易厕所。主路两侧是以石块或栅栏围成的菜田和牲畜棚，部分村民会选择将菜田或牲畜棚一分为二，另一部分用于堆放干草、柴堆等杂物。一些有后院的院落也会选择在后院临路的位置开一个后门，特别是主路两侧的院落，后门的尺度与正门尺度相近，更便于交通出行（图4-5-10）。

白音爱里村是北方游牧文化向农耕文化演变较早的地区，在这里沉淀了许多游牧文化与农耕文化融合为一体的文化元素，其中海青平房最为典型。海青即雄鹰，从正面看，海青平房两端隆起部分，形状既酷似马鞍，又有雄鹰展翅的意味。从侧面看，两侧山墙顶部形如勒勒车轮，又像蒙古包，墙面上画有盘肠和祥云，砖带上装饰有黑白交错的狼牙图案。前马蹄垛上镶嵌有石刻的梅、兰、竹、菊、莲花、石榴、牡丹等。压板石是鹰嘴形状，下面的护柱板上也有象征吉祥如意的图案。从这些建筑特征来看，海青平房这一蒙古族院落的代表性建筑是在受农耕文化影响的基础上，把蒙古族游牧文化的风格充分体现在定居建筑上的典型代表，真正做到了农耕文化特色和游牧文化特色的完美统一。海清平房是白音爱里村独具民族特色的古老建筑，全村现有住宅房屋415栋，其中海青平房307栋（图4-5-11）。

图4-5-12 白音爱里村敖包航拍图（来源：张续坤、李卓伦 摄）

在白音爱里村同其他受游牧文化影响的聚落相同，最大型的公共活动就是祭敖包。喀喇沁左翼旗祭敖包的时间是每年的农历六月二十四至二十六日，为期三天。祭祀结束后，在敖包前面的场地上进行摔跤、射箭、骑马比赛等活动。选址之处正对聚落居民点，背山面水，环境幽雅，具有极好的地理优势，这里现有敖包7座，其中主敖包直径13米，高9米。蒙古族风情园内建有蒙古包5个，与敖包遥相呼应，形成一道靓丽的风景线，让游人流连忘返（图4-5-12）。

喀喇沁蒙古族是距离北京最近的蒙古族部落，也是比较早进入农耕的蒙古族部落，白音爱里村的空间结构形态与大凌河河道线形具有很高的契合度。五个兵营都由原来的块状兵营逐渐向河道上下游方向延伸，直到头道营子与二道营子连在一起，形成条状。最原始兵营处，院落排布方式为典型的兵营式整齐排布，在后来延伸出来的部分，院落排布是较为松散的，在军队的严加管理之外，又体现了游牧民族粗犷豪放之感。也正是因为军队的严加管理，兵营式的整齐排布，才有了白音爱里不同于其他游牧聚落那种松散、稀疏的高密度布局，白音爱里村单独看每一个居民聚居点的建筑密度都很高，没有什么闲置空地。聚落中院落的排布紧密，朝向也较为统一，大致都是朝向东南方向，只是角度略有偏差。现状看来白音爱里村的院落及建筑保留较为完好，能明显看出，该聚落中院落侧面墙体的高度为1.5～1.8米，与主路相邻的后院院墙墙体较高，能达到2米左右，与正房高度相接近。院落墙体及正房海青平房的墙面上有很多象征吉祥如意的盘肠和祥云等图案，美轮美奂，充分展示了深厚的民族文化底蕴。

第一节　概述

　　辽宁省境内农耕文化影响下的传统聚落主要分布于辽阳市、鞍山市、盘锦市、锦州市、葫芦岛市等市，在地域上大部分集中分布在辽东典型山地区、辽西低山丘陵区和辽中典型平原区。按照地形地貌将农耕型聚落分为三大类：低山丘陵型、典型平原型和山地沟壑型。

　　低山丘陵型传统聚落主要分布于辽西地区的葫芦岛、锦州等沿海地区。地势西北高东南低，山多、水多、坡地多。西北部为山地及丘陵，东南为临辽东湾的沿海平原地区，即辽西走廊。区内河流众多，地下水资源丰富。海岸线长达325千米，海岸类型齐全，区内植被覆盖率高，具有孕育聚落的适宜条件。

　　典型平原型的传统聚落主要分布于辽河平原上的盘锦市、辽阳市、沈阳市和铁岭市。辽河平原，土地肥沃，农业发达。铁岭以南至辽东湾，海拔均在50米以下，近海则降至10米以下，分布着许多盐碱地和涝洼地，辽河、浑河、太子河、大凌河、小凌河和绕阳河等河流在此汇集入海，形成地势平坦的三角洲平原。

　　高山深壑区域的传统聚落集中在辽东山区的鞍山市和辽阳市。地势地貌东南高西北低，自东南向西北倾斜。大多是山地和丘陵地貌，水资源比较丰富，但受时空限制，分布不均匀。

　　辽宁省农耕文化的发展是随着辽河农耕文明的发展而进行的。辽河流域大部分地处暖温带，环境条件较优越，资源丰富，是东北地区人类最早的居住地和开发区。距今7200年的新乐文化的生活方式就已经以农业为主，还有红山文化等都展示出丰富的农业迹象。从新乐文化农业开始，到汉代这里已经成为重要的农业区。东汉以来至辽金时期，这里一直为农业区，民户众多，耕垦树艺，是农业较发达的地区。明代时期的辽河流域是汉族主要农业和军屯经济区，物产丰富，是"田人富谷，泽人富鲜，山人富财，海人富货，其得易，其值廉"之处；而明末清初，因战争农耕的文化延续和经济又遭到破坏，满族大举内迁，因财政困难，一度颁发招垦令，开始多处设府，进行辽阳、海城、铁岭、锦州等地的开垦与管理，后开始封禁。但并没有阻止汉族民户移入耕垦，当时的迁徙路线有两条，一为陆路，出山海关或喜峰口，由辽西进入东北平原；二为海路，经庙岛列岛，达旅顺经金州、复州而至东北内地。在清末封禁解除后，随着汉族的大量移入，东北农垦发展迅速，农业生产也有了较大发展。

第二节　聚落选址及分布

一、处低山丘陵的聚落

　　在以低山丘陵和丘陵缓坡为主的辽西地区，数量有限的河谷冲积平原、山间小盆地以及与平原地形相接的位置成为村民们争先耕种并聚居的理想之地。这种选择使得村民们能够保证自身生存的基本条件。而且由于辽西低山丘陵区地处半干旱、半湿润易干旱区，虽然光照条件比较好，但是降水较少，耕地灌水能力较差，坡

图5-2-1 低山丘陵聚落选址——邸三家子村（来源：王昕彤根据谷歌地球改绘）

度较大，有机质含量较低。这样耕地土壤质量一般的情况下，村民就会更侧重于选择地势较平坦、耕地面积较大的区域。而且由于辽西低山丘陵地区干旱少雨，农作物为旱田作物，基本靠天吃饭，因此村落选址除了需要有汲取饮用水的水井以外，也尽量靠近小型河流，以保证用水充足。聚落的分布与选址也依依相关，在辽西低山丘陵地区农耕文化影响下的传统聚落主要分布在丘陵和平原交界处或丘陵间较平坦的地区，通常傍水而居，包括河流、溪流和水塘等。例如朝阳县根德乡邸三家子村，村子位于多个丘陵所夹的平缓谷地，村子东南侧有河流经过，周边耕地面积较大，具有典型的低山丘陵地区传统聚落的典型特征（图5-2-1）。具有类似特征例子还有如北票市大板镇波台沟村和上园镇三巨兴村，二

村均被群山所环绕，村落均建于低山丘陵之间。其中波台沟村地势北高南低，一条以山泉为水源的河流由村南流向村北（图5-2-2）。三巨兴村地势东高西低，一条季节性河流位于村庄南侧，河水由村东流向村西（图5-2-3）。

聚落间分布距离受耕作距离限制，一般多在10里左右，或者更少，即步行时间在一小时以内，总的来说是比较分散的。也就是说，农业生产的分散性决定了农耕文化影响下传统聚落的稀疏性与农民的散居性，这种分散性是与以农为本的自给自足的自然经济联系到一起的。而地形地貌和气候等影响下的适合耕种的土地却表现为部分集中性，使得该类聚落区位分布特点表现为整体上分散和部分集中的特点。

图5-2-2　波台沟村航拍

图5-2-3 三巨兴村航拍

二、处典型平原的聚落

辽宁典型平原区土层厚度趋于中等水平，地势平坦，排灌水能力区域内存在较大差距，土壤偏酸；其中，辽北平原缓坡区位于辽中平原北部，区内地势较高，年降雨量和有效积温均趋于中等水平，土层较厚，较为紧实，灌排水能力较差；辽中近海平原区位于辽河入海口，为辽河冲积平原，有效磷含量较低，耕地数量较大。综合考虑，辽宁典型平原区域耕地条件较好，聚落选址方面可选择范围较大。特殊的地理环境使得可耕地有着非常鲜明的突出特点，即并非毗连成片，而通常是一块一块的零散分布在高出周围地表的坨子地上，像补丁一般散落在大苇塘或荒碱地里，被称作"白菜心地"。这样的特征限制也使得聚落只能在这样的耕地周围进行选址。

由于现有资源丰富，农业与渔业共同发展，聚落可分为晒碱熬盐加农耕、打鱼摸虾加农耕、纯农耕聚落三类。近海以及西北侧的聚落在进行农耕活动的同时，利用盐卤水和海水进行晒碱熬盐的生产活动，靠近河流的聚落也兼有打鱼摸虾的生产活动，其他则主要以农耕活动为主。所以在选址上，近海和西北侧的聚落多选址在盐卤水资源丰富的区域，内陆的聚落多选址在靠近河流处，方便充分利用现有资源。例如盘锦市大洼区西安镇上口子村，该村位于主要河流一侧，周围耕地面积较大、质量较好，靠近主要交通线（图5-2-4）。

该类聚落分布决定于耕地面积与数量，由于在选址上受到散布的可耕地限制，又有资源利用优势，所以在分布上综合二者，形成多数聚落距离海较近的特征，同时为保证资源的运输通畅，聚落大多靠近大道或较大的河流，整体上形成了分散、呈星状分布的聚落分布特

图5-2-4 典型平原聚落选址——上口子村（来源：王昕彤根据谷歌地球改绘）

点，聚落间的分布距离相对于其他两类的聚落分布距离较远。

三、处山地沟壑的聚落

处山地沟壑的聚落主要是以山地缓坡和丘陵为主的辽东地区。村民耕种和聚居的理想之地集中在数量有限的河谷冲积沟壑、山间零碎的小型盆地位置。这些是能够保证村民自身生存的基本条件。而且由于辽东山地缓坡区地处辽宁东部山区南部，降水较多，有效土层厚度属于中等水平，田面存在一定坡度，而辽南丘陵区雨水充沛，土层较薄，土壤养分含量较低，所以这样耕地土壤质量较低，多以山体为主的情况下，村民就会更侧重于选择地势较平坦、耕地面积较大的较宽的山地沟壑区域。而且靠近小型河流，因为

河流冲出的沟壑两侧土壤较为肥沃，适宜种植农作物。所以聚落选址上会临近河流，靠近山脚下，与河流以耕地分隔。 例如鞍山市岫岩满族自治县石庙子镇丁字峪村，位于山间沟壑处，周围多山环绕，一侧有河流经过，靠近河流部分布置耕地（图5-2-5）。

由于聚落分布决定于耕地面积、土壤质量、水源丰歉、林木状况等因素，所以聚落集中在耕地附近，较优质的耕地则分布在河流冲积的沟壑区域，所以辽东山地沟壑区类型的聚落就分布在山间谷地以及盆地处，主要集中在几条较大较平坦的山间沟壑，沿沟壑呈线性分布。且由于要受到地形限制，聚落交通主要靠步行，随形就势，又要保证耕地的面积与质量，所以聚落多集中在山脚下，耕地则靠近河流。沟壑与沟壑间的聚落距离较远，但分布于沟壑间的聚落较近，在10里左右。

图5-2-5　山地沟壑聚落选址——丁字峪村（来源：王昕彤根据谷歌地球改绘）

第三节 聚落构成要素

对于聚落整体空间而言，聚落构成要素指山、河、田、道路、聚落公共空间和公共建筑，以及院落和民居，这些空间彼此分割又互相联系，要素的特征体现了聚落局部空间的特征。它是组织聚落空间的物质基点，由这些基点组成了村落的局部空间，再由聚落的局部空间构成完整的聚落形态，它能最直观地体现聚落的空间特色。同时它也是辽宁地域农耕文化信仰、生活习惯、文化内涵最直接的物质载体（图5-3-1）。

一、山水环境

（一）山

山是低山丘陵型和深山沟壑型聚落的重要因素之一，这两种类型聚落无论是选址、聚落分布还是空间形态都深深地受到山体的影响。连绵的山体是聚落的天然屏障，一般也是聚落边界，为农耕提供可种植的土地，利于生产生活，其次也是村庄安全的保障。

（二）河

1. 自然河道

河道既是聚落边界，又为聚落提供生产生活用水。山地沟壑类河流众多，多为山顶排水细小溪流汇聚形成，细小河流穿过沟壑中的聚落，为其提供生活生产用水。

2. 水库鱼塘

水库则是先民劳动智慧的体现，由于河水具有

图5-3-1 聚落构成要素（来源：王昕彤根据谷歌地球改绘）

季节性和不同的流径，某些地区河道较窄，会导致农耕以及生活用水不足，所以在河流的狭口处建造拦河坝，形成人工湖泊，用以蓄水灌溉、供生活用水以及防洪的作用，同时可以养鱼，兼有鱼塘的作用。低山丘陵类的传统聚落水库通常位于聚落与山体之间，一村最多有一个，被耕地半环绕，规模在4.5～20公顷之间；典型平原类中的水库更偏重于鱼塘的功能，规模较小，但是数量较多，通常不大于1公顷，一个村可以有多个这样的鱼塘，分布也较为灵活，或多个一同位于居民点一侧，或夹在耕地之间，或形成一排位于河流一侧方便引水；山地沟壑区域由于受地形所限，水库数量较少，多个聚落共用或一些聚落不设置水库，但规模较大，多超过20公顷，通常位于沟壑低洼处。

二、田

（一）农田

农田是农耕型聚落赖以为生的生活要素，农田位于聚落居民点外围，低山丘陵类和山地沟壑的聚落均为旱地，土质一般，该类聚落农作物集中为小麦、玉米、豆类、谷子为主的易于生长，不需大量水灌溉的主食类。典型平原区域则以水田为主，种植水稻，同时在水田中养鱼虾河蟹，形成丰富的耕地资源。农田规模200～500公顷。

（二）果林

主要分布于低山丘陵和山地沟壑两类，低山丘陵类中通常位于聚落农田外围、山坡和山峰上，由于特殊的地理环境，一些聚落在山地或丘陵之上种植果木，以丰富种植种类，增加生计。所以村域范围较大的聚落，农田的规模不一定很大，村域范围内还有较大面积的果园和林地。

（三）苇田

主要分布于典型平原类，集中于盘锦辽河入海口处，是由"盘锦湾"逐渐过渡形成，清中晚期相继有"闯关东"的山东、河北等地的人在此落户占荒、捕鱼晒盐。由于不用亲耕，一年一收，所以当时士绅地主纷纷跑马占荒。虽然苇田距离聚落较远，但还是受到苇田影响，拥有芦苇收割、编织技艺。

三、道路

（一）对外联系道路

农耕文化影响下的传统聚落对外联系道路分为两种，一种是连接内部主干路的大道，后逐渐发展为快速路或高速路等，这类一般存在于典型平原类型的聚落中，道路尺度因发展程度及等级不同，道路宽度为18～42米；另一种是主干路本身即为对外联系道路，主要为低山丘陵类和山地沟壑类聚落（图5-3-2）。

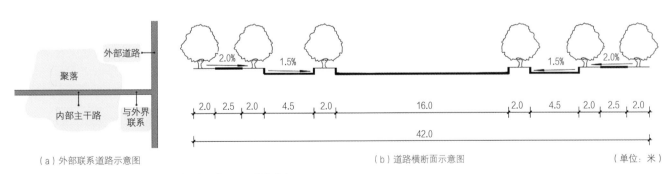

（a）外部联系道路示意图　　　　　　　　（b）道路横断面示意图　　　　　　　　（单位：米）

图5-3-2　聚落构成要素——外部联系道路示意（来源：王昕彤　绘）

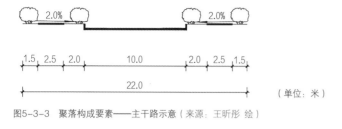

（单位：米）

图5-3-3　聚落构成要素——主干路示意（来源：王昕彤 绘）

（二）主干路

低山丘陵类和山地沟壑类聚落中的主干路即主要道路，一般只有一条，穿村而过，也同时承载与外界联系的作用，路宽4~7米。典型平原中，主干路较宽，可以达到9~10米，一般不只一条，其中较宽的一条常常成为聚落居民点的边界，其他穿过聚落，分割聚落形成一边大一边小的状态（图5-3-3）。

（三）次干路

次干路相当于街巷系统中的主要街道，一般4~6米，在聚落中连接主干路和支路，贯穿整个居民点，在道路系统中起到承接的重要作用，在居民点的街巷系统中作为主要枝干，整合整体空间。

（四）支路

支路一般2~3米，分为两种，一种是在聚落居民点中作为巷道的存在，是街道的延伸，连接各个院落进行组织排布，另一种则是在耕地中的人行小路，即耕地外围的支路更是明显的聚落边界之一。它不但方便聚落村民进行耕作劳动，还划分了聚落的耕地界限，也是控制耕地、保护山体的一种方式。

四、院落和民居

（一）院落内部要素

院落内部除主要建筑和附属建筑、旱厕、家禽饲养地、菜地等必要空间外，还有粮仓菜窖等储藏要素

图5-3-4　聚落构成要素——玉米楼子（来源：王昕彤 摄）

以及石磨等，这些要素在聚落的院落生活中具有重要地位。

1. 粮仓

粮仓一般放置于前院，一家一个，是农家秋收贮粮之器，有仓、芡囤、栈子等。仓形圆方都有，仓底皆以石头砌成高高底座，以防鼠盗，一端留有门窗，以供出入或通风透气。席芡囤如圆仓，无盖，多于室内围成。囤多用秫秸茎皮编制，宽约尺半，长至数丈。聚落中大多数粮仓是栈子，栈子因盛玉米穗，当地称玉米穗为苞米棒子，故称其栈为玉米楼。栈底四根柱脚，深深埋于地下，使其稳固。再距地面三尺以上，悬架木板为底，四周以木棍等相围，留成空隙，使所盛玉米高高在上，既可防畜禽糟踏，亦可通风透光，令其干燥、不腐。时至今日，此风仍盛。每至仲秋，户户皆有苞米楼高耸院中，黄澄澄，金灿灿，自成一道风景（图5-3-4）。

2. 菜窖

旧时储存东西全靠地窖，立冬一过，村民便开始储存过冬的副食品，主要是耐储存的蔬菜。地瓜、萝卜这

图5-3-5　聚落构成要素——石磨（来源：朴玉顺 摄）

类的根块状食品，一般不与绿叶类蔬菜共储同一菜窖，而是要有专门的菜窖。菜窖分为圆柱形竖井和方形地窖子两种。一般来讲，圆柱形竖井需要深2～3米，底部有拐进去的横井，储存的物资就放在铺满防潮沙土的横井里；而长方形或者正方形的菜窖，则不那么深，有1.5～2米就足够。也不再向里拐弯，只在底部修一个摆放蔬菜的台子，菜窖一般选在自家院落中，多为院落前院，位置不固定，靠近院内菜地一侧，方便运输。

3. 石磨

石磨，是加工粮谷、磨制豆浆的器具。石磨，依纹理分粗、细两种。细磨常用以磨制面米或豆汁；粗磨常用来磨制牲畜饲料。又有干磨、水磨、油磨之分。用磨磨制谷物，人推或畜拉行之，使磨上扇运转，下扇不动。谷米自磨眼泻入，经磨扇磨研，从边缘纷纷落下。在民间，通常一家设置一个石磨，磨与碾相配，名"青龙"神，位于正室左侧，即东方（图5-3-5）。

（二）院落类型

农耕文化影响下传统聚落院落类型按照居住用房的

围合方式可以分成单座独院、二合院、三合院和四合院。

1. 单座独院

单座独院院内要素包括主要居住用房、厕所、院门、院墙、苞米楼、柴草垛、家禽舍、牲畜棚。主要居住用房朝南向，院子一般为前后院布局，后院往往作为菜园，前院会用作生产劳作空间以及少部分种植蔬菜水果。院落面积400～600平方米，每一进前院面积在200～300平方米，后院的面积一般小于前院，主要居住用房位于院落正中或稍偏左或偏右，面积一般60平方米左右，为院内制高点，仓库主要位于院落前院或后院的角落处，面积不超过30平方米，一般高度2.5米左右，苞米楼及柴草垛一般位于前院，占地面积都在6平方米左右，苞米楼一般高2.3米左右，家禽舍和牲畜棚一般位于后院，占地面积5～10平方米，高度不超过1.7米（图5-3-6）。

2. 二合院

二合院院内要素包括主要居住用房、次要居住用房、仓房、厕所、院门、院墙、苞米楼、柴草垛、家禽舍、牲畜棚。主要居住用房朝南向，院子一般为前后院布局，后院往往作为菜园，前院会用作生产劳作空间，主要居住用房与厢房成"L"形围合前院。院落面积400～600平方米，每一进前院面积在200～300平方米，后院的面积一般小于前院，主要居住用房位于院落正中或稍偏左或偏右，面积一般60平方米左右，为院内制高点。厢房或用于次要居住用房或用于仓房，厢房山墙距主要居住用房檐墙距离约2米，面积一般为40平方米左右，厕所一般位于后院角落，面积4平方米左右，一般高度2.5米左右，苞米楼及柴草垛一般位于前院院墙边，占地面积都在6平方米左右，苞米楼一般高2.3米左右，家禽舍和牲畜棚一般位于后院，占地面积5～10平方米，高度不超过1.7米（图5-3-7）。

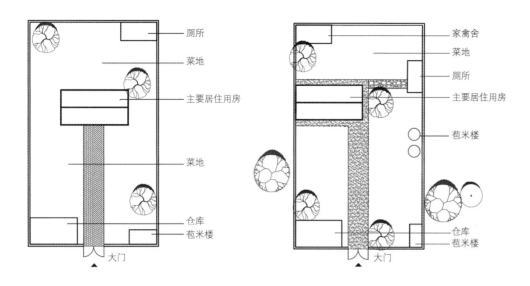

图5-3-6 典型单座独院式院落布局图（来源：本书编写组 绘）

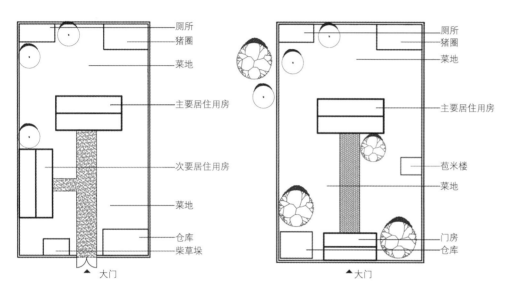

图5-3-7 典型二合院院落布局图（来源：本书编写组 绘）

3. 三合院

三合院院内要素包括主要居住用房、次要居住用房、仓房、厕所、院门、院墙、苞米楼、家禽舍、牲畜棚、碾坊、粮囤。主要居住用房朝南向，院子一般为前后院布局，前院作为主人户外活动空间以及生产劳作空间或菜地，后院作为菜园；部分前院为二进院，一般在两进厢房山墙设置腰门或腰墙，第一进院通常作为生产劳作空间，或堆放杂物或停放马车，第二进院通常作为生活户外活动空间。院落面积500～700平方米，每一进前院面积在200～300平方米，后院的面积一般为100～200平方米，主要居住用房一般位于院中央偏后或第二进院的中央，面积一般60平方米左右，为院内制高点。厢房或用于次要居住用房或用于仓房，厢房山墙距主要居住用房檐墙距离约2.2米，面积一般为40平方米左右，厕所一般位于后院角落，面积4平方米左右，一般高度2.5米左右，苞米楼及粮囤一般位于前院，占地面积都在6平方米左右，苞米楼一般高2.3米左右，家禽舍和牲畜棚一般位于后院，占地面积5～10平方米，高度不超过1.8米（图5-3-8）。

144

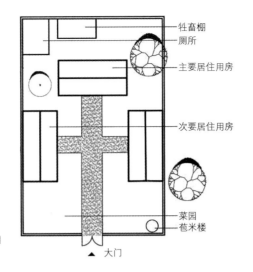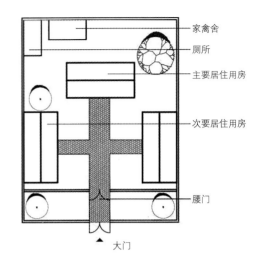

图5-3-8 典型三合院院落布局图
（来源：本书编写组 绘）

（图1标注）牲畜棚 / 厕所 / 主要居住用房 / 次要居住用房 / 菜园 / 苞米楼 / ▲ 大门

（图2标注）家禽舍 / 厕所 / 主要居住用房 / 次要居住用房 / 腰门 / ▲ 大门

4. 四合院

四合院院内要素包括主要居住用房、次要居住用房、仓库、厕所、门房、院墙、苞米楼、柴草垛、家禽舍、牲畜棚、碾坊、粮囤。主要居住用房朝南向，院子一般为前后院布局，前院作为主人户外活动空间以及生产劳作空间和花草种植区，后院作为菜地；部分前院为二进院，一般在两进厢房山墙设置腰门或腰墙，第一进院通常作为生产劳作空间，或堆放杂物或停放马车，第二进院通常作为生活户外活动空间。院落面积700~900平方米，每一进前院面积在200~300平方米，后院的面积一般为100~200平方米，主要居住用房位于院落正中或第二进院的正中偏后，面积一般60平方米左右，为院内制高点。厢房用于次要居住用房或碾坊，厢房山墙距主要居住用房檐墙距离约2.4米，面积一般为45平方米左右，仓房一般位于次要居住用房内，厕所一般位于次要居住用房或后院角落处，苞米楼及粮囤一般位于前院，占地面积都在5平方米左右，苞米楼一般高2.4米左右，家禽舍和牲畜棚一般位于后院，占地面积8~15平方米，高度不超过2.0米（图5-3-9）。

（三）民居平面形式

民居是院落的主体部分，包括正房和厢房，正房是院落最主要的建筑，一般不置于院落的显著位置，且多建于台基之上，居于院落中轴线上或者靠近中轴线附近。正房不仅决定院落的功能和规模，还影响着院落构成的形态和景观等。而辽宁农耕传统聚落院落中的厢房有别于关内等其他地区，主要体现在与正房的位置关系上，其一般布置在正房的前两侧，且与正房保持有足够的距离，故正房和厢房围合成的前院较其他地区较为开敞，这有利于确保正房南立面在冬季能充分接收太阳辐射，以提高室内温度。村民就地取材，利用当地建筑材料修建房屋，建造泥坯草房、青砖瓦房和夹用石料等材质的民居。值得一提的是，当民居侧面或背面所在的一面院墙位于丁字路口等处时，通常在院墙外放置石敢当。石敢当，又称泰山石敢当，为中国旧时宅院外或街衢巷口建筑的小石碑。因碑上刻石敢当字样，故名之。石碑碑额上有狮首、虎首等浅浮雕，或者什么花纹也没有，刻有"石敢当"，或"泰山石敢当"的字。农耕文化影响下的传统聚落民居平面主要有五种典型形式。

1."一明两暗"式

平面为矩形，一般是三开间，有一间厨房，两间卧室，每间面阔3.2米左右，进深4~6.4米，三间共40~60平方米。卧室炕多为南炕，也有少部分北炕以及南

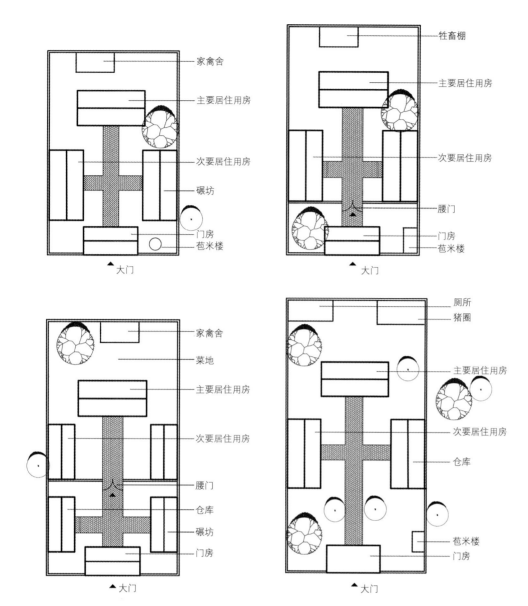

家禽舍
主要居住用房
次要居住用房
碾坊
门房
苞米楼
▲大门

牲畜棚
主要居住用房
次要居住用房
腰门
门房
苞米楼
▲大门

家禽舍
菜地
主要居住用房
次要居住用房
腰门
仓库
碾坊
门房
▲大门

厕所
猪圈
主要居住用房
次要居住用房
仓库
苞米楼
门房
▲大门

图5-3-9 典型四合院院落布局图
（来源：本书编写组 绘）

北炕，灶位于厨房紧邻卧室炕的位置，烟囱一般砌筑于山墙内或贴砌于山墙外侧（图5-3-10）。

2. 不对称式——"口袋房"

平面为矩形，一般是二至四开间，房屋偏在一边开门，每间面阔3.3米左右，进深4.5～6米，每座建筑面积为50～80平方米。多为南炕，灶放于紧邻卧室炕的位置，烟囱一般砌筑于山墙内侧或跨海烟囱（图5-3-11）。

3. "一条龙"式

平面为矩形，以厨房一间居中，卧室分列左右，形成五开间或七开间的线式组合，每间面阔3米左右，进深4.4～6.5米，三间共75～105平方米。里屋炕多为南炕（图5-3-12）。

4. 串联式——"趟子房"

平面为矩形，一般为两个两开间口袋房串联形成的四开间，或两个"一明两暗"房串联而形成的六开间，

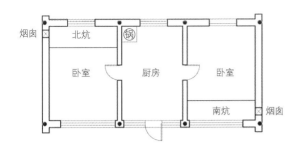

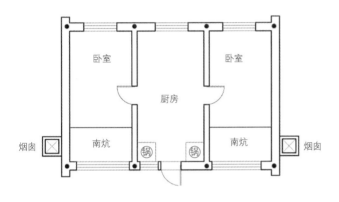

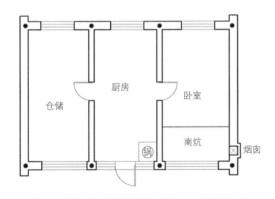

图5-3-10　典型"一明两暗"式民居平面图（来源：本书编写组 绘）

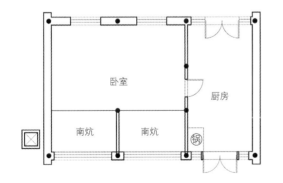

图5-3-11　典型不对称式民居"口袋房"平面图（来源：本书编写组 绘）

每间面阔3.4米左右，进深4.6～6.5米，每座建筑面积共68～105平方米。炕多为南炕，灶位于厨房靠墙处，烟囱一般贴山墙砌筑于外侧（图5-3-13）。

5. 新平面形式

平面为矩形，多为二至四开间，每间面阔3.2米左右，进深4.4～6.4米，每座建筑面积共32～64平方米。厨房设倒闸，在卧室后设置隔间，可作厨房，也可作为储藏室；炕多为南炕，也有部分北炕以及南北炕，灶多位于厨房靠墙处，也有少部分位于卧室设置的隔间处，烟囱一般砌筑于山墙内侧或贴山墙外侧或跨海烟囱（图5-3-14）。

（四）民居造型特点

农耕文化影响下的传统聚落民居外观造型可以分为两种，即坡屋顶和囤顶。

1. 立面构成

立面包括正立面、北立面和侧立面，从正立面上来看，可将民居分为屋顶、屋身、台基三部分，部分房屋没有台基。大部分坡屋顶民居屋顶、屋身、台基比例为8：10：1；大部分囤顶民居屋顶、屋身、台基比例为5：15：1。没有窗间墙的建筑窗占正面墙体面积的65%左右，有窗间墙的建筑窗占正面墙体面积的55%左右，

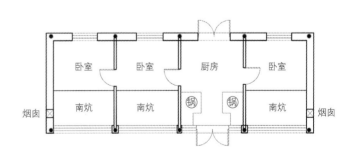

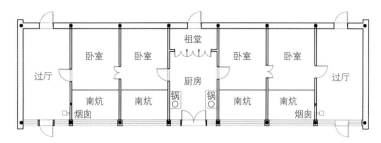

图5-3-12 典型"一条龙"式民居平面图（来源：本书编写组 绘）

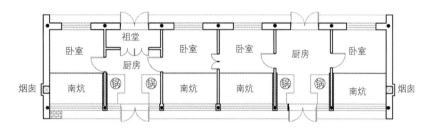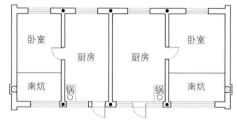

图5-3-13 典型串联式"趟子房"平面图（来源：本书编写组 绘）

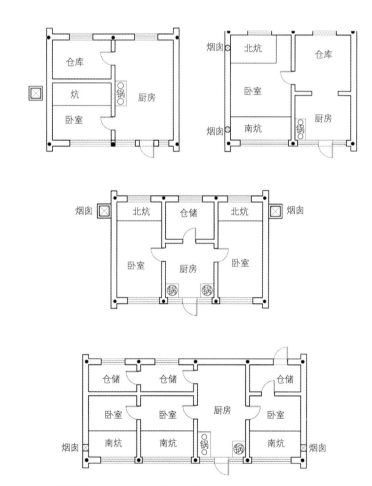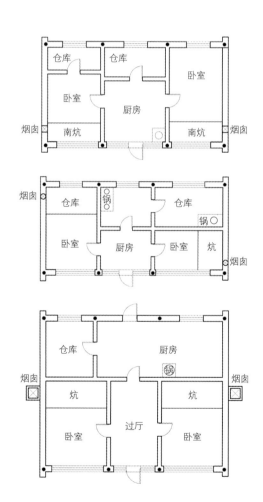

图5-3-14 新式民居平面图（来源：本书编写组 绘）

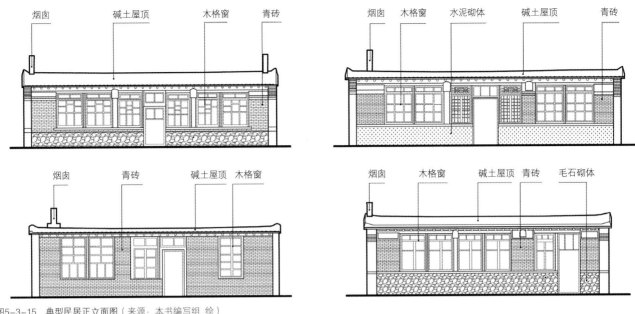

图5-3-15　典型民居正立面图（来源：本书编写组 绘）

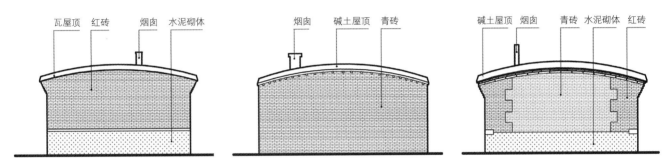

图5-3-16　典型民居侧立面示意图（来源：本书编写组 绘）

槛墙高度大部分为3/10檐柱高，一般在0.8～0.9米之间。而背立面后檐墙开窗较少或不开窗，大部分为实墙（图5-3-15）。侧立面的山墙有两种类型，一种是单一材料砌筑的山墙，一种是"五花山墙"，囤顶屋面弧度小于山墙的弧度，矢高比为1∶10（图5-3-16）。

2. 门窗格扇造型

门由亮子、门框、门扇和五金构件及其附件构成，门宽多为1.2米左右，高1.7米左右，门的宽高比为3∶5，门均为外开，有单扇和双扇。窗由亮子、窗框、窗扇组成，有固定窗、平开窗和支摘窗，木棂格图案大部分为步步锦、灯笼框、盘肠、龟背锦等纹样

（图5-3-17）。格扇常见形式有横竖型、菱花型和雕花型等，宽约0.5米，高约2米，宽高比约1∶4（图5-3-18）。

3. 烟囱

根据烟囱的位置将其分为三种主要类型，分别为独立式烟囱、附墙式烟囱和屋顶式烟囱。独立式烟囱独立于建筑之外，一般距山墙外1米左右，烟囱一般高出屋面0.6米左右，截面为方形的烟囱，从下往上逐渐收分，角度一般为10度，退台式烟囱的截面为变截面，从下往上逐节变窄；附墙式烟囱贴着正立面或背立面或侧立面外墙而砌，截面为矩形，高出屋面0.6米左右；屋顶式烟囱截面为矩形和圆形两种，高出屋面0.8米左右（图5-3-19）。

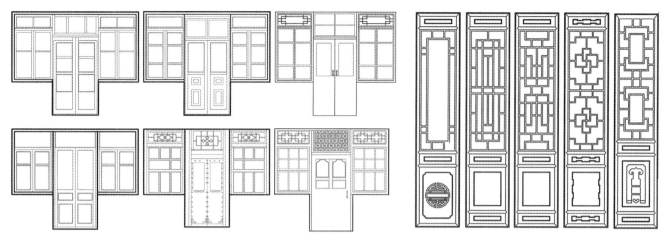

图5-3-17　门联窗样式图（来源：本书编写组 绘）　　　　　　　　图5-3-18　门样式图（来源：本书编写组 绘）

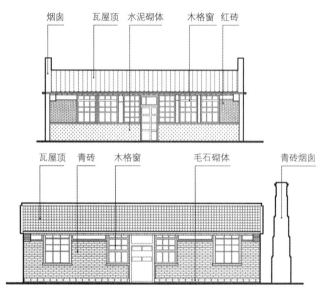

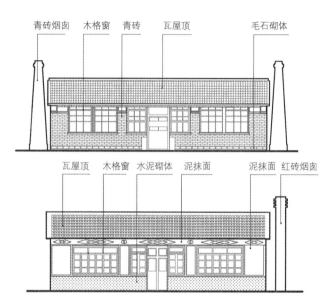

图5-3-19　烟囱与建筑关系示意图（来源：本书编写组 绘）

五、公共建筑和公共空间

（一）公共建筑

1. 庙宇和塔

辽宁地区农耕型聚落中大型寺庙较少，通常数十村，甚至一县境内，才有两三处。但是土地庙，村村皆有，较大村落往往两三座。多设在村头或路边，靠山的也有设在山上的。因其形体袖珍，高宽米余，人

称小庙儿。庙内供"土地爷爷"和"土地奶奶"。遇有旱年，村民祈雨，涝年祷晴，灾年求福，丰年酬神，为家人消灾祛病诸事，都到土地庙前行礼上香敬供。

塔除了和寺庙同时出现在聚落中外，还有些辽代开始形成的聚落中，单独建有高大的砖石塔。这些塔由朝廷兴建或是百姓集资修建，多是佛教塔，为震慑地方或以示信仰，村民在特殊节日常去祭拜。例如北镇崇寿寺双塔（图5-3-20）、康平县郝官屯镇小塔村辽塔。

图5-3-20　公共建筑——塔（来源：张佩南 摄）

图5-3-21　公共建筑——碾坊（来源：朴玉顺 摄）

图5-3-22　公共空间——村口（来源：王昕彤 摄）

2．作坊（碾坊、磨坊）

碾坊，是旧时聚落安放石碾的所在，多由村落集资修建，一村设置一处。富裕人家也有几户或独家自设的。因数户共用一碾，常常会几家撞车，日久便有了先来后到的排队俗规，俗称占碾子。其俗较为有趣，后来者往往携带扫碾的小笤帚一把，或随便一个物件儿放在碾道儿告知使碾人，便可离去，忙于其他活计。实际上，占碾子只是一种形式，如遇人家急事用碾，就可破这规矩，谁也不会计较。很少有人无故不按顺序，抢先或独占。安置的方位也很有讲究，一定要设在居处右侧，即西方，俗以为吉。磨坊，是聚落中共同进行磨面磨豆的地方，内放置石磨。因为粉尘较多，距离居民点住户较远，或设置在内部道路的交叉口处，一般与碾坊一同设置（图5-3-21）。

（二）公共空间

1．广场

作为公共活动场所的广场多是自发形成的。在低山丘陵传统聚落中，聚落的广场空间都较小或者不存在，相反，典型平原的广场就较大，在聚落中，广场通常作为村民集会、生活聚会或举行活动仪式的场所，通常位于主要街巷一侧的扩大空间或村子入口处一侧。

2．村口

村口是进入村落的第一个要素，由于安全威胁较少，聚落通常不设置外围墙，所以村口一般不设大门，一些村口设置标志物，以方便标识。通常村口道路距离主路不远，方便进出，一些较大规模的聚落还存在两个通往外界主路的出入口。村口既是与聚落外界联系的通道口，也可能兼具广场的功能：村民在此交谈，或共同做些农活以外的活计，也是与外来人打听交往之处（图5-3-22）。

3. 河岸、池塘周边

在典型平原类传统聚落中，由于没有山坡等可以进行安置祭拜的场地，土地庙、龙王庙等庙宇常常设置在河边附近，以求风调雨顺。河岸和池塘周边的空地也成为一些孩子戏要玩闹的地方，这样的空间常常以线性分布，因为临近水边，河内和池塘里也会养殖鱼类，或是因为打水方便而在周围进行农耕劳作，岸边就成为另一种丰收之处。

4. 古树及树下空间

聚落内多有古树，通常有着和聚落时间一样久远的传说故事，村民在树下空间设立小型庙宇，祭拜祖先，将古树作为精神寄托和信仰依托，古树也作为村庄的一个标志物。古树在村民心目中，早已脱离作为植物的概念，它成为乡村守护者的象征，也是乡村活力的一种证明。树下空间在不祭祀的时间也是村民休息交谈的公共空间。这个空间在村中通常只有一两处，位于村庄一侧路旁，其他的树下空间并没有作为祭祀的作用，而是休闲空间（图5-3-23）。

5. 古井

一般来讲，每村都有几眼井，依村落大小而定。水井一般都处于村的中心，这一方面是为了使大家汲水方便，照顾到不同方位的家户。另一方面由于村落的规模不断向外拓展，水井自然而然地成了村庄的中心。一眼井往往供养几代甚至十几代人生存。井还是一种亲近的标志，常言道："吃一井水长大"或"同吃一井水"，以示关系密切。井由井身、井台和井口组成。井台上方，一种侧设木架，俗称辘轳，能借以提水，省力；一种秃台无物，只有井口。后者居多。井不但是生活生产的必需品，也是村民交往嬉戏之所。在生产条件和自然资源的限制下，人们为了生存，必须进行劳动分工和相互合作。在分工协作、生产互助、共同劳动的过程中，具体实现乡村社会的用水秩序。同时，大家彼此依赖，增进了感情，加强了联系，并成为维系乡情的纽结。

图5-3-23　公共空间——树下空间（来源：朴玉顺 摄）

6. 打谷场

打谷场是一块很大的田，平时种上庄稼，等到收割之后，平整一下，当作打谷场，打场先行铺场，分满心和空心两种。满心场形如满月，空心场外圆中空。铺场多在傍晚，场面十分热闹，多数是妇女儿童，大家义务铺场。通常打谷场选址都在距离居民点200～300米处，方便安置谷垛和村民劳作。一村仅有一个，作为公用场地，也是村民夏天夜晚集体纳凉的好地方，由于场地开阔空旷而且平整，所以村民会集中到打谷场上，进行休闲娱乐活动（图5-3-24）。

7. 墓地

墓分两类：其一，杂姓聚居村，人家各自择地筑墓，凡村中坡岭荒野，无所属者，皆可为之。另选一处做墓地，所葬者或无儿无女，或早夭，或非正常死亡，如车祸、自杀、违规、犯法处死、溺死等。这些死者都属"另类"，故葬一处，俗称"乱坟岗子"或"乱葬岗子"。其二，同姓家族村，世代居住，村人同一祖先，亡后皆葬同一墓地。随着家族发展壮大，形成较大村落，家族墓地自然成为公墓，族人只需依照辈分次序安葬亡人，往往十几代人甚至几十代人安葬于一处。墓一般在聚落居民点的东向，靠山的聚落，墓大多在山坡处。

图5-3-24 公共空间——打谷场（来源：王昕彤 摄）

第四节 聚落的空间形态特点

一、低山丘陵型

（一）整体形态

整体形态与聚落所在的周边自然环境息息相关，山川、河流走势以及与聚落间的距离等都影响着聚落的整体形态。低山丘陵型的传统聚落无论是在低山与平原之间还是低山山谷之处，聚落的整体形态在竖向上都是沿山坡向平坦地区过渡，其中山脚下占地较少，多倾向于平坦地面，即山脚下的平原或低山山谷间的平坦地带，例如位于葫芦岛市南票区砂锅屯乡的双塔沟村（图5-4-1）。这些山谷平坦地带多是河流冲刷形成，虽然北方可以打井取水，但是聚落选址时仍旧以水源作为重要因素进行考虑，所以该类聚落多数有河流穿村而过，河流水具有季节性，方便农耕作业。

所以该类聚落边界形态多为顺山坡和平坦地区的走势，形成不规则的团状形态。这种形态是发散的，这是因为为保证聚落自给自足，需要保证耕地的数量和质量，所以耕地随山坡和山脚下的山形走势，形成了发散形态的聚落边界，这与夹在山体之间居民点的形态恰恰相反。居民点由于夹在山体之间，又为保证足够耕地面积，所以其边界形成顺山体走势的向心性。由于该类聚落多为三山环绕或两山一河环绕，所以其边界多倾向于三角或线性的形态，例如葫芦岛市连山区白马石乡上三角村就是线性的形态，而双塔沟村则体现为三角的形态（图5-4-2）。

图5-4-1　葫芦岛市南票区砂锅屯乡双塔沟村整体形态图（来源：王昕彤根据谷歌地球改绘）

图5-4-2　葫芦岛市连山区白马石乡上三角村整体形态图（来源：王昕彤根据谷歌地球改绘）

图5-4-3　低山丘陵型聚落天际线示意图（来源：王昕彤 绘）

（二）天际线

低山丘陵型聚落由于山形起伏，具有高差，且水源丰富，所以天际线呈现出以下特征。一是位于山谷平坦地带的聚落，通常呈现凹形，但是高差并不明显，主要是以10~20米高差为主，或有河流穿村而过，两侧山峦起伏，一些聚落还在靠近山村的山坡处建设庙宇或是石塔，于是形成良好的视线通廊，体现特殊的山水格局和特色；二是位于山体和平原之间的聚落，大多背依山丘，河水环抱，聚落部分在山脚，部分在平原，有着自然的天际线（图5-4-3）。

（三）聚落朝向

聚落整体朝向多为南向、东南和西南，值得一提的是，为保证农作物的照射时间，沿山坡向平坦地区过渡的聚落多处于山的东面，而夹在两侧低山中间平坦地带的聚落多靠近平坦地带南侧，且北山低、南山高，这是能够保证耕地与院落朝阳的最适宜方式。

居民点内的院落，沿山坡向平坦地区过渡的聚落，其聚落院落朝向较为一致，一部分聚落也受外部道路影响而更改一部分院落的朝向，但是多数仍为东南向。而夹在两侧低山中间平坦地带的聚落，受地理环境限制，则体现出建筑朝向顺应等高线布局的特征，但是低山丘陵区山谷间平坦地带面积较大，所以聚落居民点组团并不零散，朝向也集中于东南、正南和西南方向（图5-4-4）。

（四）空间肌理

1. 空间结构

低山丘陵类聚落居民点的空间结构主要以路网为依托，多为平行等高线树形结构与垂直等高线的树形结构相结合，以顺应地势。垂直等高线树形结构位于丘陵缓坡或山体的聚落，主要道路垂直于等高线，次要巷道则平行于等高线伸展，形成树枝状，组织各户交通，由于坡度较缓，并没有形成高差台地，而是顺山坡自然铺展；平行等高线树形结构则常见于围绕山体布置的位于谷地的带状聚落，主要道路平行于等高线布局，次要巷道呈鱼骨状垂直于等高线，组织各户交通，最终形成环绕山体的空间轮廓。

图5-4-4 低山丘陵型聚落朝向示意图（来源：王昕彤 绘）

该类聚落通常体现为两种结构相结合的空间组织方式，这种组织方式由于空间结构的非单一类型而具有较弱的结构性，这是由于低山丘陵地带的平缓谷地区域较大且不规则，一方面，聚落依山，与精神文化生活相关的大型公共活动通常在聚居区以外的山上进行，例如建庙拜塔、举行庙会等，聚居区内没有足以影响聚落布局空间秩序的公共建构筑物；另一方面，其居住单元即院落的同质性较高，一般以加法的形式递增，聚落偏向满足居住功能的聚居区，所以表现在聚落空间上就是无中心的、相对均值的以道路组织为主要结构方式的空间结构（图5-4-5）。

2. 建筑密度

建筑密度受多方面影响，也是体现聚落居民点空间布局是否紧凑的量化标准。由于地形限制，该类聚落处于三类中的高等密度区间，反映出低山丘陵区内部用地形态紧凑、院落大小和巷道尺度较为密集的空间特征（图5-4-6）。而聚落内部建筑密度并不平均，这是

（a）石佛村　　　　　　　　　　　（b）缸窑岭村　　　　　　　　　　　（c）八家子村

（d）上三角村　　　　　　　　　　　　　　　（e）双塔沟村

图5-4-5　低山丘陵聚落空间结构（来源：王昕彤 绘）

因为位于山谷的平坦地区呈现线性布局，平坦地区有收有放，所以平缓处建筑密度较大，坡度较大的地方建筑密度则相反；而靠近平原一侧的聚落由于一侧靠山，一侧平原，能够紧凑布局，则建筑密度较大，所以该类聚落的建筑密度中和两者而呈现上述空间特征（表5-4-1）。

低山丘陵类聚落建筑密度　　　　表5-4-1

聚落名称	石佛村	八家子村	双塔沟村	上三角村	缸窑岭村
建筑密度（%）	19.22	19.08	17.39	17.69	18.61

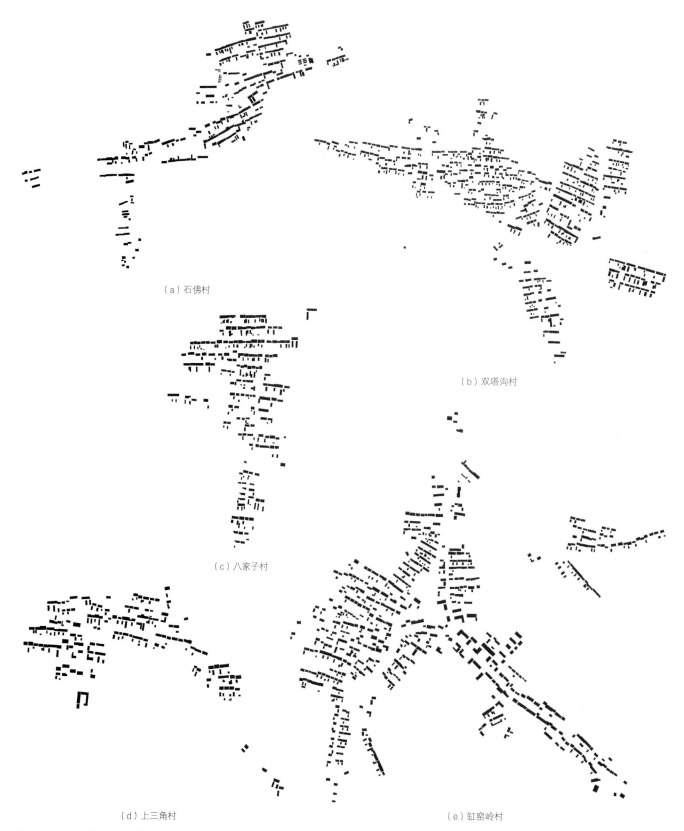

（a）石佛村

（b）双塔沟村

（c）八家子村

（d）上三角村

（e）缸窑岭村

图5-4-6　低山丘陵聚落肌理（来源：王昕彤　绘）

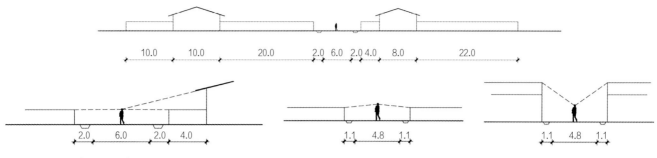

图5-4-7 街巷尺度示意图（来源：王昕彤 绘）

（单位：米）

（五）街巷格局

根据人们行走交通的需要并结合地形特征，构成了主次分明、纵横有序的村落交通空间。次要街巷沿主要街道的两侧或村落的中心地带向四周扩展延伸，至每个院落门口处，就像一棵树的枝干一样，使得聚落生活井然有序、充满活力。总体而言，低山丘陵型聚落大部分传统建筑或依山势布局，或基本保持同一方向，因此村落主干道由垂直于等高线的纵向道路、平行于等高线的横向道路所组成，或者是与建筑基本保持平行或垂直的道路组成。由于地形变化较为多样，因此其主要巷道多为曲线的带状空间，经常和排水沟或小型沟渠结合在一起。

聚落街巷尺度有着很大的地域差异，低山丘陵类农耕聚落作为典型的北方山区村落，分布较为松散，街巷数量比较少，而且沿山体走势形成的树形结构也造成了街巷长度较长。该类聚落主要街道宽度为4~7米，沿街两侧建筑多为一层平房，建筑外墙高度为3~4.5米，又因为建筑退后道路一段距离，因此街道的宽度D与建筑高度H的比值在2~2.5，所以主街给人的感觉是开敞、空旷，对于主街两侧不紧密排列的院落有着疏离感。而巷道宽度在2~3米，这是比较适宜的尺度，巷道的D/H数值在0.8~1之间，这是较为宜人的比例关系，院墙处会稍微矮些，空间既开场又闭合，给人以内聚、安定但不至于压抑的适宜人们近距离交往活动的空间（图5-4-7）。

（六）院落形态

1. 院落排布

低山丘陵型聚落树形结构的街巷空间组织方式使得"树枝"部分的院落呈现紧密叠加排布，院落与院落之间仅以围墙相隔，院落靠近道路的一侧排布齐整，都以道路为边界，但是与另一个相邻"树枝"的院落相近的一侧或是与耕地相接的一侧则参差不齐，也导致了院落尺度大小不一（图5-4-8）。这是由于低山丘陵类的聚落受地形所限，院落为保证内部平坦宜居，就要协调各处高差，而且为保证可耕地的面积足够，且院落的面积也要保证居住的基本需求条件，院落排布就较为密集，所以呈现出沿道路一侧整齐排布而另一侧相互错落的院落形态。

2. 院落边界与规模

院落边界具有多种形式，在低山丘陵型聚落中，多以石头搭建，砖石的垒砌形成院墙，院墙高度通常为1.5米左右，沿街巷一侧的院墙有着院落大门，大门2米左右。院落规模尺度并不是一致的，大小不一，长短如上文院落关系所述，是由于地形所致，而宽度则是由住户人口和经济条件所决定的，所以导致了院落规模尺度的不确定，为250~800平方米不等，但是该类院落整体尺度也受聚落规模等方面影响，院落尺度在三类农耕传统聚落中处于中等大小。

3. 院内布局

院落主要为自住，部分同时用于养殖、作坊等，少量闲置。院落空间通常呈现中轴对称布局，主屋坐北朝南，杂屋及畜舍靠两侧布置，使其形成一个隐蔽的侧院，厕所通常在院落东南角或西南角。同时，主屋与杂屋距离适宜，使用方便，也起到了住房与畜舍的隔离作用（图5-4-9）。院落大门兼顾村内道路要求，一般与正房相对，在院墙的中间，方便进出。院落空间一般由住房、厕所、粮仓等生活设施及空地构成。院落通过围墙与外界隔开，通过院大门与外界连通。进门后是前庭或过道，与庭院相通。院落中间空地狭小，四面房门都开向中间庭院。庭院会种植花草，以装饰庭院、美化环境，改善内部小气候，也成为娱乐休闲的场所，院内菜地多以较矮的树木和石块围合，形成独特的景观。一些院落的后院留有一定空间种植蔬菜等，或一些院落不设置后院，房屋后的院墙背靠道路或直接与小块耕地相连接，这种院落多布置在山脚下，切合地势。

二、典型平原型

（一）整体形态

位于辽宁中部地区的典型平原型传统聚落，整体形态受到地形平坦、耕地条件较好的自然环境影响。聚落的整体形态在竖向上并没有明显的变化，居民点相对于耕地而言通常高出1米的高差，形成中间高两侧低的竖向形态，但是整体上仍旧体现着平缓的竖向特征。例如盘锦市大洼区唐家镇白家村（图5-4-10），居民点海拔高度4米，周边耕地海拔高度3米，在选址上靠近主要道路和一个较大的池塘。

典型平原型的传统聚落由于地势平坦，可耕地面积较大，生活生产资源较丰富，聚落具有较大的延展空间，所以边界的形态多呈现出趋向于矩形的规则多边形态。居民点位于整个聚落的中心位置，周围由耕地组

图5-4-8 院落组合示意图（来源：王昕彤 绘）

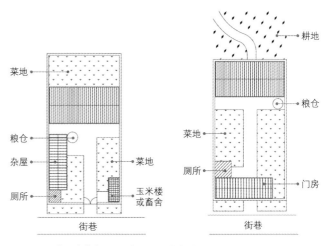

图5-4-9 典型院落布局图（来源：王昕彤 绘）

成。居民点的规模较大且集聚性较强，可以形成行列式的排布，所以多为规则矩形或多边形，极少呈现线型。在这类聚落中，道路和弯曲的河流是构成整体形态的重要因素，一些聚落在农耕作业的同时，也在距离较近的河流中打鱼摸虾，这也是聚落居民充分利用周边资源的体现。所以这些聚落的形态边界也常常由道路和河流共同构成，沿河形成流线形态，其他仍呈现具有夹角的多边形。例如田庄台镇碾房村（图5-4-11），就是一侧毗邻大辽河，呈现出靠河一侧弯曲的流线型而其他边界为锯齿形的多边形。

图5-4-10 盘锦市大洼区唐家镇白家村（来源：王昕彤根据谷歌地球改绘）

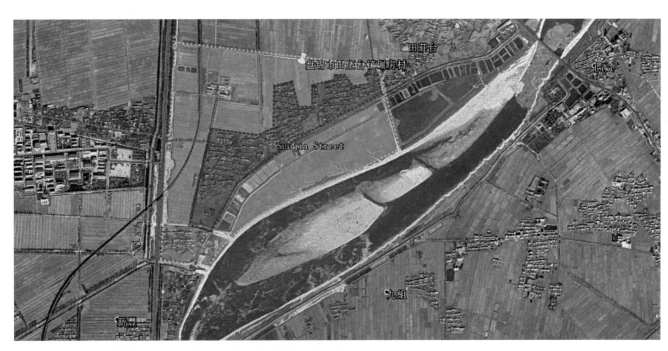

图5-4-11 典型平原型聚落整体形态——碾坊村（来源：王昕彤根据谷歌地球改绘）

（二）天际线

典型平原型聚落的天际线没有较明显的山水格局，由于地势的平坦，院落及民居的排布整齐，天际线可分为两类。一类是靠近较高级别的对外联系道路，这类聚落的天际线仅由道路、院墙和民居以及耕地构成，且都是较为平坦的每层几乎没有高差的分层关系。另一种靠近水域，天际线中多了与水之间的格局关系，但是整体仍以平坦整齐为主要特征（图5-4-12）。

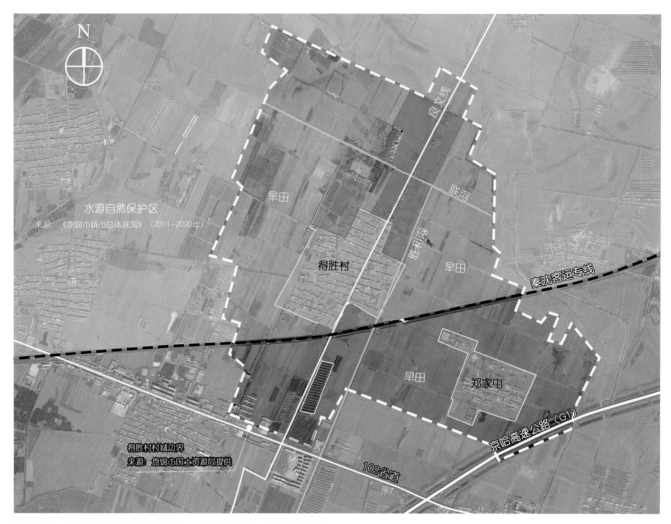

图5-4-12　典型平原类聚落天际线示意图（来源：王昕彤 绘）

图5-4-13　典型平原类聚落总平面示意图——得胜村（来源：本书编写组 编）

（三）聚落朝向

聚落整体朝向多为南向和南偏东方向，这也与平原地区无遮挡、地势平坦且道路较为平顺有关，所以在聚落朝向与院落组织上，都没有太多的限制条件，聚落朝向主要考虑采光和采暖两个问题，院落朝向与聚落朝向一致，都以朝着最适宜农作物生长以及居住适宜的南向来组织安排。

对于一些聚落朝向为南偏东方向的聚落，其朝向的影响因素则可以从较大的环境中呈现。处于辽宁中部的典型平原区是东南向的，夹在两侧丘陵和山地之间，内部河流流向与道路走向也趋于东南方向，使得区域内部一些聚落形成南偏东的整体朝向，这是传统聚落顺应环境走向，自发形成的一种朝向状态。例如盘锦市盘山县得胜镇得胜村，朝向与内部主要街道的方向一致，呈现东南向（图5-4-13）。

（四）空间肌理

1. 空间结构

基于辽宁典型平原区的自然地理条件，一马平川的地形走势使得聚落的空间结构呈现出方格网及街巷式布局。方格网的空间结构并不体现在整体形态上，而更多地侧重于内部空间结构。这种方格网结构多为一条主要街道被多条次要街道分割，形成多条垂直于主要街道的条带，这些条带再被平行于主要街道的较短的次要街道分割，以连接各个内部区域。这种组织结构也可以说是由带形结构发展而来的规则团块型结构，是大型传统聚落的典型格局。由于聚落用地比较宽松，成长方形、多边形等团块状布局，以纵横的街巷为基本骨架。内部街巷平直且多数为直角相交，主次分明，承担主要交通。聚落内部有一个或几个点状中心，如村民自治广场、水塘等，整个聚落围绕中心层层外延，形成最终的空间结构特征。

该类聚落通常体现为结构单一而具有较大的结构性，这是由于典型平原类型的平坦区域宽阔，可以形成规则的空间结构。在典型平原聚落中，广场等通常作为村民集会、生活聚会或举行活动仪式的场所，有着一定的规模，可以成为网络状结构的中心，表现在聚落空间上就是具有中心的、街巷分明的方格网状空间结构（图5-4-14）。

2. 建筑密度

建筑密度与空间布局相互影响，依托典型平原宽阔的地理条件，该类聚落处于中等密度区间，平均建筑密度在15%左右，反映了典型平原区内部用地形态疏散、院落大小和巷道尺度较大的空间特征（图5-4-15）。这也与为保证采光取暖的聚落朝向和受到限制较少的聚落规模相关。但是居民点内部建筑密度相对均等，方格网的空间结构使得建筑密度分布均匀，聚落呈现整齐划

一的空间特征（表5-4-2）。

典型平原类聚落建筑密度　　　　表5-4-2

聚落名称	上口子村	曾家村	关沙村	白家村	碾房村
建筑密度（%）	15.49	15.95	16.03	16.78	14.78

（五）街巷格局

典型平原聚落街巷如上文空间结构所述，街巷格局多体现出方格网的布局形式，这种街巷格局的特点多表现为院落形制统一、布局严整有序，街巷随院落布局整齐划一，主街次街和巷道多为十字交叉的形式。如盘锦市唐家镇白家村，在某些靠近河流和主要道路为不规则弯路的部分聚落中，同时受到可耕地等限制条件，虽然整体体现出方格网的结构特征，但是街巷则适应基地环境"随弯就弯"，从而形成一侧略不规则的网络格局；如盘锦市西安镇上口子村，这种街巷格局是由于地处辽宁中部，冬凉夏暖，有利于争取日照和通风。方格网街巷布局的聚落用地方整规则，街巷纵横平直，且多以直角相交，街巷宽度不同，分工明确。南北大街为公共交通，巷道多为东西向，是进入院落的通道，可以保证临巷的各院落皆有好的朝向。由于地广人稀，用地宽裕，街道都很宽敞，一些可达到10米以上，中间为车行，边侧为人行，主要街道为直线带状空间，与两侧排水沟结合（图5-4-16）。

聚落的街巷尺度由于方格网状的街巷组织形式，使得南北方向街道与东西方向街道长度相近。该类聚落主要街道宽度为7～12米，沿街两侧建筑为一层平房，院落外墙高度为2～2.5米，或有一定的退后空间，使得主街宽敞，且两侧有人行空间。巷道也不少于5米，整体给人以开敞空旷的感觉，也形成具有特征的交通联系及活动空间（图5-4-17）。

（a）上口子村

（b）曾家村

（c）白家村

（d）关沙村

（e）碾房村

图5-4-14　典型平原型聚落空间结构（来源：王昕彤 绘）

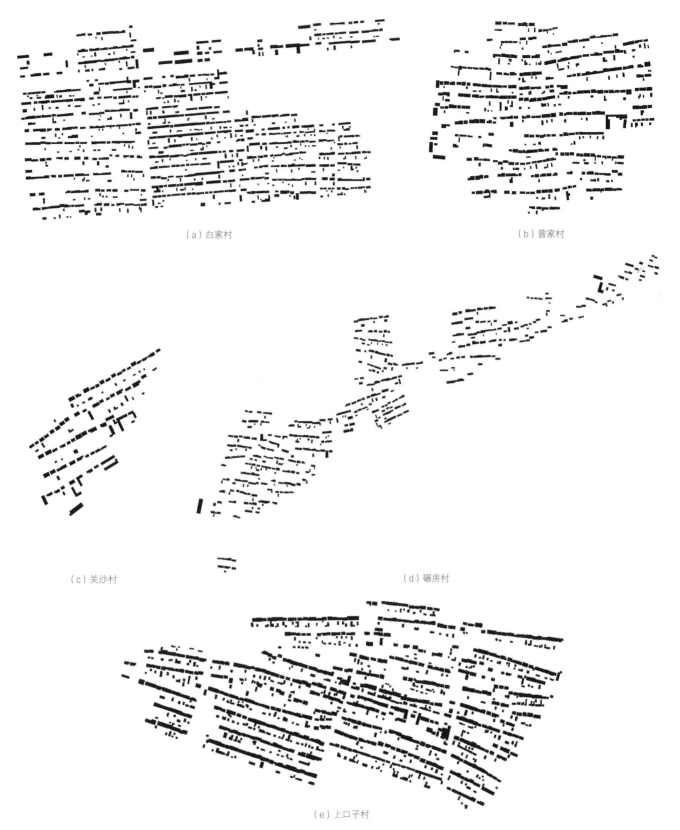

（a）白家村　　　　　　　　　　　　　　　　　（b）曾家村

（c）关沙村　　　　　　　　　　　　　　　　　（d）碾房村

（e）上口子村

图5-4-15　典型平原型聚落肌理（来源：王昕彤 绘）

（a）白家村街巷格局

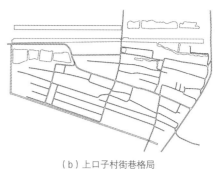

（b）上口子村街巷格局

图5-4-16　典型平原型聚落街巷关系图（来源：王昕彤 绘）

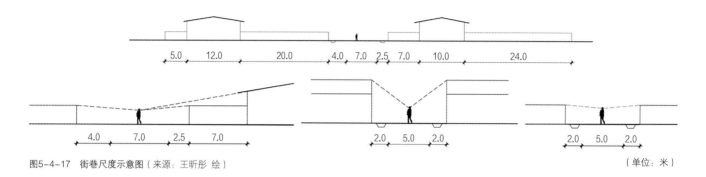

图5-4-17　街巷尺度示意图（来源：王昕彤 绘）

（单位：米）

（六）院落形态

1. 院落排布

方格网状的街巷结构具有街巷主次分明、空间层次清晰的特征，有着较为明显的从公共性向私密性过渡的特征。从主街到次街，再到巷道和院落，再到户内，空间围合由空间开放逐渐变为空间封闭，所进行的活动也相应地由公共活动转变为私密活动。不同层次的空间承载了与空间相适应的活动类型和社会关系，因而给人以不同的空间体验感受和人文生活特征。而院落作为半开放半封闭空间，是方格网状聚落空间中基本的构成单位。这种形式使得院落排布不同于其他两类，呈现出整齐均质的特征（图5-4-18）。南北街巷和东西主街以及耕地边界划分出一个个组团，组团内部相邻的院落沿东西横向整齐排列，纵向院落大小一般也体现出均质化特征，使得每排院落的宽度相似，最终呈现规则的行列式排布特征。

2. 院落边界与规模

典型平原类聚落，院落边界不拘泥于砖块等垒砌，而是运用多种方式，树枝缠绕，木条排布，形成篱笆外墙，或是以花砖堆砌，形成较为整齐的院墙。院墙高度1~1.5米，沿街巷一侧为院落大门。院落规模尺度虽然各个聚落没有统一，但是整体尺度要大于其他两类。聚落内部院落尺度基本一致，院落进深20~35米，院落的宽度则较宽，可以达到15~30米，所以院落面积约为600平方米，但一些较大的院落也可以达到1300平方米，例如盘锦市盘山县得胜镇得胜村（图5-4-19）。该类院落整体尺度主要受聚落规模等方面影响，院落尺度在三类农耕传统聚落中处于较大的规模。

3. 院内布局

该类聚落仍是以中轴对称布局，主屋朝南，两侧的杂屋和畜舍部分呈现半开放式建筑结构。由于院落较为宽敞，且土地肥沃，院内两侧布置大面积菜地，菜地与

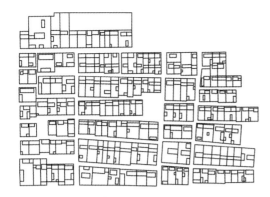

图5-4-18　院落组合示意图（来源：王昕彤 绘）

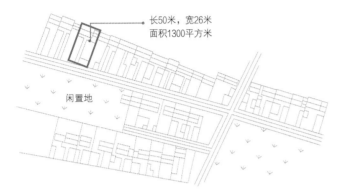

图5-4-19　院落规模示意图（来源：王昕彤 绘）

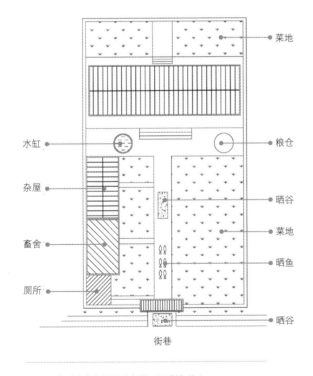

图5-4-20　典型院落布局图（来源：王昕彤 绘）

院落地面有一定高差，通常会设砖石围栏，包括后院空余空间。一般院落大门朝向主屋前方街道，很少的一部分院落大门开在侧面，一般这类院落紧靠南北非主要街道，为方便进出进行侧面开口。在该类院落中，由于土地较富裕，一些院落外墙距离道路仍有2~4米的宽度，除去排水沟的位置，剩下同样布置为菜地或种植其他果蔬。院落大门与道路之间以及大门内部通往主屋的道路空间开敞，使得此处成为小型的晒谷空间，靠近河流的一些聚落也在此处晾晒鱼干，以备冬天食用（图5-4-20）。

三、山地沟壑类

（一）整体形态

山地沟壑类农耕文化影响下的传统聚落与低山丘陵有部分相似之处，但是仍旧存在较大差别。由于山地沟壑众多、高差较大，聚落整体形态在竖向上也多形成台地的走向形式，河流在该类聚落中具有特殊的影响地位。通常聚落有两种组织方式，一种是聚落居民点位于两山沟壑之间，细小的沟渠平行于聚落居民点且位于聚落居民点之间，而较宽的河流垂直于聚落居民点整体走向，与聚落居民点形成丁字形结构；二是聚落居民点位于较宽河流的一侧，两侧山地高差更加明显，且沟壑较宽。所以在竖向上，聚落的倾斜度较大的，都以台地的方式进行坡度的跨越。但无论是哪种组织方式，该类的聚落整体都是沿沟壑向河流倾斜，沿山坡向沟壑倾斜，充分利用山地之间的平坦地面进行农耕作业。

在聚落边界上，山地沟壑的聚落边界通常可以由聚落的耕地边界确定，而由于山地条件限制，聚落耕地通常位于山脚下山坡处。这样的耕地范围使得居民点一侧的聚落整体形态外边界是由山形走势决定的，这样就呈现出外边界不规则的星形形态。而聚落与河流之间的耕地边界则更加平顺柔和，贴合着河流的边界形态，而形成曲线形态。内部的居民点则是为节约土地，保留更多

图5-4-21 丁字峪村整体形态（来源：王昕彤根据谷歌地球改绘）

图5-4-22 华严寺村整体形态（来源：王昕彤根据谷歌地球改绘）

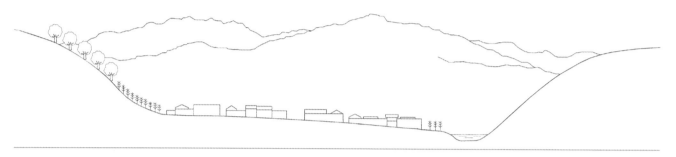

图5-4-23 山地沟壑类天际线示意图（来源：王昕彤 绘）

的耕地，则形成沿沟壑向山上延伸的线性形态。居民点的线性和耕地沿河形成的条带状使得居民点所在沟壑垂直于河流的这类聚落呈现出丁字形条带状整体形态，其一侧外轮廓平顺，其他为不规则星状形态，例如鞍山岫岩满族自治县石庙子镇丁字峪村（图5-4-21）。而另一种聚落居民点平行于河流的整体形态也由于耕地随山形走势，在一些垂直于聚落居民点的沟壑之中向内延伸，而呈现出与前一种相似的整体形态，但这种丁字形结构的耕地沟壑通常不拘于一条，所以更趋近于梳齿形形态特征，例如辽阳县八会镇华严寺村（图5-4-22）。这种形态是在受到地形限制，只能随行就势，争取生活生产用地的情况下，充分利用现有资源以及平衡高差后产生的。

（二）天际线

山地沟壑类传统聚落山地山形起伏连绵，河流也具有重要地位，聚落的天际线也就从两个视角呈现。按照上文类型划分，聚落居民点垂直于河流的一类，位于沟壑中的居民点通常曲折弯曲，且延伸较长，中间由于地形限制，偶有中断。也有少部分居民点平行于河流，耕地位于河流与居民点之间，无论横纵，都形成良好的视线通廊。另一种居民点平行于河流的这类聚落，天际线虽然没有前一种丰富，但是山水关系较为明确，通常这种聚落所靠近的河流流域较为宽阔，使得河对面的山并不妨碍聚落的山水关系（图5-4-23）。

（三）聚落朝向

山地沟壑聚落整体朝向仍以南向为主，但是多偏重东南和西南向，正南向较少，在山地中，巨大的高差和不规则的沟壑走向使得聚落并不能像典型平原一样规则布置，这样就导致了聚落并不拘泥于河流的南岸或北岸，以及

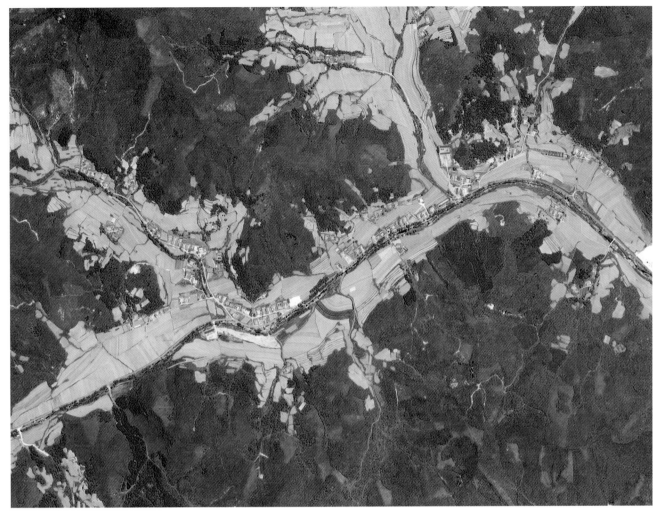

图5-4-24 山地沟壑类院落朝向示意图（来源：谷歌地球）

导致了朝向的偏角较大。不同于低山丘陵类和典型平原类聚落受到道路以及河流走向的影响，山地沟壑类聚落中沟壑东西走向或者南北走向不能确定，为了在居民点院落布置上仍旧尽可能保证采光和采暖，导致同一个居民点中一些院落平行于沟壑，一些又垂直于沟壑，整体显得较为凌乱，但整体仍是朝向南向（图5-4-24）。

（四）空间肌理

1. 空间结构

山地沟壑类空间结构也体现出位于山地之中以农耕作为主要生产方式的聚落空间特征。山地沟壑的聚落受到地形限制，多采用自由式布局，虽然整体在沟壑之中，体现出线性的整体形态，但是居民点内部民居仍旧随山就势，曲折婉转，院落随地建造，沿等高线分台形成。这些聚落或平行于或垂直于地理等高线布置在沟壑之中，山腰或山脚下。在沟壑与河流垂直的条件下，聚落也多以垂直于等高线的道路为骨架，两侧布置院落，形成高低错落的聚落景观；而在背山面水的条件下，聚落沿等高线环绕布置，部分仍向沟壑内部延伸，在山坡上开辟台地种植农作物，因为地形的变化而产生特殊的空间变化（图5-4-25）。

（a）朝阳村

（b）弯沟村

（c）北茨沟村

图5-4-25 山地沟壑型聚落空间结构（来源：王昕彤 绘）

（d）丁字峪村

（e）华严寺村

聚落用地紧张，使得聚落并没有呈现开敞的中心活动空间，但是在山地沟壑类聚落中多有大院保留到现在。这种大院通常是当地富户或乡绅自家居住建造，占地面积较大，四周建有围墙，内部设有炮台、菜窖等，体现大家族的繁荣与威严。且大院通常布置有家族祠堂，这也是当时规模不大的聚落同血缘、同姓氏居民祭祀祭祖之地，通常距离聚落有一些距离，或位于聚落居民点一端。所以在聚落整体结构上，并没有体现出公共空间集聚效应，作为居住单元的院落虽然沿主要街道两侧布置，但是高差与朝向的限制，使得院落排布零散，体现出整体的自由散列式布局。

2. 建筑密度

山地沟壑类聚落建筑密度较小，从空间结构中的居民点零散分布就可以得出。建筑密度体现了聚落空间布局的紧凑程度，山地沟壑位于三类之中的低密度区间。在沟壑内部的居民点密度呈现线性布局，院落排布相对紧凑，所以密度相对大些，但是其他位置的居民点，为保障朝向、耕地等生活生产必要条件，多自由分布，形成密度低、空间分散的特征（图5-4-26、表5-4-3）。

山地沟壑类聚落建筑密度　　　表5-4-3

聚落名称	朝阳村	丁字峪村	华严寺村	弯沟村	北茨沟村
建筑密度（％）	11.27	12.76	10.82	10.22	10.08

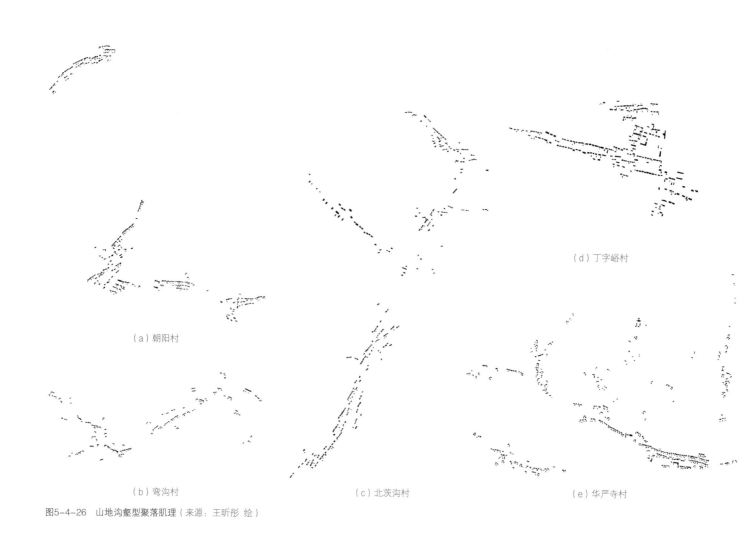

（a）朝阳村

（b）弯沟村　　　　　　　　　（c）北茨沟村　　　　　　　　　（d）丁字峪村

（e）华严寺村

图5-4-26　山地沟壑型聚落肌理（来源：王昕彤 绘）

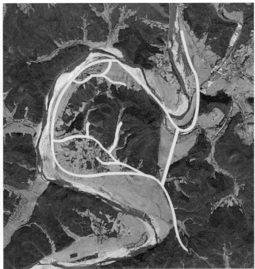

图5-4-27 山地沟壑类聚落街巷关系图（来源：王昕彤根据谷歌地球改绘）

（五）街巷格局

山地沟壑类街巷格局具有较强的线性特征，可总结为较窄的树状结构以及树状结构的衍生格局（图5-4-27）。树状街巷格局是位于山间沟壑传统聚落的总体特征，虽然在居民点的走向相对于等高线的位置上有所不同，但都体现着这一特征。聚落主要街道通常只有一条，构成居民点的线性结构，当这条主要街道平行于等高线时，从主干道向山上沟壑内延伸的树枝状次要街道就较短，且数目较多，即形成多条垂直于等高线的较短的枝条。这种街巷格局的主要街道通常与较宽的河流形成平行的线性空间，且街道长而弯曲，例如北茨沟村。当居民点线性走向垂直于等高线时，树干部分仍为平行于等高线的一条街道，但是作为主要居民点内部街道的"树枝"却比较长，甚至超过聚落内部"树干"的长度，例如丁字峪村。而另一种树枝状的衍生结构则是两侧一些相邻的枝条沿等高线连接，形成环状街巷，例如弯沟村。这些聚落所在的沟壑处通常较宽，坡度稍缓，所以可以安置两条街巷。同时街巷之间布置耕地，也组织更多的生产用地。一些地区，河流有急弯，等高线弯曲弧度较大，这种街巷结构则继续衍化，形成不规则的网状街巷结构，例如朝阳村。这种聚落规模相对较大，或多个聚集，方便交通且地形合适的条件下，位于急弯两侧的聚落用街巷相连接，这也是树状结构的一种依据地形变化而变化的方式。

山地沟壑类传统聚落的街巷层次并不与其他两类相同，分为主街—次街—巷的层次结构，而是只有主街—巷的两个层级，这也是由于山地条件限制，聚落可建设用地少，又要尽可能保留更多的可耕地，所以一些聚落院落甚至直接连接与外部连接的道路，使得聚落规模小且街巷层次少。但是由于一些主街即为与外部联通的道路，所以长度较长，可以达到2~3公里，而作为"枝条"的巷长度则依据沟壑的长度呈现较短，多为几百米，甚至于几十米的尺度。而该类聚落街巷主要宽度相对于其他两类也较低，主街一般为6~7米，而巷则更窄，为2.5~4.5米，但是由于位于主街两侧的院落为保证一定的私密空间，所以院墙相对靠后，使得主街对于院落有着相对的缓冲空间，进而产生一定的疏离感。而内部的巷只是为了内部行走，为节约土地，所以显得更加私密闭合（图5-4-28）。

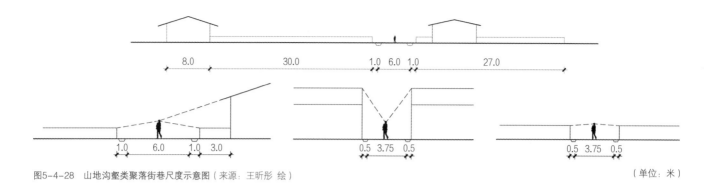

图5-4-28　山地沟壑类聚落街巷尺度示意图（来源：王昕彤 绘）

（单位：米）

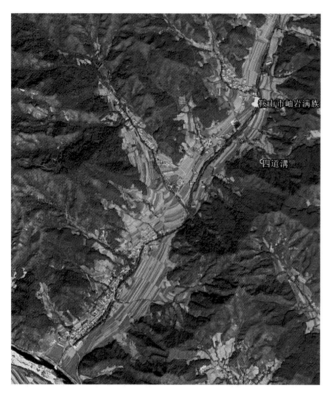

图5-4-29　山地沟壑类聚落院落组合示意图（来源：王昕彤 绘）

（六）院落形态

1. 院落排布

在空间结构中，已经提到了该类聚落院落排布的特殊性，虽然整体是具有一定的线性结构的，但是内部院落排布仍旧体现着自由零散的排布方式。在主要街道两侧的院落，排布相对规矩，院落呈现并不是非常紧密的叠加排布方式，多数为沿道路并联，偶有垂直于等高线串联的情况。根据等高线和主街走向使得院落大小不尽相同。而在地势较复杂区域，院落的排布则零散且不规则，无论是朝向还是排布方式，都不拘泥于一种，多种方式结合使得其呈现出错落的聚落景观。这些院落零散分布，一些院落与院落之间穿插小片耕地，或者几个院落并联，形成一组，大小不一致，也有院落串联，这是为了顺应地形的同时保证院落朝南（图5-4-29）。

2. 院落边界与规模

该类聚落院落边界具有多种形式，多为就地取材，用石块堆垒，用屋瓦堆砌，形成外院墙，或石块与砖石共同砌成院落外墙。院墙高度相对较矮，多为1米左右，聚落内部小片耕地也有着石块堆叠形成的外边界。院落的规模尺度不等，作为某个姓氏的大院，其至可以达到4000平方米，但是作为普通居民的正常生产生活的院落，多为200～500平方米，院落规模相对较小。

3. 院内布局

山地沟壑类聚落院落排布有着较为特殊的一个特征，由于院落外部有耕地穿插，所以一些院落的对面仍有部分闲置地，一般用于种植农作物、蔬菜或玉米等，一些人家会将作为粮食贮藏的粮仓即玉米楼放置在院落对面的道路另一侧，这也是该类聚落较为特殊的布置方式。而院落内部较为特殊的布局则是原本位于院落侧面的杂屋，在该类聚落中多布置在主屋的一侧，偶有杂屋布置在院落一侧，这是由于山地坡度较大，沿等高线建筑方便建设，杂物位于院落一侧的聚落多是处于较缓的山脚沟壑内。而上文也提到院落外墙与主路通常有着较宽的距离，这部分多作为贮藏空间，放置木柴、牛粪等烧火材料，或种植农作物。院落对面有细小河流的聚落中，多在河流靠院落一侧种植树木，形成树下休憩空间。这样的安排，使得院落虽然规模不大，但是仍旧保证聚落具有所需要的全部生活生产功能（图5-4-30）。

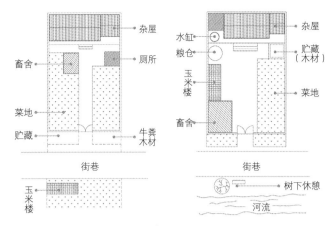

图5-4-30　山地沟壑类聚落典型院落布局图（来源：王昕彤 绘）

第五节　代表性聚落举例

一、北镇市富屯街道石佛村

（一）区位、自然环境

石佛村位于医巫闾山东部，山体海拔在50～500米之间，村域内部分地区坡度较陡，村落所在地区坡度较小，海拔较低。属中温带半湿润大陆性季风气候、四季分明、雨量充沛，年降水量达604.8毫米，平均气温8.2摄氏度，全年无霜期154～164天。山上植被茂密，生态环境较好，村域内的河流为季节性河流。村庄依山而建，河流穿村而过，是典型的低山丘陵聚落（图5-5-1、图5-5-2）。

图5-5-1　石佛村航拍图（来源：王昕彤 摄）

（二）历史沿革

石佛村历史可以追溯到清代，迫于日趋沉重的生活压力和连年不断的自然灾荒，越来越多的山东和直隶等省农民私越长城走辽西，于是少量东北满族以及由河北、山东等地逃荒而来的汉人在此聚居，形成此时村落格局的雏形。20世纪50～70年代，从河北、山东等地逃荒而来的汉人逐渐增多，村落有了较大的扩展，村落格局基本确定，这段时期是村落迅速发展的时期。1980年以后，村落格局基本没有发生变化。

（三）特点

石佛村的选址位于海拔相对较低、地势较为平坦的山谷地区，山水格局对聚落选址影响非常明显。聚落居民点相对集中，位于山谷，由于农耕与耕地不可分割

图5-5-2　石佛村鸟瞰图

的联系，选址上就侧重选择坡度较缓、海拔较低的向阳开敞位置，方便进行农耕作业，且由于北方地区较为干旱，水源就是影响聚落分布的重要因素，所以选址上也考虑了择水而居，居民点分布于河流两侧的特征明显。由于低山丘陵的地势因素，聚落随山形沿等高线分布，内部主要道路垂直于等高线。

石佛村西侧就是医巫闾山，医巫闾山是东北名山之首，五大镇山之一，具有4000年的文化沉淀，也是孕育低山丘陵聚落的良好自然环境。石佛村河流穿村而过，且有水库。石佛村山水格局特点鲜明，村域内沟渠密布，宽窄长短不一，道路与沟渠相伴，相交处设置石桥，所以村域内石桥数量也很可观。自然形成的山水环境对于村落的格局形成了重要的影响，深刻反映了自然地理环境对于传统村落的影响，同时也记载了人类利用自然和改造自然的足迹。

石佛村耕地粮食作物以小麦、玉米、豆类、谷子为主，多数在平原地带，而葡萄树和梨树种植有一定规模。村庄村域面积26.9平方公里，村庄的占地面积1800亩，其他为耕地和林地。广场位于石佛村两条道路相交处的一侧，规模较小。现有古井6口，石磨1处，已弃置不用，石敢当1处，古树4棵（图5-5-3）。多数位于路旁，也收藏有纺车、木犁杖、棒槌、压地碌碡子等生产器具。其中，石敢当是辽宁地区信仰石神的表现。农家多在民居的外围墙上镶嵌一块大石头，上面刻着石敢当、泰山石敢当或衡山石敢当等字样。

在祭祀方面，石佛村居民有汉族，有满族，汉族平民人家，家神之位，或以宗谱，或用木牌代主，俗称"木主"。装木龛内，俗称祖宗牌或祖宗龛儿。更贫寒之家，则用秫秸制作祖宗龛，供室内墙上。

整体形态上，石佛村村域面积较大，周边自然环境丰富，由于其位于医巫闾山东麓，所以村域范围包含低山丘陵的山地、山谷平坦地区和一部分山脚下的平原地带，是典型的低山丘陵类的农耕文化影响的传统聚落。

整体形态随山形走势呈现发散的形态，从西部山坡向东南部平原延展。整体村域的边界并没有明确的物质界限，都是由山、河、耕地组成。因为山作为边界，通常会顺等高线和垂直于等高线来划分边界线，所以边界往往并不平滑，而是多锯齿而体现为发散的整体形态。河流在石佛村并没有形成村域的界限，而是作为一部分居民点的轴线、另一部分居民点的外缘，但是河流另一侧的耕地界限基本与河流平行，形成了比其他部分稍显平滑的曲线。聚落整体规模在该类中属于较大规模，但是主要聚落的居民点和耕地占地并不很大，仍是三类中适中的状态。

石佛村依山而建，河流部分穿村而过，部分环抱村庄，村庄沿山形走势，沿等高线分布，由山谷向平原倾斜的形态明显。在天际线中体现出依山傍水的同时，保证村落朝阳的需求。聚落整体朝向为南向，但是院落由于顺应地势，李屯的主要道路以及河流都是西北至东南方向，庙广沟西侧道路及河流偏向东南而东侧偏向东北，所以李屯和庙广沟的东侧院落朝向为西南向，石佛和庙广沟的西侧院落为东南向。院落的朝向虽然不一致，但是整体的朝向都因为要保证充足的日照光而向南。

石佛村空间格局受自然地理环境影响主要分为三个部分，即北部李屯、中部庙广沟和南部石佛，北部两个村落主要呈线性分布的特点。李屯被村落主要河流穿过，村落沿河线性延伸，平坦地区略有扩展，村域内沟渠较多，又把其分割成若干部分。庙广沟呈典型线性分布，被地形分成前后两段，向两侧扩展很少。而石佛是平行等高线树形结构与垂直等高线的树形结构相结合的空间结构，也是线面结合的方式，面域地区是村落主体，是垂直于等高线的树状结构，有着沿山沟和河流作线性延伸的部分则是平行于等高线的树状结构。建筑密度方面，石佛村的建筑密度并不是很大，但是不意味着浪费土地，因为丘陵地带山谷平坦处大小不

（a）石佛村古树

（b）石佛村古井

（c）石佛村磨盘

（d）石佛村石敢当

图5-5-3　石佛村聚落要素（来源：王昕彤 摄）

一，所以部分山谷的建筑密度相对较小，例如李屯和庙广沟，而沿山坡向平原延展的石佛则拥有较大的建筑密度，也是靠近平原能够紧凑布局的关系（图5-5-4、表5-5-1）。

石佛村的街巷格局是自然生长的，是在一定自然环境和社会发展条件下，根据地形和用地情况，受人们日常生产生活的深刻影响，随着时间的推移，经过长期的自组发展演变而形成的。街巷结构主次分明，有着明显的从公共性向私密性逐步过渡的过程。在街巷布局中，主要是以院落直接沿街布置，前院后住，少部分则是内街小巷院落，呈现梳式布局，以支巷组织院落，所以空间组织上体现为"主街—次街—院落"和"主街—次街—巷道—院落"的模式。整体上，石佛村的街巷形态仍是树枝形的平面格局，以两条主要街道作为主体"骨架"，两侧次街或巷道呈现树枝状向外延展。村落用地沿街巷两旁布置并向内填充发展成片，从而形成了

位置	长度（米）	宽度（米）	D/H
李屯	700	3～6	1～2
庙广沟	1800	2～4	0.6～1.3
石佛	2000	4～7	1.3～2.3
合计	4500		

图5-5-4　石佛村平面形态示意图（来源：王昕彤 绘）

层次分明和脉络清晰的树状街巷格局，其最大优点在于其高度的灵活多变性能很好地适应复杂的地形环境，达到街巷格局与自然环境相互融合、协调的状态。

　　石佛村院落根据街巷组织形式，形成叠加并联的院落拼接方式（图5-5-5）。并联拼接是指居民院落沿街巷伸展的方向平行布置，形成东西横向长、南北纵向短的街坊形式，院落左右相接沿街巷延伸方向平行布置，拼接数量由东西向街巷延展长度决定，院门开在南侧院墙。院落内部布局通常有一合院、二合院和三合院的形式。一合院布局简单，仅由正房和围墙围合而成，正房

图5-5-5　石佛村院落组合示意图（来源：王昕彤 绘）

坐北朝南，呈"一"字形；二合院则是多出一侧厢房，厢房在正房前左侧或前右侧，正房与厢房呈"L"形，另一侧布置家禽饲养处和粮仓等；三合院则是有两侧厢房，距离较远，多余空地布置粮仓等。

二、盘锦市大洼区姚家村

（一）区位、自然环境

姚家村位于盘锦市大洼区西南部，地势平坦，海拔2～5米。村域内有中华路由北向南穿过，地理位置优越，位于大辽河及辽河下游的入海口、辽东湾的东北岸，属于温带亚湿润区大陆性季风气候，光照充足，四季分明，雨量充沛，无霜期长，年平均降水量645毫米，多集中在七、八月份，无霜期175天左右。该聚落以前主要以种植高粱为主，目前发展了水田，是具有典型特征的典型平原类聚落（图5-5-6）。

（二）历史沿革

姚家村历史可以追溯到明代有人类居住遗迹的时候。真正形成村落是在清代乾隆年间，由山东渔民姚姓一家来此定居，并使之得名，随之又有山东移民陆续由附近迁移到此处，这也体现了典型平原传统聚落杂姓聚居的主要特征。后聚落逐渐发展，人口增多，形成现有聚落格局。

图5-5-6 姚家村航拍图（来源：张续坤、王昕彤 摄）

（三）特点

姚家村选址位于地势平坦、靠近干路的可耕地数目较大的近海平原。此处耕地多为盐碱地，一块一块地零散分布而非毗连成片的可耕地分布在高出周围地表的坨子地上，使得聚落在此地进行选址。姚家村位于向海大道西侧，是一条从内陆向海岸延伸的一条主要道路，曾用于铁路运输，后废弃改造为主要干路，由于距离海岸较近，雨水丰沛，四周围绕着沟渠和小型河流，内部设有水塘，聚落内部也设有水井，获取生产生活用水。耕地主要分布于聚落北侧和聚落南侧，东西以水系相隔。而目前姚家村村域面积25公顷，其中耕地面积占土地面积的75%，大部分耕地以水稻种植为主，由于临近辽河入海口和渤海，土地肥沃，亩产量较高，村域内还有部分大棚。

姚家村聚落中在村子入口处北侧空地处布置有打谷场，用以晒谷和打草席，聚落内部有多个水井，一些为村民自建，在院落中挖井自用，一些由村民共同使用，一般位于巷道中央一侧，方便取水（图5-5-7）。聚落中心大榆树和树下空间也是村民休闲的一个节点。聚落中由于杂姓聚居，是由大部分无亲缘关系的多姓家族结成的聚落，聚落中较少家族势力的宗派性，大部分的墓地位于居民点一角，但是较大的家族有着自家的坟地位置，所以聚落整体上体现着地缘性聚落的特征，保留着"血缘聚落"的痕迹，一姓或两姓构成一个聚落单元。

姚家村整体形态上，村域面积并不算非常大，与周边几个聚落相邻较近，也导致其规模一般。由于地势平坦，地理条件优越，居民点的集聚性较强，可以形成行列式的排布，所以虽然沿主要道路形成居民点及耕地，但是仍旧形成团块状的整体形态。整体形态呈现为不完整的矩形，北侧避开另一聚落凹进去部分，为保证耕地，跨越道路增加部分耕地面积，总的呈现为不规则矩形边界形态（图5-5-8）。

（a）院落外环境

（b）水井

图5-5-7　姚家村内部环境（来源：王昕彤 摄）

姚家村处于平原地区无遮挡处，内部道路平顺无急弯，所以在朝向和院落组织上，没有其他限制条件，主要还是考虑通风以及冬日采暖，整体朝向为正南和西南向，院落朝向与聚落朝向一致，所以都以最适宜农作物生长以及居住适宜的南向为聚落朝向。而在规模上，由最初的几户人家，逐渐发展为20世纪60年代的几十户人家，然而规模上却仍旧有着一定的保证，这是由于在生产力低下、人工采暖不普遍的古代社会，为避免遮挡冬日阳光，房屋间距较大，所以相对的居民点的建筑密度相对较小且均等化。

姚家村的空间格局方面，平坦的地形走势使得聚落空间呈现方格网的空间布局，东西走向中心道路与南

图5-5-8　姚家村整体形态图（来源：王昕彤根据谷歌地球改绘）

图5-5-9　姚家村街巷关系图（来源：王昕彤根据谷歌地球改绘）

北走向道路形成类对称结构，将聚落分成四个空间，再由纵横几条道路，连接各个内部区域，体现着典型平原类农耕文化影响下传统聚落的空间格局。这样的空间格局也是最开始沿东西向主要道路形成带型聚落，再向两侧扩展，形成团块状聚落。聚落内部有几处较大的广场以及景观空地，形成姚家村的中心以及副中心，基本散布在每一个被划分的居民点组团内和村口处。整个聚落具有较强的中心集聚性，与耕地等生产基地配套建置在一起，呈现出一定的功能分区和向心式格局，这样的聚落是封闭而内向的，这也体现出农耕文化所影响而体现出的空间分布的均质性和同构性。

姚家村的街巷格局具有较强的典型性，符合典型平原类传统聚落中的院落形制统一、布局严整有序，街巷随院落布局整齐划一的特征，姚家村都能在街巷结构中体现出来（图5-5-9）。主次街街巷纵横平直，以十字交叉，直角相交的形式进行连接，街巷宽度主次分明，中央十字街道为主要街道，其他东西向及一条南北向街道为巷道。街道宽敞，主街为8～15米，巷道5～7米。平行于主街的巷道长度与主街相似，延展长度总和也与主街相近，使得姚家村整体形态颇为方正，道路宽敞适宜。

根据街巷组织，院落自然而然形成叠加并联的拼接方式（图5-5-10）。值得一提的是，不同于低山丘陵

（a）院前晒谷　　　　　　　　　　　　　　　（b）院落布局

图5-5-10　姚家村院落（来源：王昕彤 摄）

的院落东西横向长、南北纵向短的街坊形式，虽然建筑密度不高，但是典型平原聚落院落东西横向较宽，使得房屋排布并不拥挤，达到两个方向程度相近的状态。院落拼接的连续性不高，常被道路阻隔，也是因为地形不受较多限制，可以开辟更多方便的互通有无的巷道。院落内部多为一合院和二合院的形式，但二合院内厢房一般用于仓房，院落较大，所以内部有更多的空间布置菜地。院落主屋位于中后方，一些院落后院空间与前院空间甚至相近，作为粮仓等贮藏空间的布置。

三、鞍山市海城市析木镇上林村

（一）区位、自然环境

上林村位于海城市历史文化名镇——析木镇，是一座风景秀丽的山区古城。山区及丘陵地带绝大部分海拔高度在60～500米之间，气候温和，年平均气温10.4℃，降雨量721.3毫米，处于暖温带季风气候区。四季分明，雨量充沛。山上植被较多，村域内河流水量丰沛，村庄位于山间沟壑，是典型的山地沟壑聚落（图5-5-11、图5-5-12）。

（二）历史沿革

上林村历史从清朝开始，从前清时期就有先民居住，随着清朝关内移民的不断迁入，上林村也逐渐发展为现有规模。

（三）特点

上林村位于相对于山地海拔较低、地势平坦的河谷冲击沟壑和两山之间狭窄盆地。上林村内部包含多个居民点，山水关系对其影响较大。聚落靠近山脚下，较为优质的耕地位于垂直于居民点走向的沟壑内部，由山脚下向山脚上形成钉子形态，另一部分的耕地位于居民点之外靠近河流的部分，就近取水，方便进行农耕作业，所以选址上聚落考虑了耕地面积、水源丰沛的综合因素。虽然聚落处于河流以及山形走势较为复杂的地方，但是仍旧合理安排，顺势而居。上林村周边山势连绵起伏，内部河流穿村而过，山水格局特点鲜明。

聚落内部耕地主要种植玉米、小麦和蔬菜等作物，在沟壑内部的耕地形成台地，一层层铺设在山脚下，种植梨、苹果、枣子等果树。村子内并没有设置广场等公共活动空间，而是利用树下及沟渠岸边的位置进行休闲活动。

图5-5-11　上林村航拍图（来源：张续坤、王昕彤 摄）

图5-5-12　上林村鸟瞰图

图5-5-13　田边土地庙（来源：王昕彤 摄）

图5-5-14　上林村整体形态图（来源：王昕彤根据谷歌地球改绘）

在聚落信仰方面，多设立土地庙。但是不同于低山丘陵类聚落，该类聚落的土地庙有些设置在聚落主要街道的入口处一侧，或位于某院落内部。上林村就有一座土地庙位于聚落入口处，靠近道路一侧的耕地上。形体袖珍，高宽只有2米左右，庙内供"土地爷爷"和"土地奶奶"等（图5-5-13）。

上林村在整体形态上具有山地沟壑类传统聚落的典型特征，上文中叙述了在空间上山地沟壑类具有两种组织方式，而上林村则主要是其中一种。在靠近河流的主要道路两侧形成了线型聚落形态，靠近河流一侧耕地边界平滑，靠近山体一侧顺着沟壑延伸进入山体的耕地，所以使得这部分的聚落呈现不规则的梳齿形形态。而另一部分聚落居民点则沿山间沟壑向内部延伸，居民点集中于道路一侧，耕地位于居民点对面，同样顺山行走势利用沟壑较平坦处向山上延伸，形成丁字形形态。所以整体在山体以及河流的地形影响下，最终形成自西南向东北方向散开的"Y"形形态，这是由于丰富多变的自然地貌影响了聚落自然生长的形态以及为了节约更多耕地而形成的发散形态（图5-5-14）。

随之上林村的天际线就呈现出多种复杂的高差变化，沟壑内部曲折蜿蜒，形成了横向纵向良好的视觉通廊以及饱满的山水关系。上林村聚落规模较小，具有典型山地沟壑聚落的规模。聚落整体朝向为南向，但是由于东侧深入沟壑的这部分聚落有着很大的地理条件限制，所以这部分居民点院落朝向不一致，多数院落为东南向，其中一些院落只能达到东南向45度夹角，偶有西南向的院落平行于道路排布。虽然院落朝向在整体看来较为零散，没有一致，但是仍然可以保证充足的日照采光以及冬日采暖。

上林村空间布局仍旧是随山就势，大范围的线性特征与内部的零散变化相结合。居民点内部建筑密度小，院落排布多有耕地穿插其中，使得其并不显得紧凑。整体聚落的街巷组织是上文所述的树枝状街巷布局，是典型的平行于等高线随河流形态走势而形成的直线树状结构（图5-5-15），枝条部分的院落只有几个，所以巷道很短，而主要街道要连接其他聚落，所以很长。街巷层次上，只有主要街道—巷道两个层级，主要街道尺度上，宽度为6米，内部巷道为3.5米，位于主街的院落会退后3米左右，形成部分缓冲空间。

上林院落排布体现该类聚落的典型特征，在线形空间上院落，排列以叠加的方式，由于地形地势较为复杂，院落排布则零散不规则，组合方式也并联和散列相

图5-5-15 上林村街巷关系图（来源：王昕彤根据谷歌地球改绘）

图5-5-16 上林村传统民居外观（来源：朴玉顺 摄）

结合，一些沿等高线并联布置而另一些垂直于等高线串联布置。

民居烟囱具有较强的特征（图5-5-16），院墙就地取材，用石块堆叠，上覆砖石再盖屋瓦，形成多层丰富坚固的院落外墙，一些院落也会在石块上安插树枝扎成的栅栏。院落尺度不均等，250～500平方米不等，沿沟壑走向的院落可以明显体现出该类院落布局的空间特征。由于居民点只沿道路一侧布置，使得道路对面耕地处可以安置粮仓等贮藏空间。院落内部很少存在侧面的杂屋，多于主屋一侧公共布置。

第一节　明代辽东军事防御体系的形成

明代辽宁地区处于蒙古人和女真人的频繁袭扰之下，因此同明代的北部边疆一样，明廷在辽宁境内兴建驻军城池，营造烽燧、边墙，构成了明代九边防御体系之首的辽东镇。明代在辽宁地区经过近300年的建设，兴建各种类型、各种等级的军事防御聚落总计可达一百六十处。明清王朝更替，辽宁地区不再为边防之地，随着近代工业与交通的引入，辽宁地区的城市乡村建设也经历了巨大的变化。然而，明代在辽宁地区进行的系统性建设，融入了后世辽宁城市和乡村聚落的发展中，其中高等级的军事聚落在清代继续成为地区治理和统治的重要城池，并奠定了近代以来辽宁地区的城市格局；低等级的军事聚落，虽然在清代因军事功能丧失而多数荒弃，然而在清末到民国的移民潮下，再次被利用作为定居之所，成为辽宁地区一类重要的乡村聚落形态。

梳理明代辽东镇军事防御体系的发展与构成，是理解其历史价值的必要途径。总体来说，辽东镇的军事聚落体系的建立，是在适应内外双重条件下而建立发展起来的。对外，不同时期需要重点防御蒙古人或者女真人的侵扰；对内，需要适应明初建立的军政制度与终明一代不断更替的军事指挥制度。

明代《全辽志·山川志》有载："天下名山大川风气之所含，聚而生齿之繁，鲜贤哲之隐，见恒于兹焉，系之其在边徼，据要害之会，以制驭荒服形势格禁之道，尤多藉焉，按辽境内山以医巫闾为灵秀之最，而千山次之，最东则为东山，重峦叠嶂，盘亘七八百里……"。

辽东之地自古以来一直是一块风水宝地，然而，因处于华夏汉地的边缘，民族种群边界和文化风俗交界，又成了历朝历代的兵家必争之地，易攻难守，自明代就概括辽东形势为"负山阻海，地险而要"。

从制度原则上来讲，以最高军政等级的镇城为核心，其周边防区最多可以设置前、后、左、右、中五路屯兵统领的路城，路城周边防区最多可以设置前、后、左、右、中五卫城，卫城又可以下辖前、后、左、右、中五千户所城，每个所城再向下可以设置十个百户所。这是最完满的建置形式，但是在实际情况中并没有做到每路、每卫、每所都对应一座独立的城，只是符合较低一级聚落围绕较高一级聚落发散分布的拓扑关系空间结构。

一、逐渐形成的明代前期

明朝对元朝完成了改朝换代的历史性功绩，建立了明朝的中央政权之后，随即着眼辽东边疆，明洪武四年（1371年），元辽阳行省官员向明进献辽东州郡地图和兵马钱粮册籍，于是如《明太祖实录》卷66所载："置辽东卫于得利赢城"，任命刘益为指挥同知。这标志着明朝对辽东设置行政机构、实行统治的开始。随后，在同年七月，明正式设立"定辽都卫指挥使司"，治所所在地为辽阳城（即今辽阳市老城区），任命马云、叶旺作为都指挥使，"总辖辽东诸卫"[①]，后来明朝全部"都卫"更改为"都司"。洪武八年（1375年）十月，"定辽都卫指挥使司"更名为"辽东都指挥使司"，即简称"辽东都司"，沿用至明末。

常言辽东都司下设共计二十五卫，从明初开始的洪武四年到宣德五年（1371～1430年），从明中央政权确立开始后的62年间，已经部署完成，颇具规模的辽东军事聚落体系基本形成。辽东都司二十五卫在历史现

---

① 《明太祖实录》卷67，洪武四年7月辛亥条。

实过程中并非只有二十五卫，而是经过建置、迁移、废除、重建等历程最终才形成。而且，这只是辽东都司所辖建置的一部分，明廷在辽东建设这些城池，初衷是以军事目的为主，兼顾了屯田戍边与安置国民的作用，按照军事级别由高至低依次是镇城、路城、卫城、所城、关城、堡城，另外还有墩台等构筑（图6-1-1）。明代前期，明廷以攻略辽东，望图三江为主要目的，从卫治的设置分布状态中可以表现出这种意识。

二、相对稳定的明代中后期

稳定辽东之后，明廷在永乐九年（1411年），正式开设奴儿干都司，为明政府管辖西起鄂嫩河，东至库页岛，北达外兴安岭，南濒日本海和图们江上游，包括黑龙江流域和乌苏里江流域至库页岛的区域，大致包括了现在的吉林省、黑龙江省、内蒙古东北部分及以西俄罗斯局部、乌苏里江以东、外兴安岭及以北的广大北方地区，但是其境内多是以渔猎为生的蒙古、女真、吉里迷、苦夷（苦兀）、达斡尔等族人民，明廷并非直接掌握实际统治权。明朝版图的扩展，令建置完备的辽东从明初的边疆最前沿，转化为环境相对稳定的繁荣腹地（图6-1-2），辽东都司二十五卫、二州的多级聚落体系除了具有边备防务职能之外，更有效地行使各种地方府、州、县衙署的一般行政权职，是军、政高度和谐统一的范例。辽东地区的政治、文化、经济等发达水平达到历史最高，经历稳定兴盛的百余年，直到建州女真部落在努尔哈赤的带领下崛起，建立后金政权，双方陷入持久的对抗斗争。

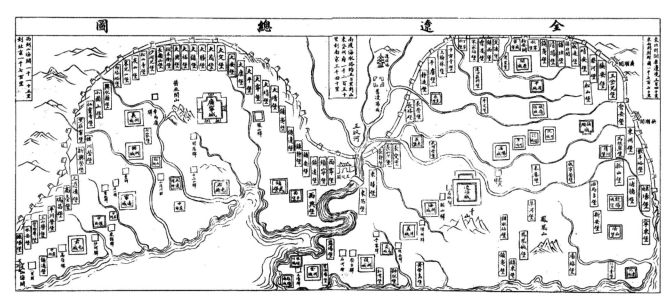

图6-1-1 《全辽总图》（来源：根据《全辽志》图考志整理的舆图，关锡顿 整理拼贴）

图6-1-2 《四镇总图》（来源：根据《四镇三关志》卷一整理的舆图，关锡顿 整理拼贴）

图6-1-3 《辽东图》(来源：根据《筹辽硕画》卷1整理的舆图，关锡頔 整理拼贴)

三、与后金共存的明代末期

在明代末期，在山海关外东北地区广阔的山岭原野之间，以努尔哈赤为首的女真人正在迅速壮大。1616年正月初一，努尔哈赤在兴京赫图阿拉山城称汗，建立大金政权，史称"后金"，建元天命。天命四年（1619年），东北女真民族皆统一于努尔哈赤麾下。努尔哈赤在明廷本意荡平后金政权的萨尔浒大战中大获全胜之后，继续征战。天命六年（1621年）3月，八旗军由萨尔浒城顺浑河而下，直取沈阳，再取辽阳。由此辽阳城被后金夺取，其管辖属地城池、堡寨纷纷归降，努尔哈赤几乎掌控了整个东北地区。当年四月初五，正式迁都辽阳，后又决定营建新城，"遂筑城于辽阳城东太子河边，营建宫室，迁居之，名曰东京"。从女真人的旧老城佛阿拉城到兴京赫图阿拉城，再由赫图阿拉城到辽阳东京城，后金政权带有自身独特民族文化特征的空间，一步一步在辽东反客为主，后金八旗格局主导的空间布局方式与华夏文明的空间布局方式兼容并蓄（图6-1-3）。

第二节 明代辽东镇的军事聚落

在防御体系下，个体军事聚落承担不同的防御职能，具有不同的地位和作用，依据整体防御的需求选址并构成防御力量的整体分布和相互应援态势。个体军事聚落的规模、空间形态、防御设施和城市设施的配置也与其防御地位相适应。分析明代辽东镇不同等级军事聚落的选址、规模和形态，有利于理解辽东镇军事聚落作为体系性物质文化遗产所具有的特征。

一、不同等级下军事聚落的选址与分布

同明代九边其他镇一样，辽东镇的军事聚落承担着重要的屯兵防御作用，其规模大小和等级高下不同，分

为镇城、路城、卫城、所城和堡城。

辽东镇的边墙东端在丹东虎山，西端接山海关，从东西两端起边墙分别选择山势险要处向北行，在辽河平原处，东西两边的边墙又分别向南弯折，总体上形成近似"M"的形态。辽东镇也分为辽河以东和辽河以西两部分。在都司制和总兵制下，明辽东镇在辽河东西分别设置镇城，河西镇城是广宁城，作为辽东都指挥使分司所在地，由巡抚和总兵官驻守；河东镇城是辽阳城，作为辽东都指挥使司所在地，由副总兵和巡按等官驻守。

辽东镇下分设东、西、南、北、中五个次级防御区域，称为路，由参将镇守。"路"是带有一种方向性意味的名称，如果把辽东都司所有外沿①军事建置点连城线，路城只分布在这条线的起点或者接近阳角点的位置上。接近起点的路城地处渤海湾沿岸，属于海路路城；接近角点的路城面向广阔北疆，属于陆路路城，它们各自引领着一个或者进攻或者防御的态势。在五路之中，单独设置路城有南路前屯路城、北路开原路城和西路义州路城，另两路参将驻守在堡城之中。

辽东镇镇城和路城下，设有卫城九座，分别是海州城、盖州城、复州城、金州城、锦州城、右屯卫城、宁远城、沈阳城、铁岭城。《明史·职官》中规定卫由指挥使统领，《九边图说》记载辽东镇卫城的守将以备御为主，兼有守备和游击。辽东镇的九座均建设在辽河平原和河西走廊地势平台开阔之地。九座卫城与镇城和路城一起，分别在辽河平原和辽西走廊上形成线形排列的纵深防御布局。如在辽河平原上，明廷最初击败蒙古攻占辽东是从山东取海路，自辽东半岛登陆，一线向北，步步为营。而明末抵御后金进攻，又加强了辽西走廊纵深防御山海关的格局。

辽东镇路城和卫城之下设置所城和堡城，《明史·职官》中规定所由千户统领，《九边图说》记载辽

东镇所城的守将等级与卫城守将相似，也是以备御为主，兼有守备和游击。所城屯兵数量也比堡城多，因此所城的地位高于堡城。辽东镇12座所城分别为旅顺北城、旅顺南城、松山中左千户所城、大凌河中左千户所城、中前所城、中后所城、塔山中左所城、沙河中右所城、抚顺城、蒲河城、懿路城、汛河城。所城选址也以平坦开阔处为主，其分布具有两种倾向，其一是在"镇城—路城—卫城"所构成的线形防御纵深带上，缩短上级城池之间的距离，增加防御能力，如中前所城、中后所城、蒲河城、懿路城等；其二是向防御薄弱的外围扩展，以达到巩固长城沿线边防力量的作用，如抚顺所城。

堡城是最靠近长城的防御聚落，因此其总体上呈现出沿着辽东长城走势的线形分布态势。作为长城防御工事以内第一道军事城池，应援防卫是其选址的首要因素，因此堡城的选址呈现不同的情况。根据长城的走势平原地带和山区都有分布，平原上防御难度大，因此堡城的间距较小，线性密度较大，水泽区域和山区的防御有险可凭，因而堡城间距较大，线性密度较低。堡城军事防御等级中最低的一等，守堡官应为百户，根据具体的防御需要，也有参将、备御、守备和游击镇守的情况。

明代近300年的历史中，镇城、路城、卫城和所城，共计26座，比较稳定。堡城位于防御最前沿，终明一代多有兴废更替，累计明代辽东堡城应不少于120座。

二、不同等级下军事聚落的规模、形态与要素

在军事防御的等级制度下，军事聚落的规模和形态与等级有着密切的关系。嘉靖年的《全辽志》中记载了辽东镇26座镇城、路城、卫城和所城的规模与形态，依次整理出表6-2-1。

---

① 这个"外沿"是以明朝中央政权所在地为基准，即"外"指北向。

物质要素 级别		城		池			城门					关厢				角楼	钟鼓楼
		周（里）	高（丈）	周（里）	深（丈）	阔（丈）	东	南	西	北	总	东	南	西	北		
卫城	海州城	6.18	3.2	6.23	1.1	3.5	1	1	1	1	4	—	√	√	√	0	1
	盖州城	5.24	1.5	5.35	1.5	1.8	1	1	1	—	3	—	√	—	—	0	0
	复州城	4.83	2.5	—	1.5	1.5	1	1	—	1	3	—	—	—	—	0	0
	金州城	6.00	3.3	—	1.2	6.5	1	1	1	1	4	—	√	—	√	4	0
	锦州城	6.04	2.5	8.76	1.2	3.5	1	1	1	1	4	—	√	—	—	0	1
	右屯卫城	4.85	2.9	5.24	0.8	1.0	1	—	1	1	3	—	—	—	—	0	0
	宁远城	6.02	2.5	7.02	1.0	2.0	1	1	1	1	4	—	—	—	—	0	1
	沈阳城	9.03	2.5	10.08 11.00	0.5 0.8	3.0 3.0	1	1	1	1	4	—	√	—	—	0	0
	铁岭城	4.17	2.0	5.00	1.5	3.0	1	1	1	1	4	—	—	—	—	4	0
所城	旅顺北城	1.50	—	—	1.2	2.0	—	1	—	1	2						
	旅顺南城	1.83	—	—	1.2	2.5	—	1	—	1	2						
	松山中左千户所城	3.03	2.5	—	—	1.0	—	—	—	—	1						
	大凌河中左千户所城	3.03	2.5	—	—	1.0	—	—	—	—	1						
	中前所城	2.75	3.0	4.55	1.0	2.0	0	1	0	0	1						
	中后所城	3.19	3.0	4.55	1.0	2.0	—	—	—	—	2						
	塔山中左所城	3.51	2.5	—	—	—	—	—	—	—	3						
	沙河中右所城	3.51	2.5	—	—	—	—	—	—	—	2						
	抚顺城	3.00	—	—	1.0	—	—	1	—	—	1						
	蒲河城	4.03	—	—	1.0	2.0	—	—	—	—	2						
	懿路城	3.95	1.0	4.86	0.9	2.0	—	1	—	1	2		√				
	汛河城	3.97	2.0	—	1.2	2.0	1	—	1	—	2						

（注1. 本表据《全辽志》整理而成，城周和池周按1里=180丈=360步=1800尺换算；

2. 抚顺城城门《全辽志》中未说明方向，但从其名称"迎恩"推断为南门；

3. "—"表示《全辽志》中未具体说明。）

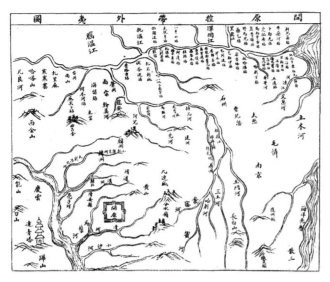

图6-2-1 《全辽志》中开原控带外夷图

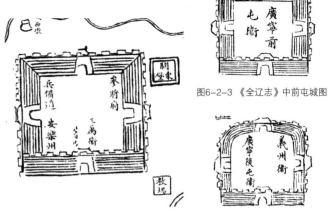

图6-2-2 《全辽志》中开原城图

图6-2-3 《全辽志》中前屯城图

图6-2-4 《全辽志》中义州城图

图6-2-5 设四座城门的卫城（来源：《全辽志》沈阳城图、铁岭城图、宁远城图）

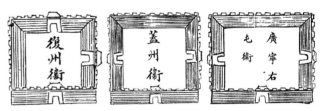

图6-2-6 设三座城门的卫城（来源：《全辽志》复州城图、盖州城图、右屯卫城图）

　　三座路城由于地理位置和军事防御形势的差异，呈现出明显的差别。开原城（图6-2-1、图6-2-2）城周12里，规模较大，两座城均设四座城门，城内由城门形成十字形道路格局。因为北路需要同时防御蒙古和女真，开原城规模超过了镇城广宁城，是辽东镇第二大的城池，城墙高三丈五，护城河宽四丈，均为辽东之最，并且也建有四个角楼和钟鼓楼。前屯城（图6-2-3）虽城周仅五里有余，但城墙高三丈五，配有钟鼓楼，亦显示出重要的地位。义州城（图6-2-4）城周九里。

　　卫城形态与路城相近，但是规模略小。六座卫城设四座城门（图6-2-5），三座卫城设三座城门（图6-2-6），城中与路城同样是十字形道路格局。规模最大的沈阳中卫城城周九里余，规模最小的铁岭卫城城周四里余。明初沈阳中卫城曾计划作为沈王驻地，因此设两重护城河。海州城、盖州城、金州城、锦州城和沈阳城设有关厢，铁岭城和金州城设四座角楼，海州城、锦州城和宁远城设钟鼓楼。

　　11座所城中，四座所城设一座城门，七座所城设二座城门，只有一个设三座城门，所有所城均不设楼钟楼和角楼。120余堡城的城周规模差距很大，大者如宽甸堡，东西900米，南北1100米，城周规模应超过卫城城周的平均值，凤凰堡方形边长500米，城周规模应超过所城平均值，但大多数堡城边长在二三百米，城周二里左右，堡城通常南城墙设一座城门。所城与堡城，城中通常设一条以门为轴心的主要干道，北城墙正中均建有一座上帝庙。[①]

① 刘谦. 明辽东镇长城及防御考［M］. 北京：文物出版社，1989.

三、堡城体系的变迁

堡城是最基层最大量的防御聚落。辽东镇的变迁过程很难在整体上区分兴建、完成、巩固等阶段，因为它的建设几乎从洪武一直持续到万历年间，有些路兴建时其他区域并未开始营建，而当一些路停滞建设时又有一些区域达到了兴建的高潮。所以只能去分析每一路的兴建过程和阶段。

在南路，宣德、正统期间开始大规模的兴建，之后处于停滞，在嘉靖年间得到集中的补充；在西路，只是在明早期开始了集中的兴建，之后只有零星的补充；中路的营建情况与西路类似；新疆堡部分主要集中在万历年间；海路的营建时间主要集中在洪武和嘉靖年间。可见明廷对辽东都司防御体系的营建几乎贯穿整个明朝，辽东都司军事聚落体系严整，虽有变迁，但一直处于发展的过程。北路和东路的兴建时间较早，具体见表6-2-2。

辽东镇各路军事聚落建成年代统计　　　　　　　　　　　　　表6-2-2

年代	南路	西路	中路	北路	东路		新疆	海路
					辽阳西	辽阳东		
洪武	前屯城等1个	义州路城等1路（卫）城，大定堡等7个堡城	广宁中屯卫城等1个路（卫）城，抚顺千户所城等1个所城，镇夷堡城等10个堡城，镇远关等1个关城	开原路城等3路（卫）城，静远堡等14个堡城	海州卫城等1个路（卫）城，东胜堡城等10个堡城	辽阳等1个镇城		右屯卫城等2个路（卫）城，黄骨岛堡等3个堡城，旅顺北城
永乐				懿路中左千户所城等1个所城				望海埚堡等1个堡城，旅顺南城
宣德	宁远所城等5个所城	松北中左千户所城等2个所城						白龙沟
正统	三山营堡城等16个堡城	大兴堡城等5个堡城	蒲河中左千户所城等1个所城，铁场堡等1个堡城	汛河中左千户所城等2个所城，威远堡城等1个堡城				
天顺				抚顺关等1个关城				
成化					东州堡城等13个堡城，鸦鹘关等1个关城			
正德					新安堡城等1个堡城			
嘉靖	沙河堡城等10个堡城，三山屯	锦州卫城等1个卫（路）城，七家堡等1个堡城	团山堡等1个堡城，三岔关等1个关城	中固城等1个所城，李屯堡城等12个堡城，新安关等2个关城，险山旧城	长安堡等2个堡城，旧辽阳城	散羊峪堡城等8个堡城，广顺关等1个关城	九连城	盖州卫城等3个卫（路）城，伏兵堡等8个堡城，爪牙山城
隆庆				中固城等1个所城，李屯堡城等12个堡城，新安关等2个关城，险山旧城				
万历	毛刺关城等1个关城	大顺堡等4个堡城	中安堡等3个堡城		平阳桥堡等1个堡城	镇朔关等2个关城，长岭堡等8个堡城	孤山新堡等6个堡城	镇江堡等2个堡城，把截关等1个关城，苏甸子江城
天启								觉华岛城，笔架山城
崇祯								海防五城

（一）变迁态势

通过舆图比对我们发现《辽东总图》《九边图》《全辽总图》《四镇总图》《筹辽硕画》这五幅舆图较先出现的军事聚落大多集中于北路和东路，其中北路基本上集中在一起，大致位于沈阳卫城以北，开原路城以南，以补充这一区间的防御。北路在洪武年间开始大规模地兴建，之后在嘉靖、隆庆年间又经历了一次兴建的高潮；而东路的则是在原有的防御线路上分散分布，使东路的边防工事更加密集，以增强防御效果。东路辽阳西在洪武年间开始大规模地兴建，辽阳东在成化至嘉靖年间才开始大规模的营建工作；另外，西兴堡与长安堡的建立增强了辽阳以西中部防线南凹地区的防御效果。这种舆图较早出现的原因可能是之前虽有军事据点，但等级较低，舆图绘出但历史文献并未提及，而后期随着局势的发展而扩建加固，等级提升，才出现于相关文献。之前学者的研究以历史文献为主，忽视舆图，才使统计的相关军事聚落建成时间滞后。而舆图新增的军事聚落大多在各路分散分布，使原有防线更加密集，其中东路的增加最为集中，并且市场等聚落开始出现在历史舆图中，这可能与女真人的崛起有关，并且伴随着明廷对女真人羁縻政策的推进。可见辽东都司军事聚落的变迁态势并不明确，且受历史、政治影响深刻。

（二）变迁分期的分析

与前人的分析观点不同，笔者在比对各个时期的历史舆图信息后，认为从整体角度出发来评述辽东镇军事聚落的分布与变迁不能够准确说明辽东都司独特体系的发展情况，在整个明朝时期辽东镇各路都有其独特的发展轨迹，从整体看是一个持续、补充的发展过程，各路发展变迁存在不均衡差异。故本文采用的是分路陈述的观点，以说明辽东镇各路发展变迁的不均衡差异。

从整体上分析，辽东军事聚落的兴建与发展是一个持续的过程，但每一路却有它兴建的阶段规律，可以按路分期评述。从历史舆图分析，以最早绘制的九边图信息为基础，按舆图的绘制年代先后比较可知：《辽东志》附图《辽东总图》较之《九边图》新出现的军事聚落以东路为主；《全辽总图》较之《辽东总图》新出现的军事聚落主要集中在北路和东路，变化不大，且均匀。这一时期辽东镇没有太大变动；《四镇三关志》附图《四镇总图》较之《全辽总图》出现的聚落以北路和东路为主，特别是东路，变化不大且分布均匀。辽东这一时期依然没有战事，女真尚未崛起；《筹辽硕画》附图《辽东图》较之《四镇总图》变化较大，并且各个方向都有显著加强，此时辽东地区已经交战。由此可见明朝时期辽东镇军事聚落各路在不同时期各有发展，辽东都司体系各路发展不均衡。

从整体上分析，辽东军事聚落的兴建与发展是一个持续的过程，但每一路却有它兴建的阶段规律，可以按路分期评述。

第一次，即在《辽东志》附图《辽东总图》第一次出现的军事聚落，南路两个，西路一个，中路一个，北路一个，东路辽阳西四个，东路辽阳东两个，海防六个。东路和海防变化较大。

第二次，即在《全辽总图》第一次出现的军事聚落，南路一个，北路三个，东路辽阳东两个，海防两个。变化不大，且均匀。这一时期辽东没有太大变动。

第三次，即在《四镇三关志》附图《四镇总图》第一次出现的军事聚落，中路一个，北路三个，东路辽阳西一个，东路辽阳东四个，新疆堡一个，海路一个。变化不大且分布均匀。辽东这一时期依然没有战事，女真尚未崛起。

第四次，《筹辽硕画》附图《辽东图》中第一次出现的军事聚落，西路五个，中路五个，北路三个，东路辽阳东七个，海防三个。这一时期变化较大，并且各个方向都有显著加强。此时辽东地区已经交战。

由此可见，除了早期东路和海防得到加强外，之后的变动都较均匀，1537~1574年变化很小，分布均匀，说明此时辽东镇防御系统已经建筑完成，剧烈变化时期变化最大。

通过对历史舆图的分析比对我们可以发现，有关市场的信息均出自《辽东志》附图的记述。广顺关、通夷关出自《辽东志》附图，把截关出自《四镇总图》，抚顺关最早出自《九边图》，新安关最早出自全辽总图，镇北关最早出自《九边图》，镇远关最早记载于《四镇总图》，分水岭关于《筹辽硕画》，片石关于《九边图》，连山关于《辽东志》，镇朔关、鸦鹘关、木其关于《筹辽硕画》，兴水岘堡木市、高台堡木市、镇夷堡木市、大福堡木市、大康堡木市等市场于《筹辽硕画》。

第三节　辽东镇北路和新疆军事聚落实例现状

明代中后期以前，明廷具有辽东镇全部疆域，明末女真人建立后金国，并占据了全部辽河平原地区，明廷仅能保有辽西走廊地区作为山海关的防御缓冲。明末的战争让辽河平原以及辽宁东部山区的军事聚落遭到严重破坏，致使遗存不多；后金与明在锦州—宁远—山海关一线的对峙和僵持，也使得河西走廊西部的部分军事聚落获得修缮和巩固，这是此地有些城池遗存较为完整的历史原因。

然而，明末将领与皇太极之间的战事常常产生明代长城起始于山海关的误导，历史上辽东镇军事聚落最长期防御蒙古和女真的作用也被忽略。认识辽东镇军事聚落最主要的历史价值，应当更多关注明代中后期以上的聚落案例。辽东镇北路兼有防御蒙古和女真的作用，而明代命将李成梁拓边建立新疆六堡更是辽东镇东路遏制女真发展的重要防御布局，因此有必要以北路和新疆六堡的实例来说明明代辽东镇军事聚落的现状。

一、北路军事聚落实例

明代辽东镇北路聚落共有路城一座、独立卫城一座、独立所城三座，堡城22座，其中，至笔者2016~2019年田野考察期间，尚有遗存可以考证的聚落遗址仅余七座，即开原路城一座、永宁堡城、老镇北堡北城、新镇北堡城、柴河堡、抚安堡、白家冲堡等堡城六座。

（一）开原路城

开原城为北路路城，是北路最高级别屯兵城，三万卫和辽海卫均设于其中。开原城建于明洪武二十六年（1393年），原为开元城，后因避"朱元璋"讳，更名开原城。《辽东志·卷二》中记载了"因旧城修筑，砖砌，周围十二里二十步①，高三丈五尺；池深一丈，阔四丈，周围十三里二十步"。康熙本《开原县志》记载了开原城有四座城门，"东曰阳和、西曰庆云、南曰迎

---

① 高清林在《开原简史》中特别说明了，这里的"十二里二十步"为明清旧制，一里为营造尺一千八百尺（即一百八十丈）。营造尺一尺等于0.32米，所以一里等于576米，大于今一里500米的尺度。

恩、北曰安远"，又载"角楼四，钟楼在中街"[①]。

根据《开原图说·开原城图》记载（图6-3-1），开原城钟楼东南有文庙、副将府，西南有三万卫、察院、安乐洲，东北有上帝庙、辽海卫，西北有开原道，城南墙外有抚夷厅、岳王庙、望京楼、关王庙、夷市等。2016年和2018年4月对开原路城开展了两次田野考查，上述遗址均已无存。仅在城西南存有大寺遗址一处，为今崇寿寺，另城中心有钟楼遗存一座。

开原市（县级）现位于开原老城（图6-3-2）以南，开原路城所在老城现区划为镇，经济发展较为落后，城镇化水平较低，遗址总体破坏主要受到农业和民居建筑侵害。开原老城城址保存状况一般，约五分之四的土地均为农耕用地，原城内军政、文化建筑早已湮灭在农耕土地中。城中有以原四门为轴的十字形交通干道，交汇处为城中心，偏西南。城现仅存南门遗址，上有城楼二层，仍挂"迎恩门"大匾于南门外，南门有瓮城，均为后期翻新，翻新未完全尊重原有样式，造成了二次破坏，尤以城楼采用钢结构翻新，已破损严重，暴露结构，可见翻新后的维护工作并未进行；南门内沿街修建仿古门市，未投入使用，已破损。大寺遗址仅寺塔（今崇寿寺塔）遗存，保留原貌，其余殿舍均为新建，2016年考察时还在拆除中，2018年考察时已新建完工，原貌无存。城中轴南部以西多条巷子中存有原民居院门遗存，虽有包砌等后期修复痕迹，但遗存仍较为完整。老城区仅在城中心周围保留大量住区，以城中心西半区较为集中，明代时间久远，此部分住宅基本均为明后重建。沿南北中轴线两侧遗存少量老宅，已荒废，无人居住，建设年代无从考证。城西南有新建多层住宅小区一处，新建学校、工厂等建筑；有道观一座，为后期新建。

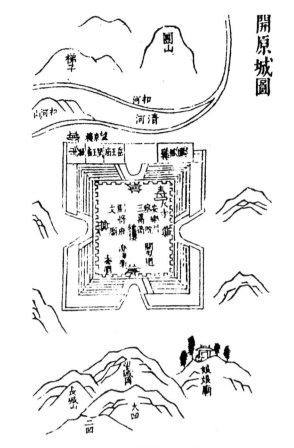

图6-3-1 开原城图（来源：《开原图说》〇一六页）

图6-3-2 开原城遗址遗存现状平面图（来源：作者自绘，底图为谷歌卫星图）

---

① 刘起凡等. 中国地方志集成·开原县志（康熙）. 出版社及年份不详。

图6-3-3 永宁堡城遗址现状平面图（来源：作者自绘，底图为课题组航拍获取）

图中标注：城墙夯土遗存、城壕、南北干道、推测城墙四至、推测城南门位置

城墙遗址轮廓清晰，城址为正方形，各边长约1800米。城墙总体保存状况差，其中西城墙遗址痕迹较完整，残高约2米，南墙东段有土墙遗存，北墙、东墙遗址均分散成若干小段，残高0.5～3米不等；南墙西段临近国道，东墙南段紧邻省道建有大量沿路商铺平房，是对城墙遗址造成破坏的重要原因。

（二）永宁堡城

永宁堡城是蒙古兀良哈进犯的要冲，是北路边防重地。各方史料中，未有明确描述其原建城址的内容，只能推断其位置位于今昌图县亮中桥乡八段村茨榆城子屯（中国偏移经纬度[①]坐标：123.887871、42.719746）。2007～2008年辽宁省长城资源考察队曾实地考证遗址，《辽宁省明长城资源调查报告》中详细记载了永宁堡的遗址时状：永宁堡"整体保存差，占地面积23800平方米，周长620米。堡内格局不清。南城墙全段、东城墙南段、西城墙南段地面遗迹无存。北城墙全段、东城墙北段、西城墙北段现可见高于地表的墙体土棱。墙体夯土剥落坍塌严重。北墙全长170米，西南—东北走向，顶宽0.5～1.9，底宽3.1～4.2，残高2.4～3.3米；东墙残长140米，西北—东南走向，顶宽0.5～1.6，底宽2.8～3.2，残高0.7～2.3米；西墙残长50米，西北—东南走向，顶宽0.5～1.8，底宽2.8～4.2，残高0.2～3.3米。发现两种规格的青砖，一种长0.3米、宽0.15米、厚0.1米，另一种残长0.21米、宽0.18米、厚0.11米，青砖上粘有白灰。"[②]

笔者2019年3月曾赴永宁堡城遗址（图6-3-3）考察，城址北半区遗址轮廓清晰，南半区已无明显遗址轮廓。北城墙、东城墙北段较资源考察时未有明显变化，西城墙北段仅残余约25米，较资源考察时描述变短，几乎被耕地推平。城墙遗存仅余夯土，北城墙可

---

① 出于国家管理规定，我国电子地图中不使用世界标准的WGS-84经纬度坐标系，使用GCJ-02坐标系，二者存在一定的偏移量，故在电子地图中获取的坐标经纬度均注明为中国偏移经纬度。

② 辽宁省文物局. 辽宁省明长城资源调查报告［M］. 北京：文物出版社，2008：285.

见有两处豁口，据描述为抗日战争时期留下的枪眼。北城墙西段和西城墙北段外侧，有较深城壕，平均宽约30米，深约2米。南侧城墙遗址无存，但据当地居民口述，有城上城下的说法，故可推测南城墙历史位置。另于多处民居院墙墙基处发现大量组砌青砖。永宁堡现为茨榆城子村所在地，行政区划级别较低，村中经济发展较为落后，现代化水平低。村中除北侧城墙遗址，其他历史遗迹无存，仍保留南北主轴道路。城内民居院落多相邻而建，院内有耕地，北墙内耕地面积较大。

（三）新镇北堡和老镇北堡北城

1. 老镇北堡北城

明初洪武年间，明廷初置镇北堡，后于正统年间拓建外边，故而镇北堡先西建而东移，就有了新老镇北堡。老镇北堡位置在今开原市威远堡镇双城子村，分南北二城。据《全辽志》卷二《边防志·镇北堡》记载：镇北堡"官军三百八十员名，靖边堡屯可屯兵"。刘谦先生曾考察，描述北城"每边长约150米，高5米，夯土版筑，原为砖包砌"，当时砖已被拆除，只存土基，东墙残高2米。历经40年时间，2018年4月笔者再赴镇北堡考察，北城遗址（中国偏移经纬度坐标：124.221430、42.724191）轮廓尚在，较明显，城为方形，西侧靠山，南墙和东墙残高约1米左右，北墙无残存，城内均为耕地，民房宅院沿南、北及东侧而建；南城遗址已不存在，原位置均为耕地，具体位置无可考证（图6-3-4）。

2. 新镇北堡城

明正统七年（1442年），明廷修筑了从吾名口到镇北关的辽西边墙，其中辽河流域部分进行了维修和加固，同时在开原北境修筑了规模宏大的外边墙。至成化五年（1469年），"改设镇北、清阳二堡"。据高清林先生在"《开原图说》解读"中描述，新镇北堡的位置就

图6-3-4　老镇北堡北城遗址平面（来源：课题组航拍）

图6-3-5　新镇北堡城遗址鸟瞰（来源：课题组航拍）

在南城子水库的淹没区，只有在旱时，遗址才能露出水面。刘谦先生在其考察中发现"城为方形，各边均长200米，原为砖造，砖已被拆除，只存土墙，南墙设一门，仅存基址，墙高3米，底基宽6米，上顶宽1米……城内原有南门为轴的干道一条"。

笔者在2018年4月田野考察中，考证了新镇北堡城（图6-3-5）遗址位置，在今威远堡镇镇北村后城南约300米（中国偏移经纬度坐标：124.285170、42.763307）。课题组对新镇北堡进行了鸟瞰及平面的航拍，新镇北堡遗址轮廓较完整，城池本身非正南正北

古井遗存
上帝庙遗址
柴河小学
农院
城墙夯土残段
柴河

图6-3-6 柴河堡城遗址现状平面图（来源：作者自绘，底图为课题组航拍获取）

朝向，四周城墙残高1～4米不等，宽约1～2米，西北墙中段有较高土台，应该是腰台遗址；东北、西南两墙靠西北部有明显城门开口，在东北城墙发现柱础一处，疑似城门位置；在城内发现三处散落大量青砖的台基遗址，据耕种该地块的农民描述，是原有建筑的遗址位置。目前城东角城墙疑似被水库冲毁，遗迹轮廓不明确；城内外耕种全覆盖，城东南水库均对遗址本身破坏严重。

（四）柴河堡城

柴河堡城因"柴河"而得名，堡南临河。据《辽东志》记载：辽东都指挥使周俊于明成化五年（1469年），"开拓柴河抵蒲河界六十余里……柴河堡增设烽堠，疏挑河道，边人得安"[1]。又康熙本《铁岭县志·城池志》有载："柴河堡城东六十里，周围一里，南一门"，这里的"城"指铁岭城，柴河堡始归铁岭城辖制，弘治十六年（1503年），扩建中固城，柴河堡改由中固管辖。柴河堡的位置在今开原市靠山镇柴河堡村东（中国偏移经纬度坐标：124.178837、42.284141）。堡城原为青砖所筑，现已被毁，刘谦先生考察时仍有城墙残高1.2米，至高清林先生考察时仅能见到高出地面2米多的方形土台，面积约14400平方米，为县级文保。

笔者在2019年3月考察了柴河堡城遗址（图6-3-6），遗址在柴河北岸临河而建，现遗址位置为柴河小学校址和一处农院。农院南门外东侧尚有一段南北向长近10米，宽约1米，高2～3米的城墙夯土残段。农院的北侧仍有原上帝庙遗址高台，其上散落青砖，现仍有几座后建的小庙；小学院内正在新建校舍，原操场上的古井已被厚石板压盖，院东、西墙下发现石碑、碑座、石臼、石条等诸多遗迹。

---

① 毕恭等，辽东志·卷六·人物，"周俊"条。

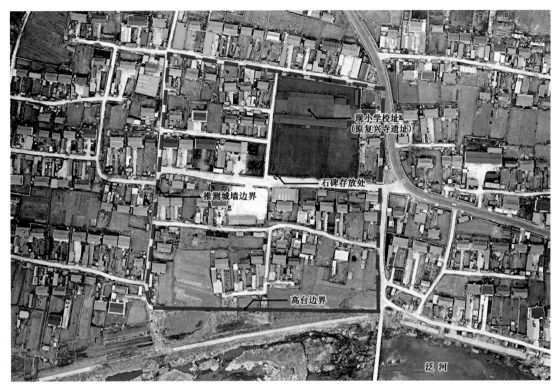

图6-3-7 抚安堡城遗
址现状平面图（来源:
作者自绘，底图为课题
组航拍获取）

图中标注：现小学校址（原复兴寺遗址）、石碑存放处、推测城墙边界、高台边界、泛河

（五）抚安堡城

康熙本《铁岭县志·城池志》记载："抚安堡，城东南四十里，周围一里七十二步，东、西、南三门。"这里的城指的是铁岭城。至明万历四十六年（1618年），建州八旗军袭击，北路东南三岔儿、白家冲、抚安三堡城毁台颓边废，铁岭卫失去对此三堡控制。抚安堡城位于铁岭县大甸子镇抚安堡村（中国偏移经纬度坐标：124.052339、42.198159）。据刘谦先生考察，当时抚安堡北门额犹存，名"来远门"。原城为砖造，呈方形，每边各长200米。2008年辽宁明长城资源考察队考察描述其遗址状况为："堡城整体保存差，南墙和西墙保存相对较好，其他墙体无损平面为长方形，南北长250米，东西宽220米，周长940米，占地面积55000平方米，堡内格局不清，散见青砖残块"。

笔者在2019年3月考察了抚安堡城遗址（图6-3-7），遗址在泛河北岸临河而建，沿河岸北望，高台遗址清晰，残高4～5米，而堡北、东、西三侧城墙遗址无

存，在堡内北部原城北门位置，现小学南墙下（原复兴寺遗址）发现清乾隆年间重修复兴寺石碑一座，已碎为三段，其中一段碑文较为清晰，最上一段还刻有"皇图永固"四字。

（六）白家冲堡

白家冲堡又称花豹冲堡，是汛河所管辖的边堡，建于明朝嘉靖年间，目的是加强抚安堡至三岔儿堡之间的边墙防御。白家冲堡是建州女真进攻铁岭的要冲，是重要的东部防御屏障，位于今铁岭市李千户镇花豹冲村（中国偏移经纬度坐标：123.969839、42.131486）。辽宁明长城资源考察描述其遗址状况为："堡城整体保存差，墙体全部坍塌，局部城墙尚存基础。平面为长方形，南北长200，东西宽160米，周长720米，占地面积32000平方米，堡内格局不清，堡内散见青砖残块"。

笔者在2019年3月考察了白家冲堡遗址（图6-3-8），现仅余两段东城墙遗址，因遗址位置有树列，故而位置

图6-3-8 白家冲堡城遗址现状鸟瞰（来源：作者自绘，底图为课题组航拍获取）

清晰明显，残段南段残长约30米，北段残长约10米，现均位于农宅院中，残高2～4米。

二、东路新疆六堡军事聚落实例

《明史·张学颜传》中记载："辽阳镇东二百余里，旧有孤山堡。巡按御史张锋，增置险山五堡。然与辽镇声援不接。都御史王之诰奏设险山参将，辖六堡一十二城，分守阳。又以其地不毛，欲移置宽佃，以时绌不果。万历初，李成梁议移孤山堡于张其哈佃，移险山五堡于宽佃、长佃、双墩、长领散等。"宽甸六堡中孤山堡在今本溪县境内，后迁移新建了孤山新堡；其余五堡均在今宽甸境内，其中，险山移宽佃子（宽甸）、江沿台移长佃子（长甸）、宁东移双堆儿（永甸）、新安移长岭（赫甸，又叫新甸）、大佃子移建散（坦甸，又叫大甸），形成了新疆六堡。[1]

新疆六堡自建成至今历经沧海桑田，在1979年末锦州市博物馆刘谦先生第一次做出了系统且全面的考察，在《明辽东镇长城及防御考》（以下简称《防御考》）中对六堡的时状进行了详细的描述，并绘制了各堡城的平面图，为接下来的研究工作提供了极为重要的参照和依据；2007年5月中旬至2008年4月末，在第三次全国文物普查过程中，省文物局组织开展了辽宁明长城资源调查，2011年出版了《辽宁省明长城资源调查报告》（以下简称《调查报告》），其中关于辽宁明长城堡城保存状况的调查成果斐然，明确描述了新疆六堡的保存状况和部分破坏原因。作者通过对比30年前后两次调查的六堡状况描述，在案例研究中，利用网络卫星地图获取堡城疑似位置现状平面作为参考，对比刘谦先生绘制的平面图，分析堡城30年保存状况的变化，现将新疆六堡变化对比分述。

---

① 孙诚等. 建州女真遗迹考察纪实［M］. 北京：中国文史出版社，2008：58.

（一）孤山新堡

孤山新堡（图6-3-9）位于今本溪县兰河峪新城子村西北（中国偏移经纬度坐标：124.454756、41.148187）。据刘谦先生在《防御考》中的记述，"城四角均有凸出墙外的角城台与城相连接。城东北角台高4米，每边各长9米，城墙高3米。"[1]并未说明四个角台有破坏的情况，而《调察报告》中则已为"有四角台，西南角台破坏严重，依稀可辨痕迹，其他三个角台，范围较清晰，平面为方形，边长约3.5米。"[2]《调查报告》中同时提及了堡城整体的保存状况一般，东、北、西三面墙相对保存较好，暗指南墙保存较差；也提到"不过该城也已遭受人为破坏，西墙内侧外包石都已被取走，南墙内侧和外侧包石也都已不见，北门处墙体有少量坍塌，东南角、西北角倒塌"等堡城遭到破坏的情况。

笔者通过卫星图可以分辨孤山新堡明显的城墙遗址轮廓，且遗存较为完整，可观察到城南门有瓮城，城中尚保留南北主轴道路，城北半部土地多被民宅院落占用，但与防御考载图的居住址分布有差异，城南半部现为耕地。

（二）新甸堡

新甸堡，又称赫甸堡（图6-3-10），位于今宽甸县青椅山镇赫甸城村（中国偏移经纬度坐标：124.643428、40.743351）。据刘谦先生在《防御考》中记述为"城高9米"[3]，而《调察报告》中则已为"残高1～5.5米""外包砌的石墙现存最高处约5.5米"[4]。观察卫星地图，原城墙遗址轮廓晰，除东南角角台遭到破坏以外，其余角台边台遗址尚在。城内已被耕地占据，城东半部散落几处

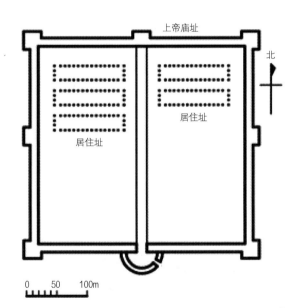

图6-3-9　孤山新堡《防御考》载图与卫星图现状（来源：平面图为作者抄绘《防御考》载图，卫星图来自谷歌卫星地图）

---

① 刘谦. 明辽东镇长城及防御考 [M]. 北京：文物出版社，1989：69.
② 辽宁省文物局. 辽宁省明长城资源调察报告 [M]. 北京：文物出版社，2011：277.
③ 刘谦. 明辽东镇长城及防御考 [M]. 北京：文物出版社，1989：70
④ 辽宁省文物局. 辽宁省明长城资源调察报告 [M]. 北京：文物出版社，2011：273

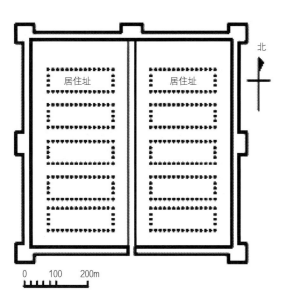

居住址　居住址

北

0　100　200m

图6-3-10　新甸堡《防御考》载图与卫星图现状（来源：平面图为作者抄绘《防御考》载图，卫星图来自谷歌卫星地图）

民居院落。相对于其他几处堡城，新甸堡遗址距离村镇区域较远，周边居住密度较低。

（三）宽甸堡

宽甸堡（图6-3-11）位于今宽甸县县城（推测中国偏移经纬度坐标：124.785633、40.735730）。据刘谦先生在《防御考》中记述，宽甸堡"城墙大部分被拆除"，土基仍在，且"南门外尚有瓮城残迹，直径20米"[1]，而《调察报告》中明确提到了"四面城墙皆已不存""仅存的南门也于1987年扩建道路被毁""从现存的南门尚可看出残高4.6米、宽5.8米的城墙遗迹"[2]的现实情况。《防御考》载图中部分是根据形制猜想补充的。观察卫星地图，宽甸堡因地处今宽甸县城之中，县城城镇化水平较高，原城遗址无存，均被现代街道

和房屋覆盖。

（四）大甸堡

大甸堡（图6-3-12）位于今宽甸县永甸镇坦甸村（推测中国偏移经纬度坐标：124.800181、40.616225）。据刘谦先生在《防御考》中记述，大甸堡的"城墙址尚存"[3]，而《调察报告》中明确做了"城内为居民区，墙体或成耕地，或成民宅基础""北墙、西墙现存段落可看出城墙为内夯土、外包石结构，南墙内外包石无存，内填夯土完全暴露"[4]的描述。此外，《防御考》中提到了"城四角各建有角城台，现东南角城台还比较完整"，在《调察报告》中未曾提及角台的相关情况，根据卫星地图的现状观察，原城址区域已被民房和耕地占据，未见明显城址轮廓，已无法确定准确位置。

① 刘谦. 明辽东镇长城及防御考［M］. 北京：文物出版社，1989：71.
② 辽宁省文物局. 辽宁省明长城资源调察报告［M］. 北京：文物出版社，2011：273.
③ 刘谦. 明辽东镇长城及防御考［M］. 北京：文物出版社，1989：P71.
④ 辽宁省文物局. 辽宁省明长城资源调察报告［M］. 北京：文物出版社，2011：272.

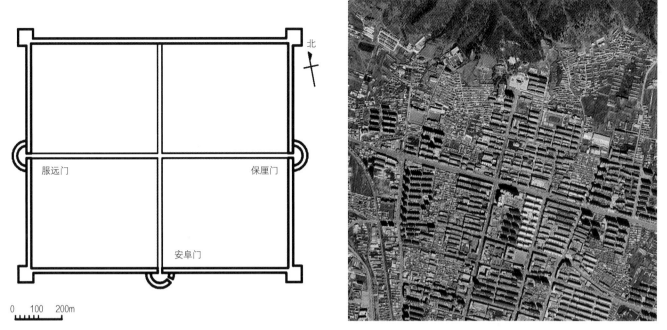

图6-3-11　宽甸堡《防御考》载图与卫星图现状（来源：平面图为作者抄绘《防御考》载图，卫星图来自谷歌卫星地图）

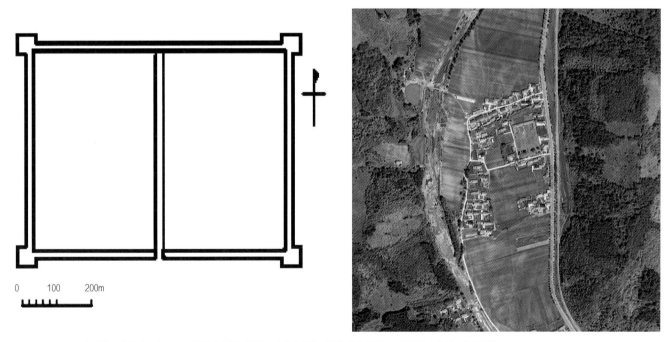

图6-3-12　大甸堡《防御考》载图与卫星图现状（来源：平面图为作者抄绘《防御考》载图，卫星图来自谷歌卫星地图）

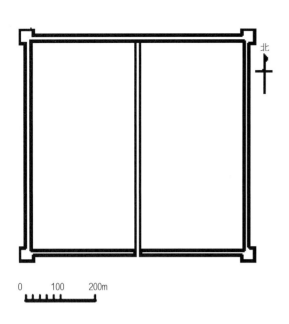

图6-3-13　永甸堡《防御考》载图与卫星图现状（来源：平面图为作者抄绘《防御考》载图，卫星图来自谷歌卫星地图）

（五）永甸堡

永甸堡（图6-3-13）位于今宽甸县永甸镇所在地（推测中国偏移经纬度坐标：124.837663、40.557708）。《调察报告》中具体描述了"现存城西南角墙体，存宽约5，高4米，城东门处保留的一段城墙，存长20，宽5，高4米"[①]的时状，而反观刘谦先生在《防御考》中的记述，永甸堡虽"堡城大部无存，仅存东门城墙和城西南角"，但"南墙尚保存原建形迹"，破坏变化较少但仍有发生。与大甸堡相似的是，《防御考》中提到了"城四角各有角城台……包砌的石块已被拆除，沙土墙很快就颓落了。角城台宽9米，高4米。"[②]但在《调察报告》中未见有关角台的描述。观察卫星地图原城址区域已全部更新为居民区，未见明显城址轮廓，已无法确定准确位置。

（六）长甸堡

长甸堡（图6-3-14）位于今宽甸县长甸镇所在地（中国偏移经纬度坐标：124.812670、40.482438）。刘谦先生在《防御考》中记述了长甸堡位于长甸车站东侧，"北墙西端靠水塔，残长300米，东墙长约400米，西墙已无，南城墙设一门。墙基宽6米，残高1.8米"[③]的时状。而《调察报告》中明确提到了"堡城的原貌无存，四至不清"，关于城墙部分仅提及了"现存堡城北墙一段墙基，残长约45，高约0.5米"[④]，南墙已无提及。观察卫星地图，长甸堡北城墙尚有残段，残长约100米，其他遗址痕迹无存。

辽东镇北路路—卫—所—堡各级聚落中，铁岭卫城处于今铁岭市市辖区位置，三座所城相对所处村镇位置，社会、经济、农业发展状况较快，遗址遗迹无

① 辽宁省文物局. 辽宁省明长城资源调察报告［M］. 北京：文物出版社，2011：271.
② 刘谦. 明辽东镇长城及防御考［M］. 北京：文物出版社，1989：72.
③ 同②.
④ 同①.

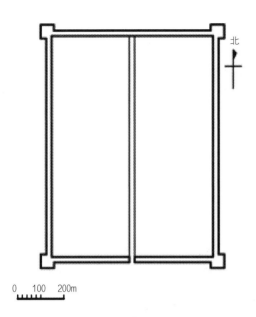

图6-3-14 长甸堡《防御考》载图与卫星图现状（来源：平面图为作者抄绘《防御考》载图，卫星图来自谷歌卫星地图）

存，具体位置及边界均无可考证。开原路城由于所处县级城市在老城以南新建，老城所处镇各方面发展相对落后，城镇化水平低，故而仍有遗存遗迹可以考证。堡一级聚落中，如庆云堡、古城堡、新城堡等位于乡镇所在地，靖安堡位于开原市清河区，城镇化水平相对较高，故而遗址遗迹已被城镇发展湮灭。因此，城镇化成为了遗址破坏、湮灭的首要原因。相对于城镇化，也有一些更具体的破坏原因，比如教育用地和建设的侵略，松山堡位于松山小学校址位置，笔者在田野考察中试图寻找多年前高清林现在实地考察描述的遗存，由于

学校翻建，遗存均不复存在；柴河堡受到柴河小学校舍增建影响，也面临同样严峻的局面。此外，农业用地扩张与机械化农耕的推广，水利设施、道路交通的建设也在不同聚落中起到了破坏作用。北路现存七座可考证的城池遗址中，均仅余部分城墙夯土遗存，多数用地现均为农院和耕地，这是最为普遍的状况。

相对而言，新疆六堡受到农耕破坏的程度较小，恰恰在农耕用地区域遗存的堡城城墙遗址保存相对较好，尚有较完整的轮廓。而位于县、镇城中堡城遗址均受到了城镇化带来的毁灭性破坏，遗址遗迹已无从考证。

第一节 形成背景及分布特点

中国七大河流之一的辽河是辽宁境内第一大河，历史上曾是我国东北南部一条重要的通航河流。辽河上游有两大源头，分别被称为东、西辽河，两者在辽宁省昌图县福德店①相汇，然后自北向南，流经铁岭、沈阳、盘锦、营口等地，最后流入渤海湾。

因辽河河道便于行舟，最初以运输军用物资为名，选点设码头，开始集聚人口；近代初期因营口开埠，特别是1850年，大批关内难民闯关东开荒种地，促进粮食产量增加，由于商品交换需求，导致贸易激增，而航运同畜力车、马驮等运输方式相比运载量更大、更方便快捷，因此航运日渐兴盛，在鼎盛时期，辽河的航线上起郑家屯②，下达营口全程航程长1312.5公里，再加上其支流浑河、太子河，共同构成辽宁水运系统。

辽宁依托这条"母亲河"，夏可行船，冬可冰运，沿辽河贸易催生多个传统聚落，这些聚落因其所处的运输要道以及同周围聚落的交通联系便捷度的不同，而呈现不同的规模；因其形成的背景和航运停靠码头的时间的不同，而呈现不同的空间格局和构成特点。

依辽河贸易而形成的传统聚落，根据其形成的时间和成因背景的不同，大致可以分为两类，其一为营口开埠前，因军事航运需要而形成的聚落，这些聚落在近代时期历经了从军事要道到商业贸易中心的转型；其二是营口开埠后，因辽河贸易需要而新兴建设的具有近代河运商业特征的传统聚落。

一、营口开埠前的辽河航运

史料中有关辽河航运的记载很多，从《辽东行部志》③到《元史·罗壁传》都有"运槽辽东""溯辽河以运军粮"的记录。辽河航运的史书记录最早可追考到汉代，据《三国志·吴志》记载，东吴孙权于嘉禾二年（公元233年）"使太常张弥、执金吾许晏、将军贺达等将兵万人，金宝珍贺、九锡备物，乘海受渊"。浩浩荡荡的东吴船队从东海到渤海，再逆辽河北上，直抵辽阳④，可见辽河航运此时已经具备很强的运载能力，航运历史悠久。

航运是伴随着商业贸易的发展和航海技术的进步而随之发展的，唐代时期，辽河水运交通已日益发达。唐贞观十七年（公元643年）秋，唐太宗李世民亲率大军东征进驻辽东郡时，军队所需的粮草即是从渤海进入三岔河，再经辽河运至辽阳。为了解决河道弯曲、运输距离远、行船不便的问题，唐太宗下令修筑了辽河流域第一条人工运河⑤。

辽、金、元时期，辽河水路运输功能由最初单纯以运输军用物资为主的单一功能向军民混用复合功能转变。这一时期，辽河下游一带农业取得一定发展，粮食产量增高，因此政府开始设置专门管理航运的机构，将辽东地区的粮食通过辽河航运和海运运至今天的山东、河北等地。至元四年（1267年），元朝在辽河中下游共建立水路交通站多达7处，元至正

---

① 铁岭市昌图县长发乡福德店。
② 郑家屯位于吉林省西部、双辽市境域西南部，地处吉林、辽宁、内蒙古三省（自治区）交界点，东、西辽河汇流处，坐落在西辽河的西岸上。
③ 金王寂著。
④ 渊即公孙渊，驻地襄平（今辽阳市）。
⑤ 《旧唐书·阎立德传》。

十四年（1354年）在辽阳等处设立水运官员管理水运事宜。

明代，辽河航线由最远抵达辽阳拓展至开原老米湾，增添铁岭、开原等地，实现辽河中下游的通航。辽河入海口至开原老米湾之间航路的开通使辽河航线延长了两倍多，海运与河运连成一线。洪武至永乐年间的50多年里，这条航路从未间断。

清代辽河航运的发展主要分为两个阶段。其一是清早期，辽宁地区作为清朝的发祥地，为了保护"龙兴之地"，防止满人汉化，更为了避免辽宁地域资源的外流，清政府在实行"封禁"政策的同时，对辽河航运的范围也做了明确的规定："辽河干流自辽河上溯至巨流河止，浑河自三岔河至沈阳浑河渡口止，不准越界"。此时的航运主要局限在中下游地区，运输服务于军事需要，主要运送军队或者粮草等给养物资。在康熙年间，为驱逐沙俄侵略者，开辟了辽河、伊通河、松花江之间的水陆联运，保障了雅克萨自卫反击战的胜利。另外，每逢灾年，东北地区粮食歉收，需靠关内粮食接济，源源不断的粮食由山东登州等地经由辽河航运运往沈阳、辽阳等地。第二阶段是清中期以后，随着东北"封禁政策"的松弛和粮食产量增多，一些从事水上运输的商人受到经济利益驱使，将东北地区的粮食运往山东等地贩卖，并将内地的陶瓷、布匹等生活用品运至东北，辽河商业性运输逐渐增多。为适应这种商业运输需要，辽河沿岸先后兴建了马厂、老达房等码头，辽河航线由此上溯了340里，进一步靠近了粮食产区。

二、近代快速发展的辽河航运

1858年，第二次鸦片战争失败后，英法等国强迫清政府签订了《天津条约》，增开汉口、九江、南京、镇江、台南、淡水、潮州、登州、牛庄（牛庄即今海城市牛庄镇）等港口。1861年5月，英国首任驻牛庄领事托马斯乘"斯福因库斯"号来到牛庄，在他考察了小姐庙、田庄台、没沟营（营口）三个码头后，他认为小姐庙河水淤浅航行不便，而没沟营（营口）距海很近，水深河阔，是开埠通商的理想之地。于是托马斯提议将商埠改在牛庄属下的没沟营（营口），于是营口代替牛庄开埠。

从1861年到20世纪初，营口为东北唯一对外通商的商埠，东北地区的贸易中心，"舶来之品，土产之货，水陆交通，皆以此为总汇。"在营口港的带动下，辽河航运（图7-1-1）日益繁荣，逐渐成为沟通东北和东部蒙古重要的经济动脉。辽河沿岸新兴了一些航运码头，延长了辽河的通航距离。1877年，距营口591公里的昌图通江口码头建成开放，同年开原附近英守屯码头开设船埠。不久，法库的三面船码头也对外开放。以上三个码头的建立，使辽河航运的接纳与承载力骤增，整个辽河上的帆船已近一万艘。通江口，又称通江子、同江，位于昌图县城45公里，是辽河的中心点，更是辽河航运贸易的集散地。清光绪三年（1877年）开始，距离营口1380里的通江口成为辽河航运最北端的码头，光绪年间往来此地的船只可达七八千艘。通江口码头每年农历四月以前为封河期，五月至九月航行顺畅，通航季节载重50石的民船可往返营口五次。冬季，伯都呐（今扶余）、长春及以北地区的农产品由大车运往此地，等到春季开河后装船运往营口。光绪三十二年（1906年）昌图三江口码头建成，使辽河航线北移近400里，载重30担的小型民船每年可由此往返营口四次，大有替代通江口之势，但不久郑家屯开设码头，其运输之利为其所夺。郑家屯码头地处辽河右岸，今双辽市区所在，它的建立标志着辽河航线已拓展至极限。以上这些码头的开放极大地提高了辽河水系的吞吐能力，促进了辽河航运的繁荣。

图7-1-1 近代辽河航运（来源：《营口简明百科》）

随着港口和码头建设加快，辽河航线大幅延长，初步形成了包括干流及其支流浑河、太子河在内的庞大航运网络。辽河主要航线可分为三条，即辽河干流航线、浑河航线和太子河航线。其中干流航线最长，从营江口、三江口等码头口至郑家屯全长720公里，有无数民船游弋其中。

此外，辽河航运网络还有复杂的支线：一、由外辽河南行自上游辽源县达通江子、开原，向西经过铁岭马蓬沟、法库三面船、新民大佛寺；二、由巨流河经辽中及冷家口、海城的三岔河、家常寺、马家坟、亮子沟、夏口子、田庄台等；三、内辽河的南行船只经过浑河长滩、太子河的小北河、小河口、袅姬庙至海城三岔河口交汇，进入营口。除下达营口外，各码头之间还有区段运输。

辽河航运虽然随着港口口岸的开埠迅速繁荣，但这种繁盛时期并没有持续太久，随着中东铁路1905年建成通车后，由于政治、经济以及自然情况的变化，辽河航运渐渐失去了原有的重要地位。铁路的方便、快捷以及超大量的载货量、运费相对低廉、受季节影响因素小等优势迅速取代辽河航运，成为主要运输渠道。

三、依托辽河航运的聚落分布

营口开埠通商后，带动了辽河航运能力的不断增强，主要表现在辽河沿岸新兴了一些航运码头，延长了辽河通航的距离。辽河依码头而形成聚落，它们沿辽河呈串珠式发展，而每一区域，又以这些聚落为中心，辐射片区经济，促进商品的交易与流动。在辽河航运的带动下，该地区成为内外部流通融合、独立运营的经济区域，近代资本主义商品经济快速发展。

营口开埠以前，辽河干流及支流城镇总数不超过十个。营口开埠以后，随着辽河航运的繁荣，东北对外的经济往来有了出口，物资运输如果走水路比陆路更加方便、快捷，因此沿辽河出现比开埠前多近三倍的停靠口岸，而又以每一口岸为核心，集聚该区域的资源成为运输的交通核心，交通的集聚作用又促使其相对应的服务配套设施的出现以及经济的发展。在辽河沿岸兴起了许多城镇，总数超过30个，形成了沿辽河沿岸而发展的带状市镇群。较为著名的有田庄台、牛庄、小姐庙、三岔口、老达房、马厂、三面船、石佛寺、马蓬沟、通江

图7-1-2 沿辽河聚落分布示意图（来源：刘思铎根据谷歌地球改绘）

图7-1-3 新民市公主屯镇辽滨塔村（来源：秦家璐根据谷歌地球改绘）

口、三江口、郑家屯等，这些市镇既是繁忙的水运码头和货物集散地，又是贸易的中转站，不少市镇都是店铺林立、商贾云集，商业活动十分繁忙（图7-1-2）。

四、依托辽河航运的聚落类型

此时沿辽河的传统聚落依据其产生的原因与背景的不同，主要可以分为以下两类：

第一类是原航运功能的复苏和扩建，体现出从边疆军事要塞向商业贸易型转型的特点，空间格局由内向围合式向多中心开放式转变。典型代表有现沈阳市新民市东北部的公主屯镇的辽滨塔村及铁岭市昌图县通江口镇等。

辽滨塔村（图7-1-3）已有千余年历史，村庄南部有辽河流径，流径长2千米；西部有秀水河流径，流径长约4千米。早在东晋时期，其优越的地理条件促使其成为辽东地区的军事要塞、渡河要津，经历了隋唐、辽金的辉煌及没落，直至明清再次因航运兴起，成为明代运送军需的渡口重地。明朝供给辽东的军需抵达辽东地区后，一部分在旅顺上岸，一部分继续北上，途中运送

军需的船只需经过该村并在此进出和停靠。清初，努尔哈赤从吉林长白山地区，将大批女真人迁移至此地区居住，辽滨塔村的人口增多，经济日益恢复与发展，并传承渡口职能作为辽河航运沿岸城镇之一。

滨河渔村通江口村，原名同江口，也叫通江子，是东、西辽河汇合后流经的第一个重镇。通江口村（图7-1-4）位于辽河东岸，西距法库县城60华里，西北距康平县城55华里，南距铁岭县城90华里，东南距开原县城60华里，东北距昌图县城（今昌图老城）70华里。地处辽北五县的中心，可谓五县边界、战略要冲，历来为兵家必争之地。又因为通江口南距入海口483.5公里，13个昼夜可达，所以通江口也是辽北航运重镇。昌图设治之初，将全境分为22社。通江口为承恩社，范围包括现在的通江口及两家子、十八家子和长岭子大部分村落。光绪三十二年（1906年），为了加强对通江口商埠的管理，盛京将军赵尔巽奏报朝廷："同江口系昌图府境，距府七十里，扼昌海之要害，据辽河之上游，水陆交冲，五方杂处，为北路商务总汇之区。地方沿河尚多马贼，断非知府所能兼顾，应添设河防同

图7-1-4 铁岭市昌图县通江口村（来源：秦家璐根据谷歌地球改绘）

知一员，名曰同江厅河防同知，专司缉捕交涉。"通江口于是从昌图府分离出来，成为一级独立的行政机构，"地虽府治，而不归府属"，由奉天省直接管辖。

康平小塔子村（图7-1-5），濒临辽河西岸，西北距齐家屯15华里，距康平镇50华里，东隔辽河为昌图县界，东北距昌图老城90华里，西南距法库50华里。地处法库磨盘山余脉的北麓，四周山峦环拱，中间地势平坦。在盆地的东部，由磨盘山北部高峰——帽山，引申出一条南北走向的台地，古城址就建在这条台地上。登城极望，峰峦环峙，把这片盆地紧紧萦抱中间，自内蒙古高原倾泻而下的辽河至此。西岸受台地阻横，东南为沙丘夹控，河水从城的西北方环绕城东向南滚滚

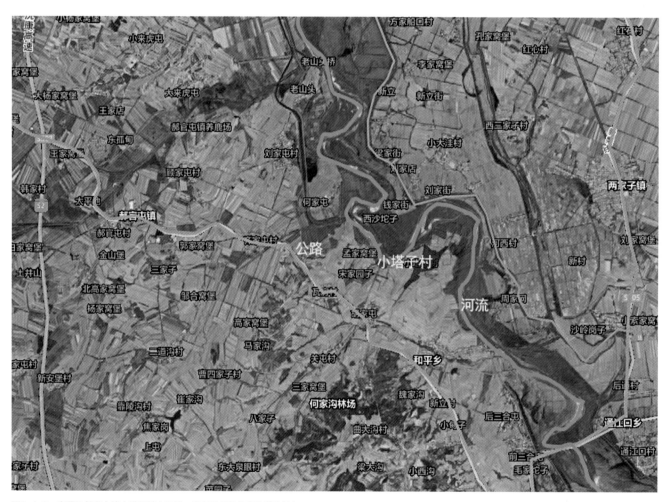

图7-1-5 康平县郝官屯镇小塔子村（来源：秦家璐根据谷歌地球改绘）

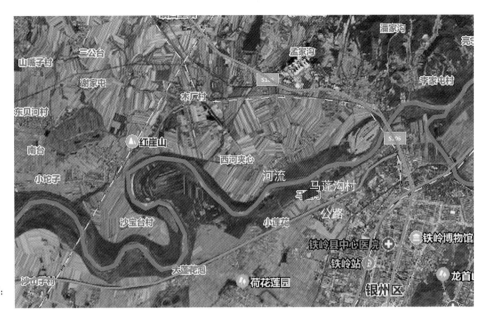

图7-1-6 铁岭市银州区马蓬沟村（来源：秦家璐根据谷歌地球改绘）

流去。东门外距河100余米，由于两岸丘夹山阻，估计原来河道不会滚动太大。从整体位置看，依山面水，居高临下，足见当年于此建城，选地是十分适宜的。城为夯土垒筑，南北向，略作方形。城壁周长约4华里，有东、南、西三门。西门迤南及整个南壁保存完好，城壁存高5、6米，底部颓宽10米，门外均围以半圆形瓮城，城外护以壕堑。东西城角及城壁间的角楼、马面遗迹均清晰可辨。东西门间横贯一条大道，当是原来的主要街衢市肆所在，至今仍是通往东门外辽河渡口的要冲。

第二类是近代辽河航运需求下新兴城镇，典型代表有现铁岭市银州区马蓬沟村和铁岭市昌图县三面城镇等。

位于铁岭城西五里的马蓬沟（图7-1-6）码头正式开港于清咸丰三年（1853年），于1929年停运，历时77年历史。马蓬沟码头航运促进了辽北乃至东北、内蒙古等地的经济发展。清咸丰初年铁岭县境内贸易渐盛，由陆地买粮汇到锦州的天桥厂，道路修阻，且往来匪

盗横行。故"时县令恺榕与路记防御双成禀请，开城西五里之马蓬沟河运，由辽河直运营口"[①]，"自清咸丰三年由奉天将军奏准开城西五里之马蓬沟河运"[②]。于是1853年，铁岭县令恺榕奏请盛京将军奕兴，后盛京将军上奏皇帝请开辽河内河航运。因此，"咸丰三年三月二十九日奉上谕据户部议覆奕兴奏请将内河船只准在铁岭。"[③]从此近代马蓬沟码头正式开港，它上达通江口，下至牛庄（营口），极大地拉动了当时铁岭县及辽北地区经济的繁荣。马蓬沟开港是辽河水运发展的重要标志，这个深入东北腹地的辽河码头对于铁岭乃至整个辽北的商业发展都起到了极大的推动作用，是东北河运、陆运的重要中转站。"马蓬沟最兴盛时期，整个码头形成八条街道，岸边造船厂、修船厂、商店、饭店一家接一家，街道上外来摊贩一家接着一家。"[④]

牛庄镇（图7-1-7）地处辽宁省海城市区西部20公里，总面积53平方公里。牛庄是一座历史悠久的文明

① 根据黄世芳修、陈德懿纂的民国20年铅印本的《铁岭县志（一）》第二卷地理志记载。
② 《铁岭县志（三）》第九卷交通志。
③ 在中国第一历史档案馆编的《咸丰朝上谕档（三）》。
④ 铁岭文史资料（20世纪80年代出版）。

古镇。舜时属营洲，三国时属燕国的辽东郡，据《秦汉东北史》记载，公元220年，牛庄就是辽隧县的所在地；公元238年，魏明帝二年成为一个重要村庄；公元607年（唐贞观十一年）唐王东征高句丽时，牛庄是个养牛的村落，西有马圈，东有牛庄，元朝时期，牛庄称为"牛家庄"；1373年（明洪武六年）设牛庄驿站，改名"牛庄"；1623年（清天命八年）皇太极督修牛庄城池，设章京率兵驻防；1629年（清天聪三年）皇太极亲视牛庄；1661年（顺治末年）开埠建港。

法库县南部的三面船镇，位于辽河中游北岸（图7-1-8）。距离法库县城35公里。三面船是清朝辽河沿岸的重要码头，是法库至营口间的水路运输枢纽，光粮栈就有20余家。据史料记载，三面船镇辽河上帆船很多，三面船当时商铺林立，码头上人来人往，十分热闹。

图7-1-7 海城牛庄镇（来源：秦家璐根据谷歌地球改绘）

图7-1-8 法库县三面船镇（来源：秦家璐根据谷歌地球改绘）

第二节　聚落构成要素

辽宁境内沿辽河贸易催生的聚落因其特殊的地理环境、经济发展模式和固有的地域文化基础，其构成要素主要有适应辽河航运的河道与码头以及配套设施、为促进商品运输与中转的物流中心、因贸易繁盛而生的商品服务业、传统航运与西方文化交融的多元宗教场所、传统生活方式与商品交换刺激下新兴的商住两用的民居大院……到19世纪末期，70%的城镇都形成了3~10平方公里的规模，民居约占建筑物的40%，商业栈房、工业厂房约占40%，形成资本主义经济体制下的城镇格局。

一、河道与码头

航运依码头而停靠，码头又依航运而兴盛。辽河航运的河道与码头最初多数是未有人工建筑的自然码头。所处河道弯曲，水流较深，便于停船[1]。随着近代航运的兴盛和技术的进步，辽河航运的发展以及码头安置地点的选择由最初的军事运输到成为地方政府促进经济和城市建设与发展的重点建设地区。具有地缘优势的辽河所属县镇的地方政府积极申请所属区域开设码头，集聚贸易，带动经济。因此河道与码头的选择不仅考虑自然条件，同时统筹权衡周围的交通、经济的状况与前景。如是否位于城镇附近，如不在城镇附近，是否本地农产品丰富，人口较多，或陆路交通方便，既便于集中附近（甚至远方的）的农产品，又便于运出外地到此的杂货等。

辽河河道因航运而帆船林立，码头是这份欣欣向荣景象的停靠、运输和贸易的中转站，成为依靠辽河航运而兴起的传统聚落对外沟通的窗口和贸易集聚点（表7-2-1）。

辽宁境内辽河航运部分码头情况一览表[2]　　　　表7-2-1

序号	码头名	所属航道	位置	位置
1	辽阳	太子河	上游埠头	辽阳普安门（小东门）外迤北
2	小北河	太子河	右岸	辽中县城东南45里
3	小河口	太子河	左岸	海城县城西北68里，腾鳌堡20里
4	小姐庙	太子河	左岸（南）	位于牛庄城北8里
5	浑河堡	浑河流域	左岸	沈阳旧城城南10里，明代有浑河铺之名
6	埃金堡	浑河	右岸	沈阳西南50里
7	长滩	浑河	右岸	辽中县城东北55里，沈阳西南90里
8	邓子村	东辽河		辽河流域最北的一处水陆码头
9	郑家屯	西辽河	右岸	双辽县城，城东三里的刘家沟

---

[1] 《奉天通志》。
[2] 依据董玉瑛《清代辽河航运码头》等相关史料整理。

序号	码头名	所属航道	位置	位置
10	三江口	东、西辽河于此汇合		郑家屯东南50里，属昌图县
11	通江口	辽河		昌图西南70里
12	英守屯	辽河	左岸	开原城西南55里，距营口水路918里
13	马蓬沟	辽河	左岸	铁岭县城西5里，距营口水路868里
14	柳柏松	辽河		
15	石佛寺	辽河		
16	三面船	辽河	右岸	法库县城南90里
17	辽滨塔	辽河		
18	巨流河	辽河	右岸	新民县城东20里，距营口水路555里
19	马厂	辽河	右岸	新民县城东南20里，距营口水路521里
20	老达房	辽河	右岸	辽中县西北45里，距营口水路400里
21	三岔河	辽河	西岸	位于海城县西60里，距营口水路173里
22	田庄台	辽河	右岸	大洼县南部，距营口水路60里
23	营口	辽河	左岸	位于辽河入海处上游13里处

其中，比较有代表性的码头有通江口码头、三面船码头、三岔河码头以及马蓬沟码头等。通江口码头（图7-2-1）是辽河航运最北端的码头。当时辽河"自通江子以达于营口，帆樯如织，擅水利之便"①。通江口每年五、六月间，航运最发达。晚清时期，借助辽河航运业发展，该码头成为辽河上游的货物集散地，吉、黑两省及南北粮货贸易皆在此地汇总，商业渐趋繁盛，鼎盛时期"共有商铺174家"，"其营业以粮为最大，栈主皆山西巨富……昔年积粮多至百余万石"②。该处出口货物以粮豆为主，进口货则以洋布、洋纱为大宗物品。

三面船码头（图7-2-2）位于法库县城南90里，在明代因该村坐落于辽河北岸。由于水运发达，嘉庆年间便成为河运码头，由于此处是辽河迂回转弯之处，在该村制高点，可以观望三面的行船，因此更名为"三面船"。辽宁河道码头的命名大多可看出其选址与地形、地貌之间的关系。清末关内的各种货物从营口进入辽河，逆流而上运抵各个码头，然后在三面船码头集散，运至东北腹地。1906年，盛京将军赵尔巽派常裕③对三面船所在地区法库门的经济发展情况做调查，所得报告对当地商业发展水平给予了高度评价。"近来围荒已辟，蒙荒渐开，该处人烟辐辏，商贾云屯，税课踊跃日增，物产生息日蕃。允称繁华盛地，实为富庶要区，奉省集镇无过此者。"县内百货大多"用车运至三面船，从辽河运营口"，每年往来数次，运量可观，可

---

① 徐曦. 东三省纪略 [M]. 北京：商务印书馆，1915.
② 徐世昌. 退耕堂政书：卷5 "考察奉天情形单" [M]. 台北：成文出版社，1968.
③ 在臭水河子（今秀水河子）地区负责征税的官员。

谓"依山傍水千帆竞过辽河岸；兴阎通货人财尽坐三面船"。[1]

三岔河码头，是明代辽河的航运码头，明代时三岔河左、右两岸皆有码头。清朝于1603年恢复使用三岔河码头，康熙三十二年（1693年）"盛京谷不登，民艰于食，乃发山东滨海郡县常平仓米二万石，由登州运之三岔河，海运之役自兹始"[2]。这里是辽河内河船舶的重要码头。往返于营口和辽河中游、太子河、浑河必经之地，因此也是清朝官员轮替驻守查验船票之地。19世纪末"每年航运季节通过这里的船只约十六万艘次"，小越平隆[3]经过三岔河时，见到该处"帆樯林立"，该处商船往来繁盛由此可窥其一斑。[4]

出铁岭城往西5里有个小村庄坐落在辽河边上，它叫作马蓬沟，曾经是铁岭的水运码头（图7-2-3）。据金史《河渠志》记载，1200年这里就有了辽河水运。开河之时，过往船只络绎不绝，风帆起落，景色万千，受到了人们的赞美。到了明代，这里的美景被誉为"蓬渡风帆"，成为铁岭的八景之一。据旧《铁岭县志》记载，由当时的铁岭县令恺榕呈请，"自清咸丰三年（1853年）由奉天将军奏准开城西五里之马蓬沟河运"。从此，马蓬沟码头迅速发展起来，成为辽河中游重要的商埠码头，成千上万、各式各样的船只在辽河上穿梭往来。

辽河的码头按其修建的结构，可分为岸壁式和栈桥式两种。其中以栈桥式为主。码头边，人们用木桩砸向河滩的地面，用柞木拦起栅栏，用麻袋装上沙石排列在木桩与柞木拦起的护排之内，堤岸内再填满沙石，铺上苇席、木板，码头就成了。凭着一块跳板，人们就来来往往于岸与船之间（图7-2-4）。

图7-2-1　通江口码头（来源：《营口简明百科》）

图7-2-2　三面船码头（来源：朴玉顺　摄）

图7-2-3　马蓬沟码头（来源：旧《铁岭县志》）

---

① 据传说此地曾挖出过一个石桩，上刻一副对联。
② 《圣祖仁皇帝御制文集》，文渊阁四库全书本．台北：台湾商务印书馆，1986卷33，创兴盛京海运记。
③ 日本人小越平隆在晚清时期先后两次深入东北边疆考察，以亲身经历和所见写成了《满洲旅行记》一书，该书记述了光绪年间我国东北的政治、经济、军事、文化和社会等诸多方面的内容。
④ 小越平隆．满洲旅行记：卷上［M］．上海：广智书局，1902．

图7-2-4 二界沟木跳板（来源：朴玉顺 摄）

图7-2-5 营口码头（来源：《营口简明百科》）

码头随辽河岸自然排列，并不固定，但有一定范围，如营口在开埠前的码头大致从西潮沟起沿辽河南岸向东2公里处，称之为自然码头。为了停靠吃水较深的大船，在水中设置木质的栈桥或铁质趸船（水鼓）作为水上码头，船舶通过栈桥或趸船与岸上连接进行装卸作业。随着技术的引入与发展，官方投资修建的码头如1906年修建的木质结构沟营铁路码头即为垂直岸壁式，全长75米，可停泊2500吨级货轮1艘。官办码头营口招商局码头不仅拥有"新昌""新康"等六艘轮船，而且还拥有"楼房18间，平岸码头一段（图7-2-5），

为装货搭客之用。"[1]

二、商品贸易与物流中心

依托辽河航运而兴起的传统聚落与辽宁其他传统聚落不同之处即是这些聚落是较早脱离传统渔猎或农耕相对单一的自给自足封建经济模式的聚落，航运促进了商品经济的繁荣和传统生活方式的改变。随着辽河航运的兴盛，这些聚落成为商业城镇运输和吸纳周边地区商品不可或缺的中转站，发展成为重要的商品贸易与物流中心。

19世纪末，在辽河航行的民船多达两万艘，打造了这条繁荣的商业运输之路。其中，小北河镇[2]沿太子河东可上溯辽阳，南下可达营口，依靠天然水陆码头，舟楫往来频繁，在近代成为土沃粮丰、诸业兴旺的商贸大镇，是沈阳、鞍山、辽阳等地重要的商品中转地。内蒙古各盟旗贡道的必经之路的新民，每年由营口输送至新民的货物中，水路运输占据主导地位，各种货物"由航运者，殆十之八九"[3]。而每年由辽河航运输往营口的货物，数量更是相当可观。该商业城镇吸纳蒙古地区的羊、毛皮，以及黑龙江地区的毛皮、砂金等货物，由营口上溯辽河的"棉丝、石油、洋伞及一切杂物等，又由此地而散于蒙古各部"。

随着周边城镇经济的繁荣，围绕辽河航运码头先后形成了不同规模的交易市场和为中转、转存提供服务的物流中心。由于辽宁地域气候的影响，辽河每年有通航期和河水冰冻期，在长达半年之久的冰冻期，周围城镇通过陆路运送货物到集散航运码头处，等待通航运往外界，这就需要配备具有相当存储能力的物流场所。辽河流域商业重镇铁岭商业由此发达起来，成为辽河中游

① 1930年出版的《营口县志》记载。
② 位于辽宁省辽阳县西北部。东与灯塔市接壤，南部与唐马寨镇毗邻，与黄泥洼、柳壕两镇隔太子河相望，西部、北部与辽中县隔浑河相望。
③ 管凤. 新民府志（宣统朝）[M]. 1909：73，72，5，72，64-66.

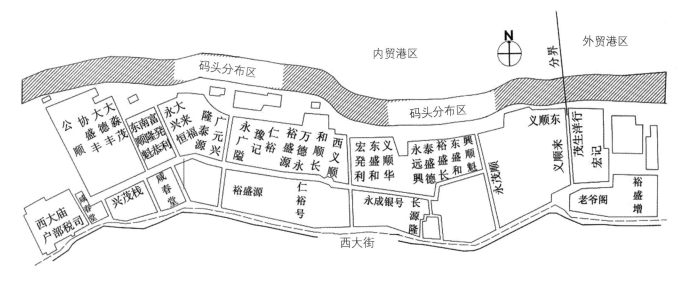

图7-2-6 营口西大街沿岸的码头与商业分布（来源：马守恒 绘制）

重要的粮栈集散地。"其兴盛时期，一年谷类集散，在百万石以上。"[1]其辐射范围，包括西平、北山城子、海龙县城等地。每年冬天，辽河上游及东北内地的粮车云集于此等待春天的到来。该地水运依托太子河"本县及附近村落，需要之货物，均从太子河水运或陆路马车移入"。其中通江口"其巨商大贾则甚多，且其庭院间，所在有累累若丘陵之高者，是即由营口溯辽河而来，散布于本地一带之盐，与自本地一带的将散布于世界市场者之大小豆也"[2]。东北的大豆一度成为与丝绸、茶叶并肩的中国三大出口商品之一。新民由于邻近辽河，就直接在码头边上建立货物仓储和集散之地，因此也就有了"拉不败的法库门，填不满的新民屯"说法。

对于依靠辽河航运而经济繁荣兴盛的传统聚落，随着货物的集散和运输，围绕物流中心而产生集市。在辽河航运贸易开通之前，辽宁传统聚落大多依靠地域资源自给自足，商业贸易贫乏，"古无市场，凡百交易任商民自择其地，漫无秩序"[3]，随着清政府开禁放荒、剩余

粮食的激增，辽河航运的开通恰恰促进商品流通的速度和贸易的发展，依托航运码头形成区域的物流和贸易中心，集市由流动、随机逐渐固化，并呈现"类型多样，业态集中，线性布局"的分布特点。因营口码头而兴起的西大街，位于辽河大街西段，西大街约有1300余米（图7-2-6、图7-2-7），商铺、票号林立，是典型的围绕物流中心而产生的集市。营口凭借海河交汇的地理优势，成为贸易往来的枢纽，于是具有服务性质的"大屋子"应运而生，这种建筑已经不是单一的商店或商号，是营口商业资本一种特殊的经营行业，与现在的仓储运输公司相似，代理批发转运，兼办租车、租船、货物发送及交易中介、代管来往客商住宿饮食的业务。老爷阁东、西两条商业大街的两侧此类商号众多，现在还遗留有多处当时商贸活跃异常时兴建的"大屋子"建筑。例如：在省级文物保护单位上海瑞昌成总号营口分号旧址对面就有一处近代商号建筑——兴茂福（图7-2-8），是一家经营干调杂货布匹等的大屋

---

① 熊知白. 东北县治纪要 [M]. 北京：立达书局，1933：6，39-40.
② 松本敬之. 满洲财力论 [M]. 北京：京师学部官书局，1906：20，21，19，20.
③ 民国《铁岭县志》卷2，蒋龄益等纂修，民国6年铅印本。

图7-2-7 营口西大街旧全貌（局部）（来源：王忠君 画）

子，该建筑由中国人设计并施工建造，一层为我国传统的建筑模式，二层则充分结合西洋设计手段，运用"欧式"的构筑风格，是一座典型的中西合璧的近代建筑物，设计思路新颖，迎合了当时人们追求创新的心理，此种建筑风格的建筑物在营口市仅此一处，其楼顶钟楼内原置有报时大钟一座。营口近代商贸繁荣，带来了金融业的兴旺，营口的炉银业在中国近代社会历史上赫赫有名，其过炉银制的信誉极高，银号阵势庞大，据统计，营口炉银自1858年至1933年共有73家之众，到20世纪20年代，仍有6家炉银并存，1933年伪满财政部下令禁止过炉银发行流通时，还剩有4家，最后在日本人的强制干预下取消。经过对现存的银号建筑调查，其中永诚（图7-2-9）、世昌德、永惠兴、公益、东记等银号的旧址建筑依旧。营口开港前皆以中医为人医病，开港后，外国人来营经商传教，往往只顾掠夺，对医药、卫生等很少投资。集市中出现了前店作坊后居住的"四合院"式建筑，主要是为本民族资本家和中小业主、中小商店主的要求而设计建造的，这种"四合院"，临街是店面，后面正房东家居住。后来发展成一种新的四合院，临街是二层店面，后面正房是二层住宅，东西厢房还是一层，楼梯敞开，设在连接正房和厢房的转角上，上通住宅的二层和配房的屋顶平台，如永诚银号旧址（图7-2-10）、东记银号旧址（图7-2-11）即为此类建筑。

三、会馆类建筑

沿辽河贸易催生的传统聚落，具有商业贸易集镇的典型特点，其代表特征之一是集镇虽规模不等，但确均具有集聚一方商人，便于沟通、洽谈业务，同乡之间互帮互助的交流集会场所，即会馆类建筑。

地处辽沈至营口间南北要道上的腾鳌堡，小河口码头为"为腾鳌堡水运埠头"，素有"关东康衢"之美誉。在腾鳌镇内设有三省会馆，又名山东、山西、直隶三省

图7-2-8 营口兴茂福旧址（来源：朴玉顺 摄）

图7-2-9 营口永诚银号旧址（一）（来源：朴玉顺 摄）

会馆，简称三会公所，始建于乾隆初年（1736年）。在《腾鳌县志》中，曾这样描述三省会馆的繁华："绅商福辏，冠盖纷纭"。当初建立会馆主要有四个作用：一是

同乡救助站；二是仲裁机构；三是信息交流中心；四是商务会谈处。三省会馆是鞍山地区迄今发现的最大的会馆遗址。这些历经百年沧桑风骨犹存的会馆遗址，仿佛

图7-2-10 营口永诚银号旧址（二）（来源：朴玉顺 摄）

图7-2-11 营口东记银号旧址（来源：朴玉顺 摄）

在无言地诠释着昔日远道而来的各地商贾在鞍山地区经营奋斗创造的辉煌。

辽河上的船户们为了防止"一朝遇难，家业荡然"的情况发生，同乡船户纷纷组成船会，每年各船户向船会纳会费，以便船只遇险有难时，能得到救济。船会这种机构具有现代保险公司的性质。在1932年仅营口一地就有十来家船会，其中较为著名的有公利船会、太平船会、同志船会、福安船会等。船会的自发形成，在经济上为船家们提供了安全保障，有利于航运事业的发展。

四、粮车店与船店

地处白山黑水、地大物博的东北，土地肥沃，盛产大豆、玉米等粮食，河运中以东北的粮食外输为主。由于辽河航运本身的地域气候原因，其冰冻期可达半年之久，如此，半年的航运期加半年的冰冻期，形成了辽河航运独特的发展模式，即冬季依靠陆路和冰运将秋季收获的粮食囤积到附近的码头。因此，粮车店成为沿辽河贸易催生的传统聚落的又一特色类型。

铁岭城的城关地带因交通便利而大大发展起来，"今城外东南及西北尚多闲地，其东北与西南正面皆市集及商民所萃居……东门外之市街约二里余，其南直通驿路，巨商大贾多聚焉"。[1]

三面船在清朝末期是辽河沿岸的重要码头，为法库门至营口间的水路运输枢纽。当时三面船有粮栈20余家，商业比较兴盛，设有财政局。由于船运，多了船工，多了各种商号。修船铺、餐馆旅社、接运商，还有就地买卖的坐商散商，有时还有兑钱换钱的钱商、保驾护航的镖局等。也是因为辽河，清末，新民商业店铺多达37个门类，共1313户。其中从事油粮贸易的油粮栈达45户，粮车店20户，船店3家，资本金额达4万两。[2]仅此三类与转运贸易密切相关的行业资本金额占新民商业店铺资本总金额40%左右。

辽河各重要码头均设船店。营口有十几家，铁岭城内有八家大型船店。船店都有经纪房，供外埠商人长期居住。船店经纪人给客商代理买卖和运输，代收代发代保管。1862~1904年的铁岭，粮栈有四十家，大车店有三、四十家，船店聚集于后宫四周。

① 民国《铁岭县志》卷2，蒋龄益等纂修，民国6年铅印本。
② 同上。

五、商住两用的民居院落

辽宁的传统民居具有典型的东北大院式民居特点，即正房居中，院门居中、尺度较大，低矮院墙围合，两侧厢房为储物仓房。其一是为了尽可能吸纳阳光，保证日照；其二，便于放置农具、大车。沿辽河贸易催生的传统聚落，为了满足对激增外来人口的服务与娱乐功能，传统东北民居逐渐演变为商住两用的民居院落。这种类型的院落又可以分为临河商业型院落和河海相交渔业型院落。

（一）商业型院落布局特点

这类院落又称为前店后厂（前店后宅）式院落（图7-2-12），多为一进或二进四合院的形式。院落的尺度较大，单进院落的面积大于400平方米，若采用二进四合院，则前院的尺度远远大于后院，前院的面积一

般大于400平方米，这是由商业活动决定的。门房与正房间数相同，多为七至九间；门房的进深较正房大，一般可达12米，门房中间开辟门道；厢房多为五至七间；一般没有耳房；院内设有水井、室外加工区、厕所等设施。

这类院落中正房和门房的平面以七至九间居多。正房做法与一般农户（汉族民居）类似，主入口一般设在中部或东次间；门房中间为门洞，门洞两侧为商品售卖区，间与间之间设置倒闸，沿街一侧设置可拆卸隔板（图7-2-13）。

（二）渔业型院落布局特点

这类院落又称为网铺式院落（图7-2-14），多为一进四合院的形式，另在院落外的左右或后面设置较大的晒货场。院落的尺度较大，用于晾晒及修补渔具。这是由渔事活动决定的；门房与正房间数相同，多为七至九

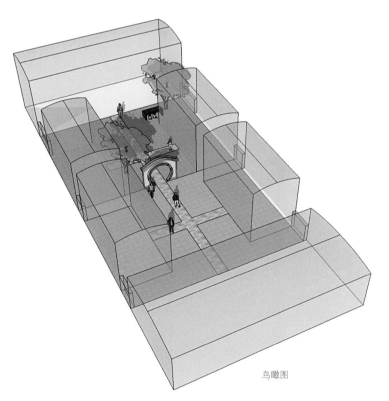

鸟瞰图

图7-2-12　前店后厂院落示意图（来源：本书编写组 绘）

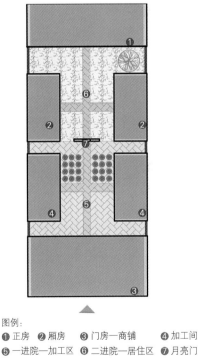

图例：
❶ 正房　❷ 厢房　❸ 门房—商铺　❹ 加工间
❺ 一进院—加工区　❻ 二进院—居住区　❼ 月亮门

平面图

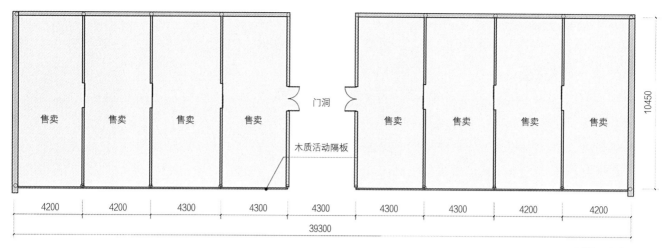

售卖　售卖　售卖　售卖　门洞　木质活动隔板　售卖　售卖　售卖　售卖

10450

4200　4200　4300　4300　4300　4300　4300　4200　4200

39300

图7-2-13　商铺型门房平面（来源：本书编写组　绘）　　　　　　　　　　　　　　　（单位：毫米）

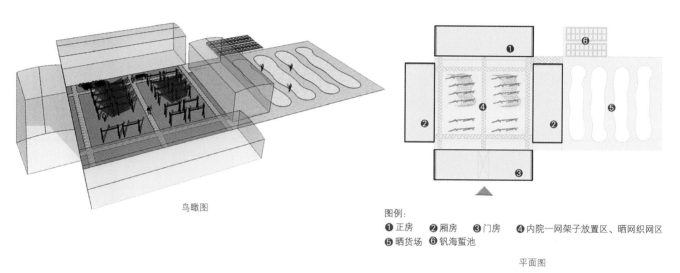

鸟瞰图

图例：
❶ 正房　　❷ 厢房　　❸ 门房　　❹ 内院—网架子放置区、晒网织网区
❺ 晒货场　❻ 钒海蜇池

平面图

图7-2-14　网铺式院落示意（来源：本书编写组　绘）

间；由于织网和货物交易的需求，正房和门房的进深较大，门房中间开辟门道；厢房多为五至七间；一般没有耳房；院内室外设有加工区、厕所等设施，很少绿化，以渔业生产为主的院落往往在厢房位置设置简易的大锅具来进行水产品加工。

商铺式院落中主体建筑的平面的正房和门房以五至九间居多。正房主入口一般设在中部或东次间；门房中间为门洞，门洞两侧为商品售卖区，间与间之间设置倒闸，沿街一侧设置可拆卸（图7-2-15）。

六、宗教建筑

沿辽河贸易催生的传统聚落，因为其交通的便捷、商业贸易的繁盛促使文化交流往来的频繁，这种文化的交流与共生体现在聚落形态中，即是宗教类建筑呈现出的"百花齐放，和平共处"的发展态势。这些聚落中的宗教建筑体现出多种宗教建筑并存的特征，每一宗教建筑形成该片区的文化交流与人口集聚的中心和标志物。

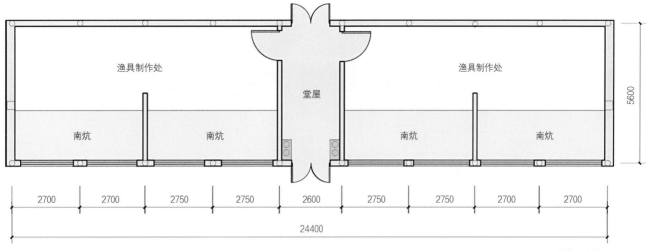

渔具制作处　　　　　　　　　　　　堂屋　　　　　　　　　渔具制作处

南炕　　　　　南炕　　　　　　　　　　　南炕　　　　　南炕

5600

2700　2700　2750　2750　2600　2750　2750　2700　2700

24400

图7-2-15　网铺式主体建筑平面（来源：本书编写组　绘）

（单位：毫米）

图7-2-16　小塔子村辽塔（来源：刘思铎　摄）

从宗教建筑的类型来看，类型多样。首先设有体现东北传统河运文化的海神庙、娘娘庙以及镇河妖的砖石塔等。在传统聚落中，高耸的塔一般会成为空间形态的制高点，成为进入聚落的标志物。如辽滨塔村的八角十三层密檐塔即辽滨塔，高约44米，飞檐上悬有铜质风铃上百个，至今仍铃音清脆。康平县小塔子村的辽代砖塔（图7-2-16），高约30米，自古"古城塔影"[①]就成为传统聚落的标志景观。比如，牛庄自宋以来，这类庙宇多达30余座。

沿着辽河的航运除运输东北的丰富物资以外，西方的宗教也沿着航道而传入，这些新兴的聚落，经济繁荣、人口相对集中，随着贸易的频繁，这里也成为传教士集中传教之地。西式宗教的选址一般位于老城区的周边，形成新城区的核心。牛庄在1869年（同治八年）建立东北第一座由法国传教士修建的天主教堂（图7-2-17）和东北的第一座清真寺（图7-2-18），但仅田庄台一地，在此时期，就分别设有基督教堂、天主教堂、伊斯兰教堂，它们与老爷庙、娘娘庙、药王庙在聚落里共存。

① 《庆云道中》诗云："对岸青山隔，孤城碧浪开，绿芜天台合，白鸟日边回。渡口呼舟急，沙头立马催，多烟生极浦，欲上客衣来。"

图7-2-17 牛庄天主教堂（来源：朴玉顺 摄）

图7-2-18 牛庄清真寺（来源：朴玉顺 摄）

第三节 聚落的空间形态特点

　　沿辽河贸易催生的聚落虽都是依靠辽河码头而集聚形成，但因辽河河道形态的不同、停靠码头位置的不同、航运中交通节点功能的不同，以及所处区域地域环境和经济状况的不同，而呈现多样的空间形态。

一、与河相伴相生的三种典型聚落形态

　　辽河独特的地理环境，孕育了颇具特色的河运文化。如果以一句精简的话语来概括，那就是"渔业、商业和农耕三元一体，相合相融"。不同的自然地理导致了不同的经济类型，不同的经济类型又促生了不同的文化形态，而这些文化形态又在共处并存的同时互相渗透聚合，最终使沿辽河"三元一体的复合型文化形态"得以定型。在辽河中下游便于航运的区段呈现濒海、临河以及农耕三种不同的聚落形态。特别是在河口地区，毕竟要有河流在先，且海洋就近在眼前，才能成就河口之地。辽河口的濒海地区以二界沟为焦点，河海交融地区以田庄台为核心，临河地区是指坨子地、岗子地，随着

河淤海退的持续，这坨子岗子最早在漫漫时光中演变为桑田。

（一）渔业型传统聚落的总体布局特征

　　这类聚落以水的形态和走向为核心来组织整体布局，具有水路和陆路两套交通系统，整体形态自由、灵动。以大小不等的网铺作为整体布局的基本单元，网铺的面积较大，一般占据半个街区；沿主要河道布置公共活动，潮沟成为远航归来的渔民休闲娱乐的场所；院落朝向和主要建筑的朝向大多与水道的走向有关（图7-3-1）。典型代表就是位于盘锦市辽河口经济开发区的二界沟镇。该镇的驻民，多是渔民及服务于渔业的人，鉴于他们赖以为生的辽东湾是中国纬度最高的渔场，每年冬季都会冻结，他们在多年候鸟似的春来秋返中，孕育了以外海捕捞为载体的渔雁文化。二界沟的沟在历史上是海水潮汐反复冲击而成的一大潮沟，沟宽水阔，渔船出入便利，成为村内渔船的通航沟。二界沟凭借这通航沟形成水陆与陆路交织的路网结构，聚落内海

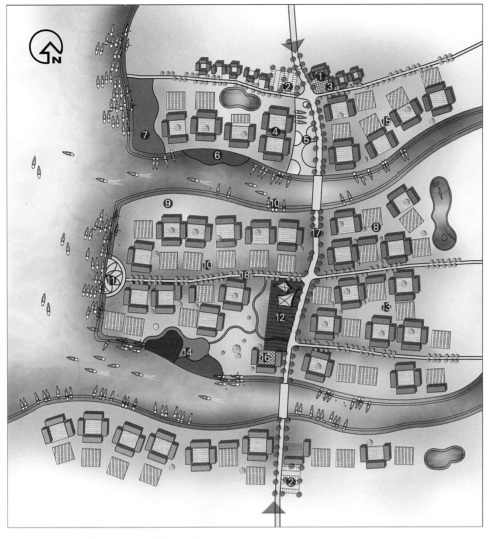

图7-3-1　渔业型聚落总平面示意（来源：本书编写组 绘）

图例：
❶ 服务中心
❷ 停车场
❸ 公厕
❹ 渔业文化博物馆
❺ 渔雁文化展廊
❻ 捕捞遗趣体验区
❼ 开海、祭龙王码头
❽ 特色渔货加工区
❾ 渔货采集捕捞区
❿ 茶馆
⓫ 盂兰会广场
⓬ 满载而归主题广场
⓭ 渔家饮食尝鲜区
⓮ 水搏表演滩涂体验区
⓯ 渔具制作售卖区
⓰ 戏台
⓱ 主干路
⓲ 次干路

岸线长达28公里，沿岸筑有拦海大堤，有顺岸码头5公里，沿码头设置两个港口，即以女儿沟为界，沟北为渔港，沟南为运输港，各类作业渔船近千艘，是辽东湾的天然渔港之一。二界沟借辽河岸线，形成天然城墙，另三面利用土墙呈合拢之势，交汇处为与内陆连接的交通要塞（图7-3-2）。

（二）商业型传统聚落的总体布局特征

这类聚落大多采用不规则道路网，道路宽窄不同，形成不同级别；以业态进行功能分区并命名街道；有集中的商业中心和公共活动中心；商业建筑临街布置，主要街路均为特色商街；居住部分与商业活动合二为一，很少没有商业参与的独立住宅；以"前店后厂（前店后宅）"作为整体布局的基本单元；院落朝向和主要建筑的朝向大多为坐北朝南；临河设置运输与集散的码头（图7-3-3）。这类聚落的典型代表是盘锦市大洼区田庄台镇。该镇的驻民，多是商人或服务于商业的人，辽河、双台子河及绕阳河海交融地区一度繁荣的航事，相继促生了田庄台、盘山、沙岭等几个商事兴旺的埠头，最终孕育了以河运为载体的商业文化（图7-3-4）。

图7-3-2 二界沟意向（来源：盘锦市文物管理所提供）

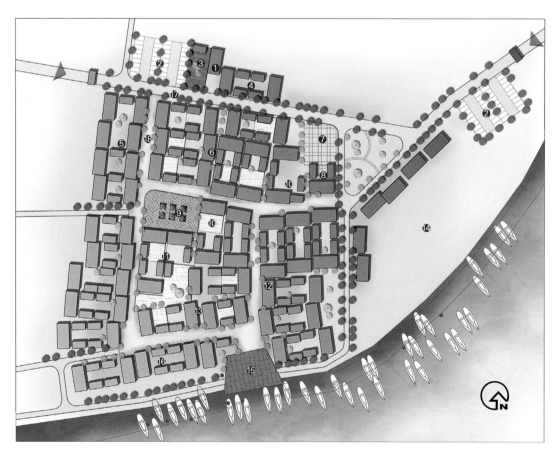

图例：
❶服务中心
❷停车场
❸公厕
❹商业文化博物馆
❺大车店体验区
❻艺术家工作坊
❼戏曲文化广场
❽戏台
❾苇编展示广场
❿茶馆
⓫苇编创作区
⓬码头传统饮食区
⓭木铺工艺区
⓮码头市场交易区
⓯码头广场
⓰码头仓储区
⓱主干路
⓲次干路

图7-3-3 商业型聚落总平面示意（来源：本书编写组 绘）

图7-3-4　田庄台意向（来源：盘锦市文物管理所提供）

（三）农耕型传统聚落的总体布局特征

这类聚落（图7-3-5）大多位于辽河冲积平原，聚落所处地势平坦，因此布局较为规整，大致呈现行列式；以院落划分形成村内街路；大致相同的院落，形成了较为均质的布局形态；明显缺少公共空间和公共活动场所；院落朝向和主要建筑的朝向大多为坐北朝南，这类聚落的典型代表是沈阳市的新民市的辽滨塔村。该村原地处辽河、秀水河之间，水塘环村庄东南侧，农田围绕村庄，将村庄环抱其中，宛如一弯明月，"两水"格局形态十分优美，充沛的水源同时方便了生产和生活。这种顺应自然、取自然之利、施人工之巧的空间格局，体现了"天人合一"的布局理念。辽滨塔村呈现横纵交错的树权状，整体肌理较为整齐规整，以院落划分形成村内街路，大致相同的院落形成较为均质的布局形态。道路形态比较单一，大多为东西向和南北向横纵交叉的街坊式。根据道路相交的形式与角度的不同，主次道路的连接方式可分为四种：十字相交、十字错位、"Y"字形、"T"字形，其中以十字直角相交为主（图7-3-6）。

这里需要特别指出的是，河口地区由于是名副其实的退海之地，也就在很长的一个历史时间段里呈现出"坨多岗繁"的地貌特征。这些坨子地、岗子地远远高出周围地表，并由此最早有人栖居，成为辽河口地区最早孕育了人类文明的所在。坨地与岗地的四周是潮沟遍布，苇塘连片。在人们征服自然能力尚且有限的时候，其经济行为基本取决于当年年景，具体说就是，雨水大的年头捕鱼摸虾捉蟹，雨水少的年头晒盐熬碱织席，雨水刚刚好的年头就耕田种地。久而久之就形成了三种经济形态，用当地百姓的老话说就是"涝捕鱼虾旱晒盐，风调雨顺种庄田"。这种间错交融的生产与生活方式，使这一地区驻民大多集农民、渔民、手工业者于一身，并由此在辽河口地区这种大型的混合型文化形态之中，又酝酿出了一个小型的混合型文化形态，进而使盘锦文化愈趋丰满。

二、以宗教类建筑为精神集聚中心

辽河贸易催生的聚落商业集聚中心为码头和集市，而其精神集聚中心为宗教类建筑，以传统海河运祭祀风

图7-3-5　农耕型聚落总平面示意（来源：本书编写组 绘）

图例：
❶ 服务中心
❷ 停车场
❸ 商店
❹ 公厕
❺ 农耕文化博物馆
❻ 丰收广场
❼ 稻米产品加工参观区
❽ 稻香四溢民宿
❾ 草编展示长廊
❿ 草编文化工坊
⓫ 自然风貌观赏区
⓬ 大地风光民宿
⓭ 农耕活动体验区
⓮ 稻田景观展示区
⓯ 秧歌广场
⓰ 磨盘
⓱ 主干路
⓲ 次干路

—— 村域边界
　　农房建筑
　　公共建筑
　　历史建筑
　　文物遗迹
　　种植用地
　　辽河冲积地
　　河流水塘

图7-3-6　辽滨塔村总平面图（来源：刘盈 绘）

俗为主。这些宗教建筑逐渐成为聚落定期集聚的文化中心，由于河运的特殊需要，在祭祀河神的妈妈庙和河神庙中，定期会举行祭祀活动，而河运作为聚落的主要支撑经济，自然祭祀活动成为全聚落的精神中心。为之而形成的场所空间成为聚落的向心力所在。处在辽河"第一湾"的小塔子村，村中的塔和寺庙，一直以来，就是该村及周边村庄的祈福之处，至今每年的元宵节和每月的初一、十五仍有成百上千的人齐聚塔下祈福（图7-3-7）。

三、以公共配套服务设施形成的商业主街

传统聚落因为是该区域的经济中心，周围的村镇会

图7-3-7 元宵节中小塔子塔（来源：郝官屯镇文化站）

集聚到该聚落进行航运交易，而由于清末陆路运输的不便，交易往往无法短时完成，因此为商人提供住宿、餐饮、休闲、修车等活动的配套服务设施相应而生，同时，作为交通集散地，也是最先接触外来资讯的文化传播入口，因此在这类聚落中最早受到西方文化的影响，出现了新的建筑类型：银行、医院以及卖洋货的商铺，通过分析老地图，发现在这些传统聚落中，公共配套商业服务设施多呈现沿聚落主街线性布置的结构特点。主街纵穿聚落同沿河横向码头集市相连接，街道尺度较宽阔，同时有穿越主街与其近似垂直的胡同或者副街，这些胡同或副街，商业功能相对统一，如形成畜牲市、鱼市、席市等（图7-3-8）。

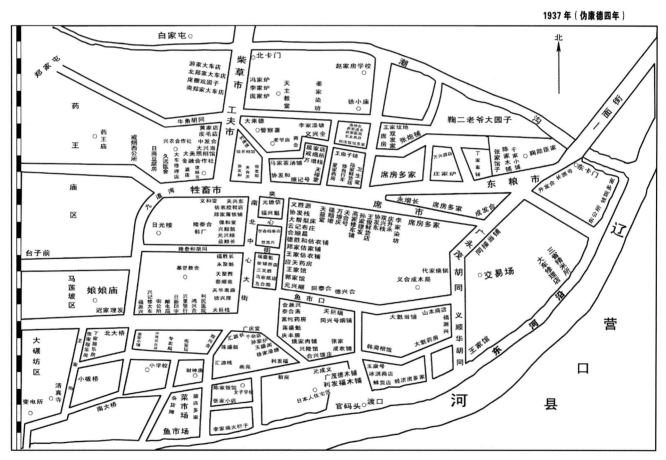

图7-3-8 田庄台商业网点分布示意图（来源：盘锦市文物管理所）

四、具有地域特点的民居院落多为行列式组合

经济快速的发展必然带动文化的交流与传播，但这种被动的文化刺激是表象化的，特别是对具有千年文化发展史的传统聚落来说，文化的根基是无法在短时间内动摇的，这点最直接地体现在传统聚落的民居建筑中。以商业活动为主要经济形态的沿河聚落，大多数的民居院落均兼顾居住和商业功能，其组合方式均采用沿街行列式组合形式（图7-3-9）。如在辽滨塔村的民居建筑中院落组合以并排式布局为主，具体体现在院落与道路垂直，院落与院落毗邻，且沿道路方向布置。其中院落大多坐北朝南，这是为争取日照和通风条件，而形成的一种典型院落布局形式。

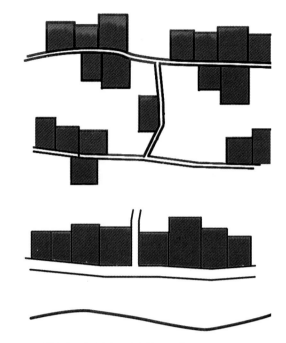

图7-3-9 院落组合示意（来源：本书编写组 绘）

第四节 代表性聚落举例——盘锦市大洼区田庄台镇

辽宁省盘锦市大洼县田庄台镇是座历史悠久的古镇，位于大辽河下游平原，东经122°08′，北纬40°49′。跨辽河大桥与营口接壤，西临渤海，北通县城直达市区，是盘锦东南之门户，是连通辽东半岛与京津地区的重要交通枢纽。辖区面积34平方公里，总人口2.93万人，下属北大、南大、久远、胜利、码头五个社区；白家、马莲、碾房、高家、李阳、庞家、中央卜、吉家八个自然村。

田庄台地处辽河冲击的退海平原，地势平坦，交通便利，土质肥沃，水源充盈，上游的浑河、太子河汇入大辽河蜿蜒迂回数百里流经田庄台至营口注入渤海。潮汐有序，四季分明，气候湿润。两岸风光旖旎秀丽，景色宜人。这里盛产芦苇、水稻、蔬菜、水果以及丰富的水产资源，可谓"物华天宝，人杰地灵"之地。

田庄台镇属于盘锦市，是大辽河下游发祥较早的历史文明古镇，位于盘锦市的南缘，东临大辽河，西至渤海，被称为盘锦市的南大门。清咸丰八年（1858年）清政府开牛庄为通商口岸，田庄台遂成辽河水运码头。

一、田庄台村落的形成与发展概况

（一）地理位置与交通要道的历史地位

追溯田庄台的历史，至今未见史籍记载，据镇西《崇兴寺碑记》记述"……寺之始建年代不可考察，明隆庆、万历时有刘普道父子重修"的一段文字来推断，至今已有500余年的历史，在田庄台形成村屯的时间自然比建寺年代更早。然而，明末清初，顺治十年（1653

年），朝廷颁"定例辽东招民开垦"人口开禁，直、鲁、晋、豫等民众陆续迁徙到这个"棒打獐子瓢舀鱼，野鸡飞到饭锅里"的蛮荒之地，沿河而居，从事农、牧、渔业为生，世代繁衍生息，传承祖训遗风。此前，则有田、庄两姓渔民由关内迁来，随着人口逐年增多形成小村屯。而"台"指烽火台（镇西有一座明代烽火台），故称"田庄台"是也。

田庄台（图7-4-1~图7-4-3）连接关内外的水陆交通咽喉，是历代兵家的必争之地。田庄台地处渤海湾深入东北腹地的大辽河左岸，是重要的内河港口，也是辽东半岛通往关内的南线，陆路通道和咽喉，战略位置至关重要。古老的田庄台镇，是东北南部的水陆咽喉和军事重镇，也是历史上中国北方经济贸易较为活跃、人文历史较为久远的地区之一。

（二）繁荣的古埠商贸

田庄台是辽宁境内南部经济、政治、文化中心和军事要地，是在省内外有很高知名度的商贸码头。田庄台是早于营口的辽河航运最大码头，东北地区重要的物资集散地。被清政府称为"商贾辐辏之地"，倍受重视。《清实录》载："清康乾年间，田庄台成为辽河下游商贾辐车奏之地。八百里河道帆樯林立，往来如梭"。迨至清康、乾年代，田庄台已成为辽河下游重要的商埠古镇。时值，由营口溯辽河北上，经田庄台直达三江口，八百里河面上，帆樯如林，仓烟袅袅，各种商船，南来北往。据史料记载"辽河自开河至封冻期，两万艘货船往来于河海之间。届时，粤、闽、浙、鲁、苏、津、京等省物产的茶叶、布匹、绸缎、药材、瓷器、竹器等杂货经田庄台销往东北各地。东北平原以及内蒙古土产的

图7-4-1　田庄台镇鸟瞰图〔来源：刘思铎 摄〕

图7-4-2 田庄台镇（来源：秦家璐根据谷歌地球改绘）

图7-4-3 田庄台与辽河（来源：盘锦文物管理所）

图7-4-4 田庄台码头1（来源：盘锦文物管理所）

图7-4-5 田庄台码头2（来源：盘锦文物管理所）

高粱、大豆、豆饼、木材、煤炭、毛皮等由田庄台码头输出到东南沿海。"这时，田庄台已成为盘锦南端最早的经济、政治、文化的中心。

内河航运的兴起，促进了商贸的繁荣，自清朝中叶至中华人民共和国成立前，镇内最多时大小工商店铺300多家，见文昌宫《大清光绪十年荷月募捐碑》载录，田庄台已成为东北三省粮豆和农副产品的主要集散地、加工点以及日用杂品的贸易中心。牛庄开辟通商口岸，田庄台码头（图7-4-4）。更加兴旺，南起保

灵官北到曹家弯子，仅8华里河岸上就有码头十处，各种物资由专营码头装卸。蔡家屯和官码头是摆渡行人的"渡口"，沿河车船往来，商贾云集，店铺栉比，"九市"贸易蜚声关内外，八大商号生意兴隆，三教九流、七十二行，虽为弹丸小镇却构成了社会的主体。

当时是八里河岸，泊船上千；市井繁华，铺户栉比（图7-4-5）。有各种行业的工商店铺300多家，其中续营业多年的老字号有200多家，特别是永裕昌、广永茂、义顺华、双兴合、永源盛、人合号、泰合斋、天

图7-4-6　田庄台崇兴寺（来源：朴玉顺 摄）

图7-4-7　田庄台关帝庙（来源：朴玉顺 摄）

一堂八大商号，更是蜚声关内外。清雍正年间，元兴顺在镇中心开业，既经营京、津、沪、杭百货，又办理存款业务，以价格低廉、服务周到著称。历经200余年，至伪满时期实行物资统制后才倒闭。清末民初，田庄台有庆丰居、泰和斋两家酱园，生产酱油、大酱、醋、香油。1930年前，各大商号都备有客房，以接待客商。1931年，田庄台有三家小旅店。1931年，刘姓在田庄台开照相馆。1931年，田庄台有两家理发店，到1945年发展到九家。1935年，刘连会、周生合伙在田庄台建40平方米冰窖，储天然冰120立方米，夏日卖冰块、冰屑。1940年，李天一等在田庄台开机制冰果店，日产万支。还有东粮市、柴草市、席市、肉市、鱼市、菜市、估衣市、牲口市、工夫市等十分兴旺的常年性专卖市场。更有摊床遍布的多样风味小吃和精美的手工艺品。

（三）浓郁的宗教文化

随着经贸的繁荣与发展，人口聚集，周边农户星罗棋布。关内外游方的僧人、道士摩肩接踵地来到这里募化财物，修建庙宇。自明朝隆庆至民国12年间，陆续

建成庙宇九座。庙宇之众，香火之旺盛，庙会之隆重乃是田庄台宗教文化最显著的特色。与此也证明了田庄台镇是盘锦地区最早的文化发祥地。在九座古刹之中，始建最早的应属崇兴寺（药王庙）（图7-4-6），建于明朝隆庆前，见由奉天府府丞宛平李在乾隆四十四年（1779年），撰写的碑志，2004年在原址重新修建。关帝庙（图7-4-7）始建于乾隆末年，三进院，单檐硬山式建筑，毁于1958年，在广大群众积极要求下以及社会各界人士的大力支持，于1993年在原址奠基修复。望海观（娘娘庙）（图7-4-8）于道光九年（1829年）建，1895年毁于甲午战火，中华人民共和国成立后拆除，2006年重建。文昌宫（三教寺）于清同治九年（1870年）建，光绪三十三年（1907年）毁于回禄，民国6年复修，毁于20世纪60年代，现正待修复。保灵宫（鬼王庙）始建于道光十四年（1834年），"保灵"即寄放尸骨的地方。朝阳宫（财神庙）始建于嘉庆三年（1798年），正在筹建之中；清真寺（图7-4-9），初建于清道光末年（1880年），光绪十九年（1893年）清军统领左宝贵同伊斯兰教徒，首创捐赠，重修寺院，以礼拜殿为中心，配有望月楼、沐浴室、阿訇室等，不幸毁于

图7-4-8　田庄台望海观（来源：朴玉顺 摄）

图7-4-9　田庄台清真寺（来源：朴玉顺 摄）

图7-4-10　田庄台庙会（来源：朴玉顺 摄）

1975年地震的大火，后经1982年和2006年两次翻建，现在是盘锦市穆斯林的朝圣之地。离镇内较远的凌云宫始建年代不详，嘉庆三年（1798年）和光绪初年（1875年）都进行了维修和改建，1952年拆除。冰神庙（灵神庙）规模最小，属迷信产物。

田庄台的所有庙宇中，最显著的特点是除崇兴寺外皆为道教庙宇，僧人法眷源于天津天福寺，道家源于沈阳太清官。而且，大多是清代建筑，砖木结构，单檐硬山式，东西配殿、钟鼓楼、山门等三进院，是比较完整的古建筑群。美轮美奂的建筑，名家雅士题咏的匾额、楹柱，精美的石雕艺术，名人撰写的碑文，已成为古镇文化之瑰宝。

在传统的民俗文化中，庙会可是一大盛事。每年四月初八是财神庙会，四月十八是娘娘庙会，四月二十八是药王庙会，五月十三为关帝庙会（图7-4-10），七月十五是保灵官庙会。届时全镇以及周边农民从四面八方摩肩接踵地源源而来，车水马龙，人山人海，善男信女，烧香礼佛，晨钟暮鼓，香烟缭绕，钟磬合鸣，经声佛号，祈求风调雨顺，国泰民安。每逢关帝庙会，请戏班，接名角，连唱几天大戏，戏台前围得水泄不通，台上精彩之处，台下一片喝彩，鼓掌声、喊叫声，场面很是热闹。庙会期间，也是商家最好的商机，各类食品、百货、水产品、文具、工艺品等一应俱全。各种小吃，风味独特，饭店旅店生意兴隆，与此同时，民间杂耍、龙灯旱船、秧歌高跷，围观的人群里三层外三层，把这个喧闹的小镇推到极致。充分体现了田庄台民俗文化的经典之处，而世代延续至今，仍保留这一传统盛事。

二、田庄台镇镇区空间形态

（一）发散式商业网络格局

从1937年盘山县田庄台街（镇）商业网点分布示

图7-4-11　田庄台繁盛的码头景象（来源：盘锦市文物管理所）

图7-4-12　田庄台山货皮毛码头（来源：盘锦市文物管理所）

意图（图7-3-8）中，可以观察到在近代时期的田庄台商业布局特点为沿街设市、分区明确。除沿辽河渡口（图7-4-11）预留有大面积场地的渡口贸易交易场（图7-4-12）之外，聚落其他主要街区沿路均分布有小体量的商业网点。其中，聚落的核心区位置即南北中心大街与夹心街为商业的核心区，中心街街道并不宽，两侧为单层房屋，设立幌子和旗子，中国传统商业氛围浓厚。两侧分布有药店、餐饮、百货、衣帽等服务性商业。以此为商业核心区，沿主路发散出其他商业服务区，如在沿辽河一侧设为鱼市，在东侧设为粮市、席市，沿北侧对外联系便捷的区域设柴草市、牲畜市等。这种布局特点提供了方向明确、方便快捷的交易场所，体现了田庄台以集聚外来人口进行商业贸易的空间格局。

（二）多宗教场所分散布局形成文化集聚片区

　　田庄台镇自古便是宗教重镇，体现了多宗教文化融合的特色。从宗教场所的选址与布局来看，宗教建筑主要分布在田庄台的西侧高地片区，基本分布在南北中心大街以西，且宗教建筑类型多样，以主要街巷道路划分区域，每一区域内均有一处宗教类建筑。田庄台内的宗教建筑不像辽宁其他内陆城市，具有中国传统宗教建筑一般位于老城核心区、西式宗教位于老城边缘的分布特

点，田庄台的宗教分布更具有随意性，如基督教堂与财神庙近邻，娘娘庙与清真寺相邻，天主教与老爷庙呼应，这些宗教建筑分别体现了佛教、道教、基督教、天主教、伊斯兰教本身的建筑文化特点，天主教堂哥特式高耸入云的尖塔、基督教典型的西洋古典式建筑以及清真寺朝向麦加的布局方式等，体现了沿河贸易聚落开放包容的海洋文明特点。

（三）多元经济刺激军事重镇的边界模糊化

　　中国地名往往能够反映该城镇的特性，田庄台即是如此。"台"就是古代长城烽火台所在的位置。在营口、盘锦地区，以"台"命名的地方虽有几十个，但其中古镇田庄台更为重要，因此田庄台是控制敌传由海上入侵内河及保卫营口市区的要津。1394年（明洪武二十七年），镇西3公里处就修建了烽火台，并有重兵把守。到清朝，田庄台已有万斤大炮2尊，5500斤以上大炮12尊。田庄台也因此成为军事重镇。历史上田庄台借助辽河天然屏障，挖潮沟、筑台地、设卡门，形成了具有向心性、内向型封闭军事重镇。随着清末辽河渡口航运的发展，田庄台成为集聚四面八方商品交易的集散地，聚落随着功能的转变以及服务对象、等级的不同，发生了本质的变化，原有向心、内向的空间格局演变为模糊的、开放的空间。

（四）围合式院落布局成为传统聚落的基本单元

田庄台镇院落多为一进或二进四合院的形式。院落的尺度较大，单进院落的面积大于400平方米，若采用二进四合院，则前院的尺度远远大于后院，前院的面积一般大于400平方米，这是由商业活动决定的。根据业态不同其院落又可以细分成普通商户、码头的"口袋房子"以及大车店三种不同形式。普通商户式的布局特点是采用"前店后厂"形式，是自产自销的经营模式（图7-4-13）；码头的"口袋房子"一般没有围墙，只有一幢或多幢建筑，这些建筑通常采用一侧开门，平面像一个长口袋。屋内为通铺，有需要的时候，炕上和地上亦可以临时用花隔扇隔开。大车店式院落通常尺度较大，以便安置大车并拴挂牲口。建筑简陋，大多为数间或数十间低矮的小土房，室内为南北大炕的直筒屋子，宽阔的大门，使大车能够从容进出，门前有挂幌。院中有水井以便车老板儿洗涮和牲畜饮用，角落会有草棚和牲口棚。

一进或二进围合式院落成为田庄台传统聚落的基本单元。基本单元再组合时，有并列式、递减交错式等多种组合方式来适应非直线型甚至曲线型街巷空间。门房与正房间数相同，多为七至九间；门房的进深较正房大，一般可达12米，门房中间开辟门道；厢房多为五至七间；一般没有耳房。院内设有水井、室外加工区、厕所等设施。田庄台内的传统院落中的建筑外观有囤顶房和双坡屋顶房（图7-4-14）两种主要形式，建筑布局沿着道路并非追求正南正北朝向，院落围墙等多为石砌，材料有砖和毛石。

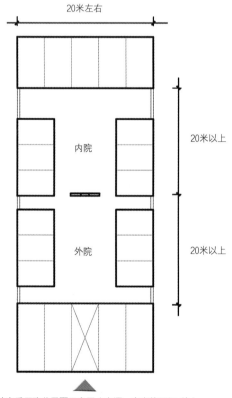

（a）前店后厂院落平面示意图（来源：本书编写组 绘）

图7-4-13　前店后厂院落

（b）前店后厂院落（来源：本书编写组 摄）

图7-4-14　田庄台镇传统囤顶和坡顶建筑意向（来源：盘锦市文物管理所）

第一节 辽宁省传统聚落保护的基本情况

作为辽河流域核心区——辽宁境内的传统聚落绝大多数出现在清中期解除封禁以后，特别是清末明国初年，随着"闯关东"而逐渐形成。因此，总的来说，辽宁地区的传统聚落形成时间相对短，聚落的主体绝大部分是穷苦的农民，聚落的营建以实用为主，就地取材，民居等建筑均较为简陋。在过去30年时间里，随着人们生活水平提高和建筑材料的更新，安全性、耐久性和舒适性均较差的房屋，逐渐被新材料和新形式所取代。今天，只有在那些曾经交通闭塞、经济落后的偏远地区，才能见到具有辽河流域特点的传统聚落和传统民居。面临即将消失的传统聚落，一方面要把保护提上日程，另一方面，也要让至今生活在其中的人们能够享受到社会发展的福祉。

辽宁省传统聚落的保护对象有三类：第一类是已经列入国家级和省级的历史文化名村名镇，第二类是已经列入国家级和省级的传统村落，第三类是有条件申报国家各级历史文化名村名镇和传统村落的村落。

一、历史文化名村名镇保护的基本情况

（一）历史文化名村名镇保护现状

辽宁省现有国家历史文化名镇、名村5个，分别为新宾县永陵镇、海城市牛庄镇、东港市孤山镇、绥中县前所镇以及沈阳石佛寺锡伯族朝鲜族村。省级历史文化名村名镇19个，分别是：历史文化名镇（11个）：大连市复州城镇、大连市城子坦镇，鞍山市海城市析木镇，阜新市阜蒙县佛寺镇、于寺镇，辽阳市辽阳县下达河乡，朝阳市朝阳县波罗赤镇、胜利镇、贾家店农场，葫芦岛市绥中县李家堡乡；历史文化名村（8个）：沈阳市沈北新区石佛寺朝鲜族锡伯族村、沈阳市法库县

叶茂台镇叶茂台村、新民市公主屯镇辽滨塔村，阜新市阜蒙县红帽子镇两家子村、佛寺镇查干哈达村、七家子镇旧贝营子村，朝阳市朝阳县东大屯乡士毅村、凌源市四官营子镇小窝铺村。

近年，对于国家各级历史文化名村名镇保护做了以下工作：一是辽宁省住房和城乡建设厅会同省文化厅制定了开展保护工作方案，提出了工作目标，以推动全省历史文化遗产保护工作的开展；二是开展了首次省级历史文化名村名镇审查认定工作，2016年为了更好地保护和继承辽宁省优秀建筑历史文化遗产，弘扬民族传统和地方特色，同时为了国家级历史文化名村名镇的申报储备资源，省文化厅首次组织开展了省级历史文化名镇名村评选。全省共上报了15个镇（乡）、31个村，经过专家对申报材料最初函审，现场核准以及最终会议评审，最后评审出2016年辽宁省省级历史文化名镇（乡）9个、村7个；三是在认定历史文化名村名镇的同时，编制并出台了《辽宁省历史文化名城名镇名村保护暂行管理办法》，对历史建筑和保护规划编制提出了明确要求。

（二）辽宁历史文化名村名镇现存问题

对于辽宁省的历史文化名村名镇的保护目前还存在以下主要问题：一是对村镇历史文化资源挖掘得不够，同中原文化圈及东南沿海文化圈相比，辽宁虽然长期处于经济、文化的非核心区，但奔腾不息的辽河千百年来孕育了独具特色的辽河文化，留下了丰富的历史遗存，但遗憾的是长期以来对祖先留下的文化遗产的忽视，使得对村镇历史文化资源并没有深入挖掘，处于其中的、数量众多的历史文化无人知、无人识，甚至被戴上了"辽宁少有历史文化遗产的帽子"；二是对保护工作认识不够，破坏严重，辽宁省大部分村镇对历史文化遗产及其

保护工作认识不足，乡村的建设活动急功近利，使得历史文化遗产遭到持续破坏，当前，在辽宁省村镇中出现了现有历史文化遗产被列入各级文保单位的数量少、保存完好度较差、破坏严重的现象；三是尚未在全省范围内全面开展历史文化名村名镇的保护工作，对辽宁省的国家级历史文化名村名镇，辽宁省住房和城乡建设厅村镇处按照国家《历史文化名城名镇名村保护条例》，已经开展了保护工作，对于2016年审定的16个历史文化名村名镇，完成了《辽宁省历史文化名城名镇名村保护暂行管理办法》的起草，等待上级批复，还未开展全面的保护工作；四是保护资金需要充实，目前，江苏、浙江、山西、河北等省设立了此类专项资金，辽宁省缺少与中央设立的历史文化名村名镇保护专项资金相配套的地方性专项资金，用于历史名村名镇的保护规划、维修、整治。

（三）相关主管部门从政策层面正着手开展的工作

相关主管部门从政策层面正着手以下工作：一是待《辽宁省历史文化名城名镇名村保护暂行管理办法》实施成熟后，将推动出台《辽宁省历史文化名城名镇名村保护条例》；二是择优重点培育条件较好的省级历史文化名村名镇申报国家历史文化名村名镇，2016年，已经指导完成了省级历史文化名村沈阳市沈北新区石佛寺锡伯族朝鲜族村等4个村申报国家级历史文化名村的工作，2017年、2018年、2019年将陆续开展历史文化资源优势明显的村镇培育，为今后申报国家历史文化名村名镇提供资源；三是加强历史文化名村名镇中历史建筑和历史遗存建档工作，根据国务院《历史文化名城名镇名村保护条例》要求，结合辽宁省实际情况，逐步建立健全现有国家级和省级历史文化名村名镇中历史街区、历史建筑、遗址遗迹等档案，2018年底，已完成3～5个重点培育的村镇的建档工作，2020年末全面完成所有历史文化名村名镇建档；四是加强历史文化名村

名镇保护规划编制，督促大连、辽阳、朝阳、阜新、鞍山、沈阳等省级历史文化名村名镇加快编制保护规划，2020年底，辽宁省所有历史文化名村名镇的保护规划编制完成，并报请批准，在下一步工作中，将结合区县总体规划报批审查工作，要求所有有省级以上历史文化名村名镇的区县总体规划中，必须包含历史文化名村名镇保护规划内容；五是建立公布、巡查、退出机制，对于符合条件而没有申报省级历史文化名村名镇的区县，辽宁省住房和城乡建设厅将会同省文化厅向该城市人民政府提出申报建议，仍不申报的，辽宁省住建厅将直接向省人民政府提出确定该村或镇为省级历史文化名村名镇的建议。辽宁住建厅将会同省文化厅组织专家对历史文化名镇名村开展巡查工作，对保护工作不力或者其他原因，使其历史文化价值受到严重影响的历史文化名镇名村，辽宁省住建厅将会同省文化厅提请省人民政府对其提出警告。对于整改不到位的，建议省人民政府撤销其称号，并全省通报。

二、传统村落保护的情况

因为地处偏僻，辽滨塔村落得以保留下来；因为经济落后，辽滨塔村落没有遭到太多破坏。继保护古城、古镇之后，国家层面开始重视辽滨塔村落的保护。但目前在辽滨塔村落的保护中，容易出现几大问题，一是为了发展旅游而把辽滨塔村落向所谓的城市化方向发展；二是为了保护遗产把原住居民搬迁出来，使辽滨塔村落没有了活性。

（一）传统村落现状

2014年4月，住房和城乡建设部、文化部、国家文物局、财政部等四部局联合公布《关于切实加强中国传统村落保护的指导意见》。传统村落保护在一批学者的长期呼吁下，引起了国家层面的高度重视，初步建立了

国家保护名录，制定了传统村落评价认定指标，并根据保护价值的不同进行分等定级管理。至2014年11月，全国已有2555个村落列入中国传统村落名录。其中辽宁省共有8个，分别是抚顺市新宾满族自治县永陵镇赫图阿拉村、抚顺市新宾满族自治县上夹河镇腰站村、阜新市阜新蒙古族自治县佛寺镇佛寺村、朝阳市朝阳县柳城镇西大杖子村、朝阳市朝阳县西五家子乡三道沟村、朝阳市朝阳县北四家子乡唐杖子村、葫芦岛市绥中县永安乡西沟村、葫芦岛市绥中县李家堡乡新堡子村。2015年辽宁省开始了省级传统村落的认定，2016年初，49个村落入选辽宁省首批传统村落名录。就全国范围而言，近几年中国传统村落保护取得了显著成绩，但问题仍然突出，形势依旧严峻。随着城镇化建设与外来文化的冲击，辽宁省传统村落及其文化面临着更加严峻的生存挑战。

（二）辽宁传统村落现存问题与严峻形势

随着城镇化进程的推进，大量农村人口涌向城市，使得很多村落被空置或遗弃。同时，由于道路交通的改善、人口流动的增多和信息网络覆盖面的扩大等原因，加大了外来文化向农村渗透的力度，传统村落传统文化趋于边缘化，其传统价值观受到严重挑战。

1. 辽宁传统村落空心化问题严重

传统村落的空心化并非个案，由于辽宁的传统村落大多数地处偏僻，经济落后，村民搬离越来越多，留守的大多是老年人，村里古屋的闲置率高，无人居住的房屋显得更加破旧，空心化已经成为辽宁传统村落延续生命面临的最大问题。

2. 地方政府急功近利，破坏了村落的民族文化价值

地方政府为发展地方经济，在城镇化进程中，急功近利，没有意识到保护传统村落的民族文化价值，即使极少数传统村落被当作旅游开发项目保留下来，也常常按照商业规律来进行改造，导致传统文化被肢解、原住居民的生活形态被改变。长久以来，很多建造、修缮乡土建筑的民间工匠纷纷改行，很多谙熟乡土村落建筑样式和特色工艺的工匠大师已后继无人，给传统村落建筑维修带来难度。

（三）辽宁传统村落保护建议

1. 要充分认识当前农村"空心化"问题的严重性

经历了数百年风雨的古居民与现代人的生活拉大了距离，造成传统村落的原住民居越来越少。传统村落承载着厚重的物质与非物质文化遗产，从某种意义上说，我国传统文化真正的延续是在传统村落里。在保护好村落的物质遗产与非物质遗产的同时，要积极寻求与当地资源、环境、条件等相统一的科学发展模式，防止传统村落"空心化"成为演变态势。要使传统村落原住民"留得住"，就要有效提升和改善传统村落原住民的生活质量。整治重点是处理好村庄协调发展的问题，既要对村落建筑进行维护与改造，维护好文化遗产，又要重视村民的居住环境，更要正确引导原住民的价值观与消费观，帮助农民建立并强化留守和保护意识。比如，在不破坏村落传统格局的情况下加强基础设施、公共服务设施和防灾减灾设施的建设；在传统村落先选择1~3处有代表性的传统民居进行示范改造，在保持传统风貌和建筑形式不变的前提下对室内设施进行现代化提升；激活民俗文化等非物质文化遗产的价值，用民俗活动来充实和改善村民的生活；发展传统村落的文化产业，复兴传统手工业，发展特色产业，从而实现"文化富民"路径。

2. 保护乡土建筑地方政府要有担当

振兴地方经济、发展旅游不能靠改变传统村落原住民的生活形态。古朴的村落、美丽的景色、原始的生态、纯朴的民风，都成为城里人的看点。传统村落吸引的不仅仅是城里人，其丰富的文化历史资源也吸引了开发商的目光。旅游、休闲、度假等是开发传统村落资源的重要途径，但要坚持适度有序。在传统村落没有确定科学保护方案前，首要任务是保护村落的原貌，不要轻易改动。传统村落具有唯一性，每个村落的历史、环境以及民族文化都各不相同，保存的现状也存在差异。面对传统村落的多样性，难以出台一个统一的保护标准或保护规程，必须针对每一个村落的具体情况来具体分析，再确定保护与发展路径。传统村落的发展规划第一要义就是保护。比如，不能为了发展旅游不考虑村落的整体风貌而建设大规模的停车场；村口的改造不能随意建成一个大广场，或者把大型游憩设施生硬地嫁接到传统村落上。在传统村落发展旅游的过程中，还要考虑村落资源的承载力、村民的接受度等。传统村落在发展中不能过度商业化，它发展旅游的目的是展示村落的文化内涵，宣传和传承传统文化。加强村落的活态保护，即保护居民原有的生产方式和生活场所。为了商业开发而将村里的居民全部搬迁，然后对空荡荡的村落加以整体包装，这种做法其实是对传统村落的致命破坏。传统村落的原住民没有了，就像村落没有了灵魂，古朴的韵味也失去了。

3. 维持传统村落的整体风貌

为维持传统村落的整体风貌，应当对老建筑进行适当修缮，采取措施活化并建立古传统村落文化保护与研究人才队伍。辽宁传统村落文化的保护与研究尚处于初始阶段，地方政府应尽快出台政策，鼓励支持传统村落文化保护研究人员和建造、修缮乡土建筑的民间工匠，将文化传承做到后继有人。很多村民对村落的保护是自觉的，政府应以物质形式鼓励对"根"的敬仰和世代相传的淳朴民风的补偿。

在辽宁传统村落保护的过程中，不仅要充分保障村民的经济和文化利益，更要注重村民自身的文化保育和发展能力建设，这才会有传统村落的长远发展。人田分离的传统村落，不仅文物、古建逐渐荒破，更重要的是，贫困的现实让村落的"离心力"越来越强。要留住人，就需要因地制宜发展，立足于本地优势的产业经济。来自政府的拨款总有用完的一天，旅游开发过度商业化，也会导致严重的后果。社会各界都要认识到保护传统村落文化的重要性，同时，配套相关的保护资金和政策，让政府、民间共同挽救濒临消失的村落，寻回山水间的乡愁。

第二节　辽宁省级历史文化名村——辽滨塔村概况

一、辽滨塔村概况

辽滨塔村隶属辽宁省沈阳市新民市东北部的公主屯镇。辽河和秀水河于村庄西南侧交汇，将村庄环抱其中，形成独特"两水"格局形态。辽滨塔村是一个有着千年历史的文化辽滨塔村，具有得天独厚的历史人文资源，尤其集中凝聚了隋唐以来的历史文化、宗教文化及独特的民俗文化，现存辽州古城遗址、辽滨塔、辽河古渡口遗址、恢复重建的法王寺及当地盛行的满族民俗风情。丰富的历史遗迹、显著的历史价值以及具有特色的民风民俗使其于

2017年被评为"辽宁省级历史文化名村"（图8-2-1）。

二、辽滨塔村现状及问题

　　辽滨塔村在历史遗存及历史风貌的保存远不及其他省市同等层次的历史文化名村。造成这种现象的原因，一是历史和地域的客观因素，二是主观因素，辽滨塔村保护工作不到位、不恰当的自我更新，均使得原有的历史信息逐渐消失。辽滨塔村现存主要问题如下：

（一）历史信息不完整

　　辽滨塔村的历史源自于东晋，然而历史上重要的遗存多被毁坏，以隐形的形态存在于辽滨塔村的各个空间当中，已有的显性历史遗存也表露出建筑形态不完整、保护不够等问题，辽滨塔村历史遗存现状问题梳理如表8-2-1所示。

（二）历史风貌不清晰

　　1. 具备历史文化特征的自然和人文环境的面貌正在消失

　　辽滨塔村的历史重要性源于东临辽河的地理优势，然而在20世纪中期，途径村庄东侧的辽河支流发生变道，变道后的支流流经村庄南侧，距离村庄约1.5千

图8-2-1　辽滨塔村全貌图（来源：刘盈 摄）

辽滨塔村历史遗存的梳理（来源：自绘）　　　　　　　　　　　　　　　　　表8-2-1

遗迹	现状问题
辽塔	古塔年久风化，清朝及20世纪末曾多次修复，基本保存原有风貌结构，整体保存较为完善
辽州城址	现城墙多坍毁，但还留有夯土墙基和南北两个城门遗址，城墙以北壁和西壁保存较好
古渡口	原渡口遗址位于村庄东侧尽端，现有一处水塘，周边垃圾遍布，生态环境岌岌可危
法王寺	清道光时期重修了"法王寺"，后毁于战乱。现法王寺为2011年在原址上复建，现有大雄宝殿、天王殿各一座，东西配殿各九间，建筑形制基本完好
娘娘庙	现已无明显遗存，但原遗址尚存，位于村东南一处民居的南院，目前用于种植农作物，仍可找到一块残缺石碑
河神庙	史上记载建于辽州古城城外，后毁于战乱，已无明显遗迹
关帝庙	史上记载建于辽州古城城外，后毁于战乱，已无明显遗迹
知青馆1	目前空置，结构及外观保存较好，内部空间基本保持原有形态
知青馆2	作为民居使用，基本形态保存完好
生产大队商店	目前空置，院内杂乱，无人管理，建筑屋顶局部塌陷，露出梁架结构

米，反映历史文化特征的自然风貌由此发生改变，原有历史码头也逐渐消失于人们的视野中。近年来，村庄人口的输出、满汉民族之间的交融，当地的满族习俗的发扬及传承遭遇危机，人文环境中的特色民俗民风在乡村发展步伐中消失殆尽。

2. 人工环境历史特征数量少且不具备系统性、典型性

由于近代乡村经济的落后、疏于保护以及村民保护意识薄弱等原因，大量传统建筑没有得到应有的保护，原本处于当地发展最为辉煌的清末民国初年时期的建筑无一留存。现存历史建筑的建造年代多为1960年以后，蕴含历史价值的建筑信息不复存在，仅剩的历史信息不足以构成本地特色历史文化风貌。

3. 引导性的缺失造成村庄历史风貌不健康的自我更新

2000年以后，辽滨塔村出现一批具有一定经济实力、主动对房屋进行改造的村民，但由于思想的限制，一味地追求城市化，加之辽滨塔村没有制定相应的保护

措施，使得整体风貌的发展渐渐与原有历史风貌脱离，与沈阳周边的其他村镇如出一辙，辽滨塔村落的风貌逐渐趋于无特征化。

（三）空间利用模糊

1. 历史建筑功能空间的退化及不恰当的利用

由于时代变迁，某些特定历史时期的建筑功能也渐渐衰退。比如，知青馆和生产大队商店目前多为空置或为民居使用，其历史文化价值皆没有得到应有的体现，极大地浪费了具有历史文化价值的建筑资源。

2. 传统居住空间与现代生活空间的矛盾

传统居住建筑的空间与现代生活空间的矛盾导致空间利用模糊。具体表现如：现代个体户养殖的生产方式，使得院落内人畜混居现象普遍，极大地影响了村民的生活质量；农用机车、小汽车等现代交通工具的出现再次挑战了原有的传统院落空间，最终带来了空间不合理的混合使用以及人、车流线交叉等弊端（表8-2-2）。

居住建筑现状表（来源：刘盈 绘及摄）　　表8-2-2

居住建筑	图片	现状分析
20世纪 60～90年代农宅		形式上为传统囤顶民居，多砖木结构，以院落为组合单位，通常除正房外还具有东、西厢房，及其他附属建筑设施
20世纪 90年代～21世纪 10年代农宅		形式上为现代风貌平屋顶民居，部分采用砖混结构，仍旧以院落为组合单位，部分将厢房改为车库，极少数通有上、下水及暖气等现代居住设施

3. 公共活动空间的缺乏

村内缺乏集体活动的场所和公共活力。辽滨塔村内现有的公共活动场地，还是围绕着公共建筑如辽滨塔及村史馆展开的公共空间，宅院前空地在以前也是作为邻里交往的重要空间，但是现在这些场所就是单调的水泥路和砂石地，缺乏绿化和建设，不利于人际活动的展开，且位于院墙内，具有相对私密性。另外一些新建的休憩空间，如村委会门口的休憩场地虽然用了植草砖铺地，也添置了人们可以休憩的椅子，但是这样的处理方式单一乏味，场地空间极为狭窄且面对村庄主要道路，车流密集，让人感觉到整体环境品质较差。经村民反映需求较大的树荫休憩场地、民俗广场等，尚无法满足村民的活动需求。

第三节　辽滨塔村发展定位及建设思路

一、发展定位原则

（一）历史环境原真性

在辽滨塔村中要保持好辽滨塔与辽州古城的遗存本物及其关系，保护好辽州古城内原有南北大道的道路格局，不允许非法的移动或毁坏，尽可能保持辽代建筑遗存原有的形态和肌理。虽如今辽河已改道至村庄南部，但延续近1500年的古渡口遗迹依然可寻，根据史料进行尽可能地再现，对原有功能、文化进行传承，再现古庙保护历史环境原真性，是该村保护与更新中的首要原则。

（二）历史风貌完整性

《辽宁省历史文化名城名镇名村及历史文化街区保护管理暂行办法》明确规定应当整体性保护历史文化名村，保持原有传统格局、历史风貌、空间尺度，禁止对传统格局和历史风貌有破坏性的活动，且不得改变与其相互依存的自然景观和环境。因此，在辽滨塔村中要对历史环境进行整体性保护，以维持其独有的历史风貌，对象包括建筑及其周边环境，如辽滨塔及塔下区域、辽州城址及古城内部格局、辽河古渡及环境、历史建筑及其院落和附属设施、传统建筑与村庄肌理的对应关系等。从而延续辽滨塔村自然、人工和人文环境所构成的村落整体环境特色。

（三）维持生活延续性

原住民是保障历史名村具有活力的重要元素，物质空间和精神遗产是历史文化的具象表现，两者共同融合、相互持续发展才是历史文化名村得以维持的关键。因此，一方面要维持辽滨塔村原有的自然环境和历史文化，如两水格局的地理环境、千年辽河交通重镇的文化；另一方面对千百年演进中的生产生活方式、民俗人文、传统行为习惯等非物质文化遗产进行传承，如满族文化习俗、民间祭祀风俗和宗教文化等进行精准挖掘和演绎。最重要的是保留原住民，延续原住民的生产生活，才能使历史文化名村真正得到保护与更新，并且具有持续的生命力。

二、发展定位：历史文化兴村

目前辽滨塔村及其周边县市村镇的村民多以种植、养殖和外出务工为主要经济来源，而历史文化是历史文化名村的核心，在辽滨塔村未来发展中对物质文化遗产的合理应用以及对宗教文化、民俗文化等无形文化遗产的合理继承，是其能否顺利扭转、形成新动力的关键。与中国东部和西南地区历史遗产保存完整度较高、具有良好发展基础的历史文化村镇相比，辽滨塔村的历史信息不完整，历史风貌不清晰，起点较低。因此辽滨塔村的发展应以历史文化的深度挖掘和精准阐释为核心，补足文脉的缺失，继而依托村落的自身特色发展产业，并以此成为新动力带动村落的经济驱动，避免历史文化村镇因经济落后走向衰败。

最终笔者确定了"历史文化兴村"的发展定位。"历史文化兴村"指利用历史文化使村庄重新焕发活力，主要体现在对文化、功能、经济、人居环境等问题的综合考虑。目前辽滨塔村传统的经济发展模式无法适应现代生活需求和促进村民长期稳定的收益机制建立，最终造成劳动力的流失。因此，利用自身优势发展新型产业是辽滨塔村的特色出路，在传承以农耕文明为主的传统产业基础上，结合政策及周边资源，积极拓展手工业、特色种植业、特色餐饮等农副产业，并以家庭为产业单元，给予村民一定的收益权利。将村内现有的重要空间节点和传统院落进行适当整治和改善，使其成为具有历史和乡村风味的舒适居住空间，外来人员的加入会给村庄带来缓慢的文化交流和一定的经济收入，最终形成历史特色浓郁、百姓安居乐业的历史文化村落。

三、历史文化兴村的建设策略

（一）总体策略

根据发展定位，对辽滨塔村域范围内进行建设定位，对接旅游者度假、祈福、休养、种植和文化体验的功能需求，结合现代农业发展，探索乡村旅游新业态。通过对辽滨塔村现状经济、社会、自然、历史条件的综合分析，将村域范围内划分成七个不同功能区

域，包括体验绿色生态景观的千亩园林休闲区、农林果树采摘区、基本农田种植区、防风沙林业区，以及娱乐休闲的辽河滩涂游乐区、体验农耕文化的乡村现代生活区、观览历史文明的辽滨塔村文化核心区（图8-3-1），七个区域发挥自有特色，统一定位，协调发展。

千亩园林休闲区位于村域内最西侧，秀水河岸边，现该区域主要为秀水河水源涵养红线区，功能包括水源涵养、洪水调蓄、生物多样性保护，在区域内禁止建设破坏主体生态功能的生产经营类项目，延续其生态调节的功能，利用较好的园林风光提供短暂休闲、观赏片区。

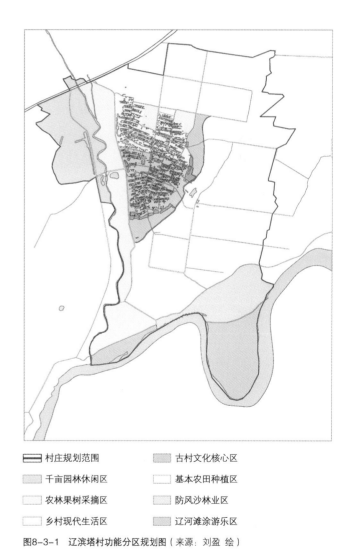

村庄规划范围	古村文化核心区
千亩园林休闲区	基本农田种植区
农林果树采摘区	防风沙林业区
乡村现代生活区	辽河滩涂游乐区

图8-3-1 辽滨塔村功能分区规划图（来源：刘盈 绘）

农林果树采摘区紧邻园林休闲区，现状主要以树林和种植的果树为主，保持现有功能不变，并将其绿植形式统一化、美观化，形成良好的景观，同时生产果蔬。

基本农田种植区环绕居住区的北部、东部和南部，现以种植苞米为主，考虑小面积增加其他绿植或农作物，丰富层次感，最终可带来一定的观赏价值和经济价值。

防风沙林业区位于滩涂区北侧，有效阻挡风沙对居住区和种植区的干扰。

辽河滩涂游乐区位于辽河北侧，为20世纪90年代改道后辽河流经的边界区域，现有区域内为泥沙覆盖，辽阔视角，特点鲜明。借以其地理优势，展现辽河古渡口传统样貌，让人想象到当年辽河码头的繁盛景象，在滩涂区内放置些许具有辽河水运文化的景观小品，在与相关政府部门的协调下，增加适当娱乐项目，如垂钓、野营、漂流等，与北侧历史文化核心区达成文化的呼应。

整个居住区的南侧历史遗存和传统建筑较为集中，作为村庄的辽滨塔村文化核心区，重点对历史文化进行演绎；居住区北侧内建筑多为30年内新建而成，具有一定的现代建筑风貌，区域临近农田种植区和果林采摘区，主要以农耕为特色，发展特色种植业，为乡村现代生活区。

根据上文所述，辽滨塔村的建筑可分为文物遗址和民居建筑两大类，文物遗址是辽滨塔村的文脉根基，而民居建筑则以大面积的存在决定了辽滨塔村的整体风貌。

（二）建筑保护和更新措施

结合辽滨塔村建筑的现状问题，紧扣保护和更新的主题，笔者提出辽滨塔村建筑保护和更新的三种措施，即历史文脉的保护与重塑、历史风貌的强化与延续、历史文化与现代生活功能的结合。

1. 历史文脉的保护与重塑

辽滨塔村的历史文脉来自于不同时期的历史发展，它们分别以显性和隐性的形态散落在乡村的各个空间当中。对乡村中的显性文脉资源进行保护、隐性文脉进行重塑，并通过一条设计轴线串联，使之统一协调，形成完整的历史文脉体系。这一过程可视为历史文脉的保护与重塑。

1）历史文脉的概念和构成

历史文脉中的物质遗产包括辽滨塔、辽州古城、复建古庙群、渡口遗址、娘娘庙、关帝庙、河神庙、辽河古道以及在古城和古塔出土的大量历史文物。经过千年演变，有些遗迹已不存在，但原址尚可寻，对这部分遗迹应结合史料和当地人口述，尽可能准确地再现。

历史文脉中的非物质遗产主要有满族民俗风情，由于汉化及人口外流等因素，这些民族文化遗产逐渐消失；其次还有宗教庙会、民间祭祀等传统文化，尽管传统的回忆依然流传在村民的口心，但因保护不当、建设不完善等原因，渐渐失去了留存下来的条件，其实质已徘徊在消逝的边缘。

2）保护与重塑的实施措施

结合发展目标进行文化与功能的定位，实施相应的措施，重点是发挥其传递的历史信息和对现实生活的价值。将历史文化遗产及其保护更新措施列举如表8-3-1所示。

2. 历史风貌的强化与延续

辽滨塔村在历史上最为显著的价值体现在其渡口的职能，是古代通往辽国内陆的关键码头，也因此成为兵家必争之地，明清时期航运发展鼎盛，成为提供辽东军需的水陆交通中心及货物集散地。而今由于民国后期辽河航道的没落，关于此类的风貌早已荡然无存，现有村庄产业也皆与航运业和渔业脱离关系，原有的历史风貌已不复存在，作为历史文化名村，仅有点状存在的历史

分类	文化遗产	措施
物质文化遗产	辽滨塔法王寺	现存情况良好，故提出保护原则及未来修缮的参考理论。根据当地政府的意见及现有地块，结合辽滨塔南部的空地，共同打造"祈福区和庙会区"，完善宗教文化祈福及外来人参与庙会的功能
	辽州城址	根据遗址保护的真实和完整性的原则，做适当"加法"，重现局部古城风采，并对古城内部的老街巷进行可识别性设计
	古渡口	遗迹尚保存有部分干涸河床及一处养殖水塘，考虑引水扩建，加以各朝代与辽河渡口有关的文化主题，辅以娘娘庙、河神庙等民俗祭祀类建筑充盈渡口文化空间，同时结合自然景观和现代功能，设置一些可供使用的空间
	娘娘庙	仅剩半块石碑，根据遗迹的可读性和可识别性原则，以及史料和其他有关信息对其进行重塑，使用现代材料和设计表达手法进行历史场景再现
	关帝庙	仅知遗迹位于辽州古城南，结合整体规划，以及关帝庙的设位习惯，将其放置，根据遗迹的可读性和可识别性原则，以及史料和其他有关信息对其进行重塑，使用现代材料和设计表达手法进行历史场景再现
	河神庙	仅知遗迹位于辽州古城南，结合整体规划，以及河神庙的设位习惯，将其放置，根据遗迹的可读性和可识别性原则，以及史料和其他有关信息对其进行重塑，使用现代材料和设计表达手法进行历史场景再现
非物质文化遗产	满族民俗	为满足现有村民的活动空间，同时传承民族文化，结合现有地块，建立民族广场，并提取相应的民族文化符号，在满族村民的民居建筑中得以传承
	宗教庙会	结合现有规划，在辽滨塔和法王寺南侧建立庙会区。提取宗教、民族文化，用设计的语言表达在建筑和景观小品上，同时满足庙会的祈福、看戏等功能需求
	民间祭祀	与后期再现的娘娘庙、河神庙、关帝庙结合设计祭祀空间

遗存是不够的，因此还需对大面积的区域民居（包括构成民居的各个单体要素）及其周边环境进行历史风貌的塑造与强化。

1）历史风貌定位

辽滨塔村历史风貌主要应用对象为村内大区域历史特色较少的民居建筑及其周边景观环境设施。

（1）辽河水运的历史特色风貌

辽滨城于东晋开始成为渡河要津、军事要塞。明清时期航运发展到鼎盛时期，成为提供辽东军需的水陆交通中心及货物集散地。1500年前的东晋时期，其地理优势初露锋芒，此时高句丽占领了辽滨城渡口，作为军事基地"武厉城"，处于高句丽境内天险——辽水之西，主要起巡逻戍卫作用，亦"武厉逻城"。公元611年的隋朝，隋滑国公李景，奉令东征，先攻下辽河右岸

高句丽之"武厉逻"等守备城，然后强渡辽水，深入辽东腹地，是为隋朝东征之始。经查证，有关史料证实此事，《隋书·高丽传》："是行也，唯于辽水西拔贼武厉逻，置辽东郡及通定镇而还。"[①]辽滨城渡口作为开启辽东腹地的大门，其交通位置的重要性显露无遗。《资治通鉴》记载，唐贞观十九年（公元645年），唐太宗李世民亲率大军和辽东道行军大总管李世绩一起东征高句丽，四月"世绩自通定镇搭浮桥济辽水，至玄菟。"[②]《辽史》记载："唐太宗亲征高丽，李世拔辽城；高宗诏程振、苏定方讨高丽，至新城，大破之；皆此地也。"[③]从此可以看出在唐朝时期其作为交通要地、军事要塞所担任的关键角色。辽代，辽太祖耶律阿保机从辽滨塔发兵灭渤海国，渡辽河，辽滨塔村也是要津。明朝供给辽东的军需抵达辽东地区后，一部分在旅顺上岸，供

---

① 魏征. 隋书·高丽传. 唐贞观十年。
② 司马光. 资治通鉴. 宋元丰七年。
③ （元）脱脱. 辽史. 元至正四年。

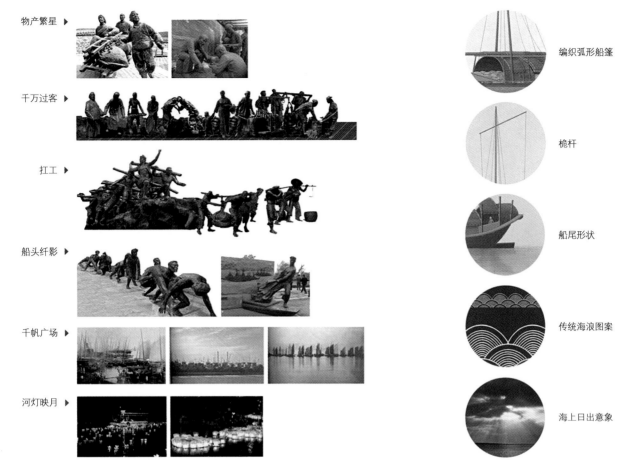

物产繁星 ▶

千万过客 ▶

扛工 ▶

船头纤影 ▶

千帆广场 ▶

河灯映月 ▶

编织弧形船篷

桅杆

船尾形状

传统海浪图案

海上日出意象

图8-3-2　辽河水运码头符号提取（来源：本书编写组 绘）

给辽南地区的驻军（金、复等地），一部分继续北上，进入辽河，在三岔河码头停泊（辽河、浑河、太子河会合处），然后再换成当地帆船北行。由于开原是辽北重镇，驻军众多，运送军需的船只直抵开原附近老米湾，而辽河口至开原附近老米湾距离较远，运送军需的船只经过新民辽滨塔则需要在此进出和停靠。

历史价值的体现决定着其历史风貌的选择，风貌上主要反映以交通为核心的各个时期包括东晋至民国年间的历史信息，将历史信息及符号提炼如图8-3-2所示。

（2）清末民国初年的传统建筑风貌

尽管有辽滨塔及古城等辽代遗存遗迹，但辽州在辽代时的地位、性质、职能均无一特殊，且其当时只是作为下节度州，地位不及府衙，典型性及现今保存程度完好性也不如同等级别的双州。辽代时期，契丹人多为游牧，多为半地穴，鲜有辽代民居建筑的遗存。金末时期，辽滨城毁于"贞佑之战"，自此无人居住。明代时期辽滨塔村作为辽河航运的重要交通节点，由于地处边墙外，无居民居住，仅作为停靠渡口运送军需。

冯永谦先生在《汉代襄平、望平、辽阳今地辩》一文中提到："经我们考古调查，今辽滨塔村形成村落年代较晚。"[1]因为辽滨古城被蒙古铁骑踏平以后，此处一

---

① 冯永谦. 汉代襄平、望平、辽阳今地辩［J］. 社会科学战线，2004.

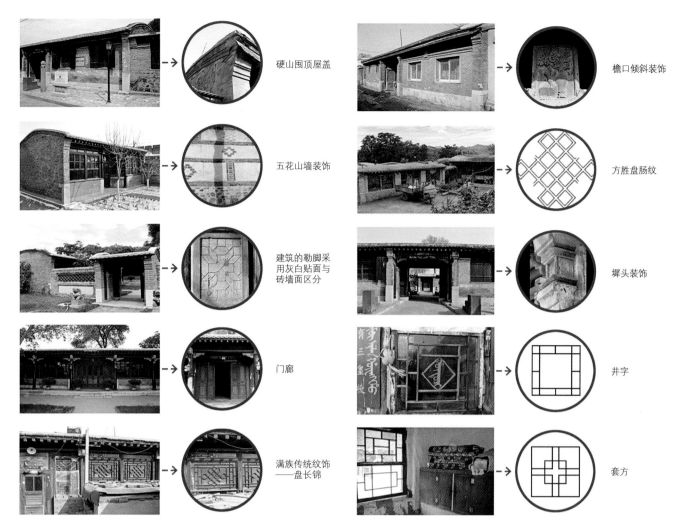

图8-3-3　清代时期辽滨塔村周边辽河航运村镇民居符号提取（来源：本书编写组 绘）

直荒置了二三百年，附近的人们不管是放牧还是渔耕狩猎，均不愿靠近这座死亡之城。大约在明末清初，努尔哈赤从吉林长白山地区，将大批女真人迁移至辽滨塔地区居住，当地的满族村民重修辽滨塔古城墙，用土筑城，城墙宽5米，上面能走马车。古城之内，到20世纪60年代以后陆续有人居住。

辽滨塔村处于辽河北岸，而辽河在清朝时是一条"黄金水道"，航运业带动了辽滨塔村的发展，然而这种鼎盛时期并没有持续多久，1905年水土流失和侵略战争成为辽河航运经济由兴盛走向衰败的界标，辽滨塔村渐渐失去了原有辽河航运沿岸城镇的作用。可以确定的是，清代时辽滨塔村地理位置非常重要，对沈阳地区有着极为重要的影响，给周边地区带去了繁荣，回顾历史，此类村镇鲜少，故地位极重，且至今辽河古码头的遗迹尚存，干涸的河床仍在沙哑地讲述着属于这里的繁华，如今，辽滨塔村的建筑虽已丧失最辉煌的清末时期的历史特点，但其风格也是清代延续。

纵观整个村落的历史发展，始于东晋，盛于清末，延于当下，选择辽滨塔村最辉煌的清末民国初年航运黄金期的风貌作为历史风貌的主要因子（图8-3-3），结合本地建筑特征，以大量的民居建筑和其他环境要素为载体，对本村应有的历史特点予以加强。

2）强化与延续的实施措施

结合发展目标进行文化与功能的定位，实施对应

措施。将民居建筑及其相应保护更新措施一一列举如表8-3-2所示。

民居建筑保护更新意向设计表（来源：刘盈 绘）　　　　　　　表8-3-2

	分类	措施
已建	历史建筑	加强原有历史特征，对功能空间合理保护及再利用
	居住建筑	通过改造的手法，一方面强调提取历史文化并将其赋予在风貌之上，另一方面对现有功能不合理的地方进行改良，具体改造程度根据建筑实际情况而定
	公共建筑	
新建	居住建筑	通过更新设计的手法，新建集历史风貌与现代功能为一体的建筑、景观及环境要素，与现代的生活文明之间预留出一定的弹性空间
	公共建筑	

3. 历史文化与当代生活的适应

现今许多如辽滨塔村般的历史文化名村面临发展困境，原因有多种，如村里人口过疏化、老龄化、保护意识薄弱等，虽问题表现不一，但根本原因都与历史名村现代化进程缓慢、基础设施薄弱、保护资金不足等局限条件有关。因此，解决这些问题的根本措施是从功能入手，顺应时代发展，改善村民生活环境，提升村民生活水平，继而解决历史名村所遇到的表象问题。在探讨这一部分问题时，除进行数次现场调研和信息采集外，还结合了对当地居民进行逐户访问的研究方法，避免以第一视角的感知去评判问题。通过分析得出，辽滨塔村的功能改善所服务的主要对象分为村民和外来人两种，据此，将辽滨塔村的建筑做具体功能改善，措施如下：

第一，对村民生活的功能改善。生活空间的改善：解决人车混流带来的流线交叉的问题、解决建筑平面功能与现代生活文明的过渡问题以及废弃猪圈空间的再利用问题；生态环境的整治：解决人畜混居带来的环境问题、公共空间的垃圾治理和预防问题。

第二，对外来人的功能改善。主要包括公共服务空间和相关建筑、设施，如民宿、停车区、民俗广场、古渡口广场、庙会区、千亩园林休闲区、果林采摘区、辽河生态沙滩游乐场、辽河渡轮、辽河漂流、农业观光采摘区、垂钓区等。

根据辽滨塔村社会、经济、文化的内在因素及建筑现状，提出"历史文化兴村"的发展定位。对其发展旅游的可能性及定位进行全面的分析，谨慎提出相关设想；深度挖掘本地历史特色，改善辽滨塔村历史风貌的同时满足功能需求，如渡口遗址向渡口广场的转变，不仅延续古迹记忆，重新回归集聚中心职能，更解决了村民对公共活动空间的需求。吸取其他地区经验教训，不盲目发展旅游，避免过度商业化、统一化，充分利用自身条件进行保护和更新，以提高村民生活水平、改善村民生活环境为目标，强调在生活中对文化进行传承，在改造中提升居住质量。通过进一步细化和解读策略，将建设内容主要分为三个部分：历史文脉的保护与重塑、历史风貌的强化与延续、历史文化和当代生活的适应。

第四节　辽滨塔村历史文脉的保护与重塑

这些具有历史人文价值的建筑及环境空间，至今或显性，或隐性地存在于村庄中，鉴于此地域性的共性问题，首先应将其全部挖掘、分析、梳理，确认好保护和重塑的对象。其次保护中应尽量保持原貌，保存其历史价值；重塑设计中应充分考虑与当地历史文化的联系，延续历史脉络，吸收传统符号，运用意向元素。

一、历史文脉的保护

需要保护的历史文脉一方面多为现仍存在的遗址、文物，在辽滨塔村中确切地指的是辽滨古塔、辽州古城和复建的法王寺，另一方面为仍在延续但规模明显缩减的非物质性遗产，如宗教庙会。

（一）辽滨古塔维护与修缮

辽滨塔为省级文物保护单位，属于辽滨塔村文化遗产保护中级别最高的重点保护对象。1993~1997年，沈阳市文物考古工作者配合辽滨塔抢修队伍完成了维修工作，此前的辽滨塔因年久失修，风化程度较高，残高约31.4米（图8-4-1）。修复后的塔坐落在约1.5米高的塔台上，塔台高于其东侧的辽滨县城，为修塔时夯土夯筑（图8-4-2）。

虽然辽滨塔村已于2017年被评为省级历史文化名村，但目前没有明确的保护规划，也没有针对辽滨塔的保护措施和管理办法。之前的两次修复之间相隔百年，修缮不及时导致文物损坏严重，为下一次修复带来极大的困难；在最近一次辽滨塔的抢救工程中，密檐部分坡度修复过缓，造成塔顶部分低矮，比例不协调。据当时辽滨塔旁居住的老者回忆，修缮队工程人员多为南方砖石修复工作团队，对于本地文物的认知尚待深化。

修缮不及时，工程团队对文物的了解缺乏深化，缺少上层保护规划，是辽滨塔目前保护中最大的三个问题。

在下一步具体开展针对性的保护时，主要分为以下两步：首先，编制保护规划，参考《中华人民共和国文物保护法》中对文物保护单位的规定，由新民市或上级政府部门组织对辽滨塔村保护规划的编制工作，将其纳入新民市总体规划。保护规划包括对辽滨塔保护范围的划定，附以标记，记录并建档。在辽滨塔外划定建设控制地带，禁止在此区域内建设对辽滨塔历史风貌有影响的工程。在辽滨塔保护范围和建设控制地带内，不可建设对辽滨塔及其环境有污染或安全的设施或活动。其次，启动保护工程，包括日常维护和重点修缮。对辽滨塔定期检查修缮，维护内容主要包括辽滨塔的形态、构造逻辑以及集中在塔身及塔座上的砖雕装饰物，如流苏宝盖、飞天、壶门等，修缮时应由对应文物行政部门批准，由取得文物保护工程资质证书的单位进行相应的保护工程。对辽滨塔现有不符合历史的部分，重点指塔刹，进行重点修缮，请历史专业人士在对辽滨塔文献

图8-4-1　维修前辽滨塔旧貌（来源：网络）　　图8-4-2　维修后辽滨塔现状（来源：朴玉顺 摄）

或同一建制时期、相近地区的辽西古塔进行完善的考究后，共同与具有资质的修缮团队制定详细的修缮计划，包括修缮内容、程序、工艺等。

（二）法王寺的保护性设计

21世纪初期，法王寺的恢复重建工程落地，现主要由天王殿、大雄宝殿、东西二层配殿等构成，其中东配殿为集中诵经的场地，西配殿负责制作斋饭，东西配殿的二层皆用以接待外来短住的香客。寺庙日常功能主要以拜祭祈福、礼佛诵经为主，每逢初一、十五或其他佛教节日人气旺盛，前来祈福、参加庙会的人以周边县市为主，少数来自内蒙古、北京等地。

对法王寺的保护设计，首先应遵循"维护文物现状"的原则，保持其环境的真实性，由于本地法王寺原貌已不得而知，在上次的重建过程中，是由沈阳文物保护单位参考同一时期相近地区的庙宇重建而成，因此一定程度上具备完整性和历史原真性，笔者对其保护性设计中尊重现有风貌，着重考虑对其功能的完善，以及对周边建筑环境的综合协调处理，为适应辽滨塔村的发展进行新的尝试。

法王寺占地面积约5000平方米，早在2001年，沈阳市政府的批复中便划拨16669平方米用地作为宗教活动场地。现状中法王寺的南部和北部用地仍为大面积空地，并没有实际建设项目，而规划中南部用地拟为庙会文化广场，北部用地近期拟建辽滨塔公园，供村民及外来人休闲游憩，同时解决居住区内绿化较少、纳凉之地难找的实际问题。

笔者结合市政府规划、现状建设情况，以及"历史文化兴村"的建设目的，将法王寺以及其南、北空地结合设计，形成辽滨塔花园区、法王寺祈福区、庙会区三个主要区域，同时结合东侧的辽滨塔，通过合理的人、车流线进行串联，在景观视觉上形成两个主要轴线序列，并将功能组织加以完善，将物质和非物质的保护对象统一进行设计，最终形成一片整体有序的宗教活动场地（图8-4-3）。

（三）辽州古城城址局部再现

辽州古城和辽滨塔同属辽代遗留文物，但不同的是，辽州古城并没有被列入文物保护单位。现有古城墙分布在古城的西北角、西南角和北侧，皆为夯土堆状，置于农宅田地或道路两侧，不易被人发现，城内中央有一条南北大路，贯穿古城南北二门，至今尚为村内主要街巷，原南、北二城门的所在地经村内老人指引亦可得知。

由于城墙遗存较为分散，且现有状态使得对原古城遗址的可读性难度提升，因此强调出原有城墙的边界，具体包括可逆性的延伸现有城墙至古城四角，结合村内老人叙述，原址再现古城门，并与城墙结合，用现代材料新建西侧和东侧局部古城墙，限定古城空间的同时，与古城的西侧庙会区和东侧渡口广场形成适当的呼应（图8-4-4）。同时利用古城内老街旁的矮墙对辽州古城的生活进行再现，景墙内容取自辽代射柳运动和辽代鱼纹，景墙中文字部分介绍了射柳运动形式特点以及双鱼纹简介（图8-4-5）。游走在古城内，不仅能欣赏到千年前的遗址，更能在脑海里追溯发生在辽州古城的生活场景，不失为一场极具趣味性的历史文化之旅。

二、历史文脉的重塑

辽滨塔村内有些遗址已不复存在，但遗迹仍存，它真实存在的地方如同胶片一样携带着不衰的记忆，以特有的历史价值与效能承载着现时社会的真实性。在辽滨塔村中确切地指的是古渡口遗迹，娘娘庙、关帝庙、河神庙的遗迹。随之面临消逝的还有一些无形的传统文化，积极保护这些地方人文环境及传统文化要素，如民间祭祀、节日民俗、风土特产等，并结合现有场地给予其特定的场所空间，保证文化长远流传下去。

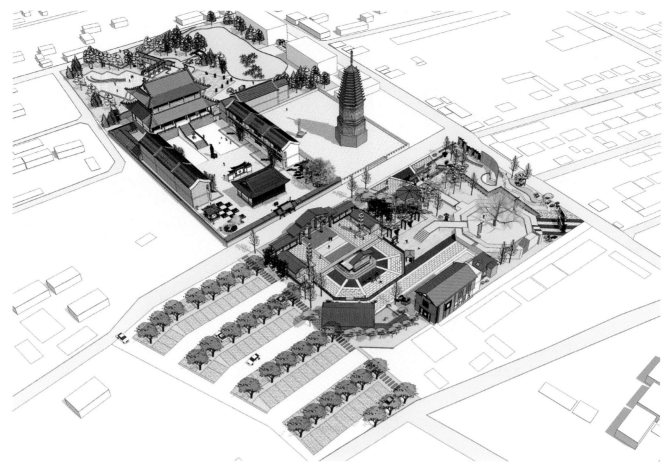

图8-4-3 法王寺及周边环境整修后效果图（来源：刘盈 绘）

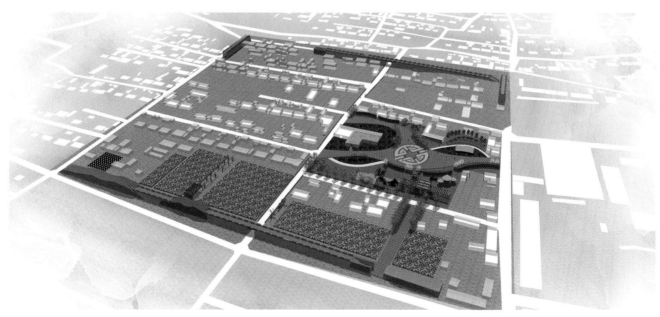

图8-4-4 辽州古城遗址再现效果图（来源：刘盈 绘）

图8-4-5 城内矮墙改造成景墙效果图（来源：窦晓冬 绘）

（一）古渡口的景观重塑

自东晋至清末的千余年，古渡口作为辽东内陆的"西大门"，演绎着辽河两岸风云变幻的故事，军事要塞重地的职能曾赋予了古渡口、辽滨塔村乃至辽滨塔周边村镇的历史辉煌，时至今日，比较沈阳地区因渡口而兴的村镇，仍以辽滨塔村古渡口最为深入人心。

具体古渡口所在地曾因辽河的不断改道而发生变化，笔者只选取历史上曾作为古渡口，如今仍有少量遗迹的部分进行重塑，部分地区引注水流，形成环绕辽滨塔村东部和南部的形态。重塑的设计策略包括对现有老渡口的历史遗存进行全方位的保护，主要有贝壳、船只等；对现已消失的、历史上确是辽滨塔古渡口的物质或非物质遗产，结合史料及当地人的口述，尽可能准确地再现，目的在于重塑辽河古迹，延续历史印记，使其重新成为重要的集散场地（图8-4-6）。

重塑后的古渡口作为广场使用，一方面结合其特有的自然特质，塑造休憩娱乐之地，解决村内没有集中绿化休闲场地的问题；另一方面充分利用景观小品等要素展示其文化特质，使人在身心放松时便将历史记于心中。整个广场按实际地块、结合历史信息共分成四个主题区域，分别为历史长河阅览区、村民休闲活动区、民俗祭祀祈福区、渡口垂钓娱乐区，四者结合共同展现辽滨塔的渡口文化。

1. 历史长河阅览区

集中表现辽滨塔村古渡口的历史文化，通过不同文化空间主题，丰富古渡口广场。文化主题主要包括史料记载的重要历史事件或广为流传的历史故事，按时间的顺序，自上而下展开，结合现有地形的变化，组织成一定序列的景观轴线。历史事件按时间顺序有"东晋时期高句丽占据作为军事要地""隋滑公李景强渡辽水开始东征""唐太宗渡河夺城""辽太祖发兵渤海国""金末贞佑之战惨遭屠城""明清时期运送军需物资"等历史事件。除此以外，文化主题还包括"船""锚""网"等辽河文化相关的物质进行内容上的丰富。这段景观设计中主要以纪念为主，重视其历史意义，采用意向元素运用和场景再现等手法，主要载体有浮雕文字壁、时光廊道、文化雕塑等（图8-4-7～图8-4-9）。

2. 村民活动区

为使得渡口重新成为村庄的聚集点，恢复千年前的人气场景，利用良好的自然景色为村民提供活动区域，辅以民俗和本地历史文化，使得活动区更具有文化气息（图8-4-10）。

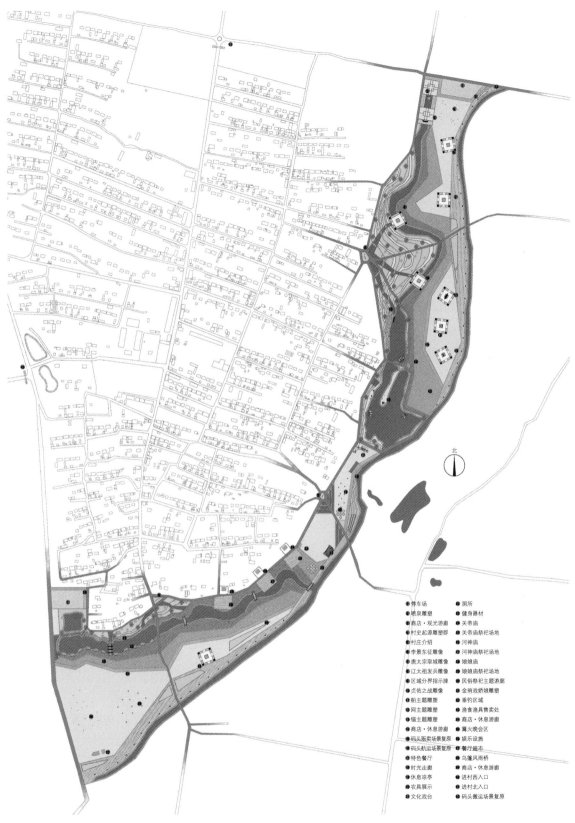

北

● 停车场	● 厕所
● 喷泉雕塑	● 健身器材
● 商店·观光游廊	● 关帝庙
● 村史起源雕塑群	● 关帝庙祭祀场地
● 村庄介绍	● 河神庙
● 李景东征雕像	● 河神庙祭祀场地
● 唐太宗取城雕像	● 娘娘庙
● 辽太祖发兵雕像	● 娘娘庙祭祀场地
● 区域分界指示牌	● 民俗祭祀主题游廊
● 贞佑之战雕像	● 金狗戏娇娘雕塑
● 船主题雕塑	● 垂钓区域
● 网主题雕塑	● 渔食渔具售卖处
● 锚主题雕塑	● 商店·休息游廊
● 商店·休息游廊	● 篝火晚会区
● 码头贩卖场景复原	● 娱乐设施
● 码头航运场景复原	● 餐厅超市
● 特色餐厅	● 乌篷风雨桥
● 时光走廊	● 商店·休息游廊
● 休息凉亭	● 进村西入口
● 农具展示	● 进村北入口
● 文化戏台	● 码头撒运场景复原

图8-4-6 古渡口广场平面图（来源：刘盈 绘）

（a）辽太祖发兵渤海国主题雕塑　　　　　　　　　（b）读书、渔樵、贩卖传统文化主题雕塑

图8-4-7　文化雕塑主题节点广场（来源：刘盈 绘）

图8-4-8　码头航运场景复原文化广场（来源：刘盈 绘）

图8-4-9　"船""锚""网"文化广场（来源：刘盈 绘）

3. 民俗祭祀祈福区

因此段渡口临近村内的娘娘庙、河神庙、关帝庙遗址，这些庙宇皆为民俗祭祀之用，娘娘庙、河神庙起于对河、水敬仰所建的拜祭之地，祈求辽河运道畅通、风调雨顺，如今古渡口已不再具有曾经的辉煌，也已失去了航运的职能，但对于辽河的崇拜依然存在于辽滨塔村世世代代人的心中，当地人对于曾经的民俗祭祀依然饱含深情，滔滔不绝地讲述当时的场景。因此，将此区域作为民俗祭祀祈福区，在其中设置三处与庙宇对应的祭祀场地，如图8-4-11所示为河神庙与之对应的祭祀场

图8-4-10　村民活动区（来源：刘盈 绘）

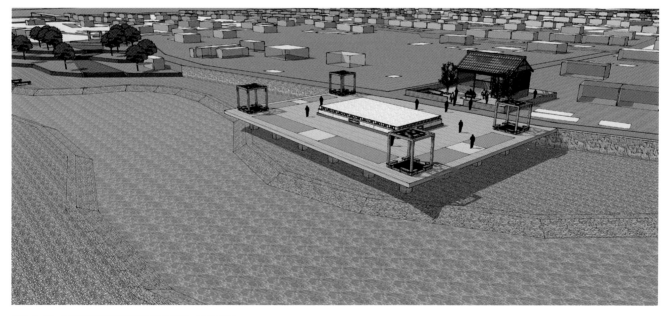

图8-4-11　河神庙与民俗祭祀祈福区（来源：刘盈 绘）

图8-4-12 渡口垂钓娱乐区（来源：刘盈 绘）

所。同时设置相关主题的游廊，方便人们了解辽滨塔村民俗文化，并促进村民及外来人参与其中，增强民俗祭祀的宣传，传递始于辽滨塔村民间的传统文化。

4. 渡口垂钓娱乐区

增强人与古渡口的互动，引进部分投资较小、容易操作的现代娱乐方式。利用现有的两个鱼塘，加设钓鱼台，形成垂钓区域；或通过由乌篷船、囤顶演变而来的小桥，进入篝火晚会区域，充分领略河边娱乐的趣味；或加以当地辽河民俗故事，如"金驹戏娇娘"，在动静结合之间融入渡口。这段景观设计中主要以体验为主，重视其现实意义，采用渡口符号再现和意向元素运用等手法，结合已有现状，配置齐全的渔具售卖部、娱乐设施区、公共卫生间、休息凉亭等公共设施（图8-4-12）。

（三）娘娘庙的补足性再现

据史记载，娘娘庙的遗迹位于古城南侧，原庙内供奉水神娘娘，用以祈福、防治辽河河水泛滥。所建年限已不可得知，据当地人口述其被毁于"文化大革命"时期。现为村南关姓民居南院，现有遗迹区域约为20米×20米，东西两侧多为农植院落，视野开阔，南临水塘，与水塘之间有高差约3米。

遵循保护遗迹重塑的完整性原则，保持遗产及其周围环境的完整。在重塑设计中，将娘娘庙遗址与南侧水塘进行完整性保护，内容包括主庙的设计和祭祀场地的延伸，延伸至水塘边的祭祀场地同时又赋予民间祭祀文化以物质空间的载体，并在水神娘娘庙与水之间取得联系。坚持遗迹重塑的原真性原则，以历史真实性和可靠文献为依据，再现记载中娘娘庙的正门之上的三块匾额，分别为"乾坤保赤""苍生托命"和"佛光普照"

图8-4-13 娘娘庙效果图（来源：刘盈 绘）

（图8-4-13），同时尽可能多地利用真正的历史遗物，将残留半块石碑置于重塑后娘娘庙的院落一角，进行原貌保护，保证其可读性。在建筑形态与建筑材料的选取上，结合历史建筑形态和现代建筑材料，根据史料和其他相关信息进行设计参考，选取沈阳地区其他娘娘庙常用硬山双坡的屋顶造型和三开间的平面格局，不盲目复古的同时尊重原遗址的历史性，主要以钢、玻璃和木条、砖石为主要材料进行搭建，将主体结构搭建方式适当简化，增强主庙结构的易读性，用现代的语言讲述历史之美。

（四）河神庙的演绎性再现

关辽滨塔村的河神庙，史书上没有详细的记载，仅经老辈人代代口传知晓其大致的建制年代比辽滨塔还要久远，位于辽州古城外，且属于民众自建的河神庙，是用于供奉河伯、龙王的庙宇，祈求神灵保佑辽河安澜、运道畅通、风调雨顺等的心理诉求。

结合辽滨塔村整体规划，在尊重史料的基础上，结合河神庙的设位习惯，将其置于城南沿河岸边，左邻娘娘庙。遵循遗迹的可逆性原则，根据史料和其他相关信息将其重塑，其形态源自中国古典建筑形式硬山房，抽象硬山式建筑结构特点，使用现代建筑材料和古典结构搭建方式相结合，既不盲目复古又尊重了原遗址的历史性。其中建筑材料主要为工字钢、玻璃和木条，三种规格的工字钢搭建而成的钢结构，既符合现代的工艺和审美，又不失对历史的可读性（图8-4-14），同时延续娘娘庙的做法，主庙前置滨水祭祀场地，满足现代人对河伯、龙王的祭祀功能，重塑河神庙的同时，也延续了辽滨塔村传统民间祭祀文化。

图8-4-14　河神庙效果图（来源：刘盈 绘）

（五）关帝庙的推演性再现

辽滨塔村的关帝庙曾建于清代，毁于"文化大革命"时期，是国泰民安的象征，如今其原型已不在，据悉当时的雕工技术非常细腻，双坡硬山屋顶、三开间，墀头装饰图案样式繁多。

史料对于关帝庙的位置并没有详细记载，为了更好地呼应辽滨塔村整体规划，将其置于城南，与娘娘庙、河神庙共同组合为有关民俗祭祀的区域。由于本地关于关帝庙的记载不多，遵循遗迹重塑的原真性原则，尽可能多地利用真正的历史遗物、文化遗迹和有真实历史信息的物质载体或非物质文化，对其进行重塑。

（六）满族民俗文化广场

满族是辽滨塔村的主要人口起源，也在现状人口组成中占有浓墨重彩的一笔，至今也有很多对于辽滨塔村满族习俗的真实记载，而今村内对于此却几乎了却无痕，对于民俗文化这种无形文化遗产的重塑，需结合现有场地，作为其展示和流传的物质空间。

位于辽滨塔村的中心位置，辽州古城内西部、南邻东塔村村支部，有一处空地，原为辽滨塔小学所在地，后因教育资源集中改革，取消辽滨塔小学，自此闲置于此，无人管理，渐渐成为村内儿童嬉闹娱乐场地，杂草丛生带来安全隐患的同时，也极大浪费了土地资源。现规划设计此地为满族民俗文化广场，与西侧的庙会区在功能上遥相呼应，文化上互相丰富（图8-4-15）。

因此笔者提取了满族的文化典型特征，包括在服饰、乐器、剪纸、容器、特色祭祀用品、门窗、建筑等领域提取可用的满族特色装饰符号。通过简化重组设计，结合村民的需求，再现于广场内，媒介包括硬软地铺、绿化植被、景观小品和座椅等活动休息设施，意求打造具有满族特色的文化广场，除了适当增加活动场地供村民休闲娱乐外，还兼有举办满族一系列民族文化活动的功能，极大程度上营造了满族民俗的氛围。

图8-4-15　满族民俗文化广场平面图（来源：刘盈 绘）

第五节　辽滨塔村历史风貌的强化与延续

一、历史风貌的强化

需要风貌强化的建筑，包括有一定历史价值但风貌特征随时间淡化的历史建筑，或建设年份较近、体现历史风貌特点不足的居住建筑和公共建筑，以及在面积和数量上对辽滨塔村整体历史风貌起着画龙点睛影响的环境设施、景观小品等。

（一）历史建筑的再利用

1. 知青馆文化展览馆

建于1958年，为知青下乡时的生活用房（图8-5-1）。位于整个村庄的中心位置，西邻辽滨塔，主要建筑为一栋五开间青砖墙青瓦双坡屋顶建筑，现为私人居住用房。在充分尊重居住者意愿的基础上，遵循历史建筑的保护更新原则，结合村庄的整体规划对其进行保护更新设计。设计策略是在保持原来"外貌"的基础上，同时进行建筑内部环境的改善和结构的加固，利用原材料对屋顶结构和立面进行修缮。结合历史特色，强化其历史信息，适当植入新功能——文化展示，复活其文化价值（图8-5-2）。

2. 知青体验生活馆

建于1958年，为知青下乡时的生活用房。位于整个村庄的东北部位置，仅一栋主要建筑，为三开间青砖墙青瓦坡屋顶建筑，建筑面积约72平方米，现为张氏村民所有，目前空置。现有建筑内部具备良好的布局及陈设，室外院落开阔，结合现有状况，为加强历

图8-5-1 现状图（来源：刘盈 摄）

图8-5-2 改造平面图（来源：刘盈 绘）

图8-5-3 知青体验馆效果图（来源：刘盈 绘）

史信息的应用，考虑将其功能定义为知青体验馆，包括室内和室外两大部分。建筑室内的更新设计，包括结构、内外立面造型和平面功能三部分。此房长期无人居住，应对建筑结构进行检修，主要是屋顶梁架。建筑外立面保存较好，坚持保护真实性的原则，仅将破损严重的门窗进行替换或修整，恢复原有样式；建筑内部拆除后置天花板，修整破损的火炕、内墙，粉饰墙面。平面功能以原有格局为主，东侧两间为卧室，西侧一间清理杂物后作为客厅，并根据现有功能新增部分室内家具用品，如煤油灯、闹钟、四方桌、长凳、书柜，体现知青在艰难的生活中对学习的坚持，强化空间特点。室外院落部分以知青务农为主题，利用几块方整土地，再现"整体翻土""镰刀割麦""肩挑车推""浇水施肥""丰收苞米"等不同的劳作场景，土地一边置道具，参观者可体验其中，感受知青劳作生活（图8-5-3）。

图8-5-4　生产大队改造效果图（来源：刘盈 绘）

3. 生产大队商店再利用

辽滨塔村生产大队商店是1958年人民公社时期所建，由三栋建筑及院落组成。中间最主要的一栋为五开间青砖墙双坡青瓦屋顶建筑，屋架结构破损严重，屋顶坍塌，瓦片脱落，外墙面有明显修补痕迹。东西厢房均为青砖墙囤顶建筑，其中东厢房屋顶部分坍塌，西厢房保存较好，现建筑被闲置，院内杂草丛生，仍有部分农作物生长。

对于长期空置的生产大队商店，运用保护为主的修缮方式进行结构加固和立面修复，结合现代功能演绎"古""今"对话，同时平整屋前空地作为活动广场，再次为村民提供更新后的社区文化活动场地。主要建筑和东厢房考虑屋顶结构的重修，充分利用原材料和原工艺对其进行修缮。立面上对三栋建筑的墙体结构进行修整，拆除后建加固部分，对于破损、变形门窗进行替换，替换门窗均恢复原有样式。改造后的建筑平面功能以售卖、展览、阅览为主，兼顾存储商品和书籍，文化上以展现人民公社时期的爱国、勤劳、团结、好学为主，院落为红旗广场，中央置红旗台，东侧有黑板报、宣传栏，北侧有休息桌椅，塑造团结朴实的生活氛围（图8-5-4）。

（二）公共建筑风貌改造

辽滨塔村内公共服务类建筑包括超市、卫生所、村史馆、村支部。对经营性建筑的标志牌进行统一，对尚未投入使用但与本村历史文化实物息息相关的村史馆进行立面上的整改。

（三）居住建筑改造设计

传承辽滨塔村的历史风貌，主要是辽河航运文化和满族文化，对居住建筑进行风貌强化；改良现有功能不合理的问题，适当加入现代居住文明，增强文化氛围的同时增强村民居住舒适度。分别在辽滨塔村文化核心区和乡村现代生活区两个历史氛围浓淡不同的区域，选取在保存度及风貌较有代表性的两类居住建筑进行重点改造和一般改造。

1. 重点改造

位于辽滨塔村文化核心区，临近辽河附近，地理位置较重要、建成约四五十年的囤屋顶建筑，具有良好的传统建筑风貌基础，主人也有相关意愿和能力支撑，因此作为重点改造对象。目前这部分居住建筑的生产方式多为种植和养殖，发展后的辽滨塔村需满足外来人的临时住宿、饮食等，此区域的居住建筑可鉴于自身地理和年代优势，拓宽生产方式，如发展民宿、手工作坊等业态。本次重点改造的实际案例设计中，笔者选取较为传统的养殖方式和新兴的民宿经营方式对有条件的民居建筑进行改造。

1）民宿型

吴氏家常住有三口人，皆为满族人口，以种植苞米为主要生产方式。院落内建筑包括北侧的主要居住用房一栋以及西南角废弃猪圈一个，其中住房为传统红砖囤顶民居，保留了传统囤顶的建筑形态，猪圈为后期红砖砌筑而成，现主要用来放置杂物。院落分前院和后院，主要为菜园和果园（图8-5-5）。

改造方法是将原有院落中已废弃或利用率低、不满足现代生活功能的区域进行整改，主要居住用房平面格局基本不变；重新修整屋顶保证房屋结构安全；由于居住者为满族人，将其外立面加满族传统图案。将废弃猪圈改造作为交流小憩或家人聚餐之用。对其外观进行改造，将实砖墙改为镂空花纹砖墙。重新设计铺地，整修院墙，更换院门。院内种植绿植，利用旧物，如磨盘、

图8-5-5 吴家现状照片（来源：朴玉顺 摄）

农具等制作一些农家景观（图8-5-6）。

2. 一般改造

处于乡村现代生活区或景观节点外围的民居建筑，多为二十年以内建成，多为现代平屋顶建筑，地理位置相对未来发展较不重要，历史风貌体现较少，因此作为一般改造对象。目前这部分居住建筑生产方式多为种植和养殖，根据发展后的辽滨塔村，可考虑增加采摘园等项目增加收入，充分发挥民居院落的商业功能。本次改造以此生产方式的转变为主要改造点，在文脉传承和功

图8-5-6 改造后效果图（来源：嘎瓦朗杰 绘）

图8-5-7 李家现状照片（来源：朴玉顺 摄）

墙进行遮挡；院墙进行重新设计，增加装饰图案，加入镂空砖墙丰富外观。前后菜地设置木质栈道，利用栈道划分种植区域；前院增加具有一定观赏价值的爬藤架和菜棚（图8-5-8）。

（四）景观环境要素设计

除了重要景观节点要体现历史文化内涵和风貌特色外，村中的公共设施和小品也应该统一体现历史文化内涵及风貌。比如，辽滨塔村东入口为次要出入口，其设计灵感来源于满族民居的"五花山墙"（图8-5-9）；辽滨塔村的西入口为村庄主要出入口，其设计灵感来源于满族民居的"跨海烟囱"（图8-5-10）。

再比如，公共厕所的数量应以满足村民和外来人的使用为主，单独设置在主要景观节点或公共设施附近，位置应相对隐蔽，但要有明显的导向标志，在建筑造型上应一定程度地符合历史文化主题。此外，像垃圾箱、导视牌以及路灯杆等均应体现历史风貌特色（图8-5-11~图8-5-14）。

能上做出相应的调整（图8-5-7）。

现以李家为例说明，李氏家常住有四口人，为汉族人口，以种植苞米、蔬菜和打工为主要生产方式。院落内建筑包括主要居住用房仓房、厕所，房屋皆为20世纪90年代建的平顶房，主房状况良好。院落分为前院和后院，主要为种植用地。

改造方法是保留主要居住用房，对其进行风貌特色的强化。对塑钢门窗进行重新设计，使其具有传统建筑特色，主房门前设置玻璃顶形成阳光廊道。将厕所进行整改，并设置部分镂空砖墙以便通风，门口设置镂空砖

图8-5-8 改造后效果图（来源：嘎瓦朗杰 绘）

图8-5-9 东入口改造效果图（来源：本书编写组 绘）

图8-5-10 西入口改造效果图（来源：本书编写组 绘）

图8-5-11 公共厕所效果图（来源：本书编写组 绘）

图8-5-12 垃圾桶效果图（来源：本书编写组 绘）

图8-5-13 导视牌效果图（来源：本书编写组 绘）

二、历史风貌的延续

　　辽滨塔村中普遍存在现代农宅大量兴建的现象，但由于缺乏专业性的引导及文化自信感，新建民居多呈现与周边地区村镇无异的现代建筑风貌，平屋顶、白瓷砖成为新一代房屋的"代言词"，基于现状和发展要求，不仅要对已有建筑的历史风貌进行强化，更需考虑历史在未来的延续问题，对象主要为辽滨塔村的新建民居建筑（包括居住建筑、公共建筑）。

　　因此对于村民拟新建的房屋，首先应满足国家现行的法律法规及当代的使用要求，其次院落的组成要素及比例关系，以及房屋的立面构成、比例尺度、色彩和细部装饰应体现辽滨塔村的历史文化特点。在适当位置运用体现文化特色的装饰纹样，如辽河航运文化、明清民居文化、满族文化等。

图8-5-14 路灯杆效果图（来源：本书编写组 绘）

三、体现历史风貌的新建居住建筑

新建民居主要分为拆后重建、空地新建两种。拆后重建主要分布在村里文化核心区，目前此区内多为20世纪60年代的房屋，现存数栋濒临倒塌的危房，即使是使用中的房屋，也表现出不同程度的损坏，因此，此区域最有可能成为最近一批新建民居的实践点。按村庄规模发展方向及规划分析，空地新建位于乡村现代生活区的北部，用于满足人口增长所带来的住房需求，由于近两年人口外流严重，村内的人口日渐减少，对新建的需求量不高，本着不浪费土地的原则，目前的规划设计是农林采摘园区，未来若有住房需求，可及时更换，现将更新设计方案示例如下。根据现有两种区域内宅基地面积的不同，文化核心区现有宅基地约300平方米/户，同时结合良好的传统建筑风貌，村民可适当增加民宿、手工作坊等生产方式，并体现在居住院落内。乡村现代生活区的宅基地，根据用地扩张的发展规划，考虑400～600平方米/户，同时结合丰富的土地资源及自然风光，村民可考虑以种植、养殖、零售等生产方式。因此，对辽滨塔村文化核心区及乡村现代生活区分别设计新建住宅，居民可按自身条件和发展意向进行选择。

1. 设计示例一

位于辽滨塔村文化核心区拆后重建的住宅，为防止破坏周边传统建筑的天际线，新建住宅设定为1层，主要生产方式为特色餐饮，建筑面积为240平方米，各部分满足基本功能需求，建筑体量与本地传统民居相似，屋顶采用传统囤屋顶形式，颜色为灰色，墙体采用灰、棕、褐色调，与周边民居的色彩、体量相协调。建筑材料多就地取材，如对村内现有的石材、木材、青砖、红砖等充分利用，增强乡土表达力的同时很大程度上节约了成本。辽滨塔村现有传统建筑的门窗框多为木质，考

图8-5-15　总平面图（来源：本书编写组　绘）

虑到木材的造价和耐用度等问题，新建建筑拟采用仿木的板栗色铝合金材料进行替代。最后在窗下槛墙、窗间墙、门框内加以装饰，装饰符号素材来源于辽滨塔村的民俗或历史文化（图8-5-15～图8-5-20）。

2. 设计示例二

位于乡村现代生活区空地新建的住宅，为结合未来的乡村发展及功能多样化的需求，新建住宅设定为两层独立式民宅，主要生产方式为特色种植。建筑面积为186平方米。平面布局规整、紧凑，为了方便农民生产、生活，功能分区明确，并且实行动静分离、洁污分区，1层为家庭对外活动区，2层为内部生活私密区。考虑未来农村经济的发展，在平面设计中留有余地，如，随着给排水、燃气工程的启动，独立卫浴及现代厨卫在不久的将来会成为现实，预留管网以便日后与基础设施对接。考虑住宅目前对车库的需求、对外来人的居住需求等，在方案中均有增设，同时这些功能空间可根据实际变化进行调整，满足近期和远期的需求。建筑外

图8-5-16　效果图（来源：本书编写组　绘）

图8-5-17　门房立面图（来源：本书编写组　绘）

图8-5-18　主人居住用房立面图（来源：本书编写组　绘）

立面简洁，样式参考原有建筑形态，屋顶形式为囤屋顶与平屋顶的结合，为现代和传统乡村民居的相融，建筑体量设置为两层独立式民宅，更符合时代性发展的趋势，其中建筑屋脊高度一般不超过8米，满足历史文化名村建筑高度控制的要求。屋顶色彩采用土黄色材料抹面，墙体以白色调为主，在门窗框和阳台栏杆等局部点缀仿木色。对现有木材、石材、红砖等地方材料予以应用，增强本地乡土特色。同时，建筑细部装饰

和局部建筑符号的使用也与辽滨塔村特有的风貌协调（图8-5-21）。

辽滨塔村在辽宁的传统村落中是极具代表性的一种村落类型，也是当下各级政府准备重点保护和发展建设的对象。笔者在实地调研、历史文献研究、国内外先进理论借鉴以及辽宁当前经济社会发展现状的基础上提出对辽滨塔村的保护与更新思路和创新性方法，必将对辽宁地区其他传统村落具有一定的指导和借鉴作用。

图8-5-19 客人居住用房立面图（a）（来源：本书编写组 绘）

图8-5-20 客人居住用房立面图（b）（来源：本书编写组 绘）

图8-5-21　新建院落效果图（来源：本书编写组　绘）

附录一　辽宁省历史文化名村名镇名录

1. 国家历史文化名镇（公布时间）

- 新宾满族自治县永陵镇（第二批）
- 海城市牛庄镇（第四批）
- 东港市孤山镇（第六批）
- 绥中县前所镇（第六批）

2. 省级历史文化名镇（公布时间）

- 大连市瓦房店市复州城镇（2016年）
- 大连市城子坦镇（2010年）
- 大连市瓦房店市得利寺镇（2016年）
- 鞍山市海城市析木镇（2016年）
- 阜新市阜蒙县佛寺镇（2016年）
- 阜新市阜蒙县于寺镇（2016年）
- 辽阳市辽阳县下达河乡（2016年）

- 朝阳市朝阳县波罗赤镇（2016年）
- 朝阳市朝阳县胜利镇（2016年）
- 朝阳市朝阳县贾家店农场（2016年）
- 葫芦岛市绥中县李家堡乡（2016年）

3. 省级历史文化名村（公布时间）

- 沈阳市沈北新区石佛寺朝鲜族锡伯族村（2016年）
- 沈阳市法库县叶茂台镇叶茂台村（2016年）
- 新民市公主屯镇辽滨塔村（2016年）
- 阜新市阜蒙县红帽子镇两家子村（2016年）
- 佛寺镇查干哈达村（2016年）
- 七家子镇旧贝营子村（2016年）
- 朝阳市朝阳县东大屯乡士毅村（2016年）
- 凌源市四官营子镇小窝铺村（2016年）

附录二 辽宁省传统村落名录

中国传统村落

辽宁省有30个中国传统村落：沈阳市沈北新区石佛寺街道石佛一村、石佛寺二村，法库县叶茂台镇叶茂台村、四家子蒙古族乡公主陵村；鞍山市岫岩满族自治县石庙子镇丁字峪村；抚顺市新宾县永陵镇赫图阿拉村，新宾县上夹河镇腰站村；锦州市北镇市富屯街道龙岗子村、石佛村，北镇市大华镇华山村；阜新市阜蒙县佛寺镇佛寺村；朝阳市喀喇沁左翼蒙古族自治县南哨街道白音爱里村；朝阳县柳城镇西大杖子村，朝阳县西五家子乡三道沟村西、新地村，朝阳县北四家子乡唐杖子村八盘沟，朝阳县羊山镇肖家店村，朝阳县胜利镇三家村，北票市下府开发区三府村、大板镇波台沟村、上园镇三巨兴村、大板镇金岭寺村，凌源市三十家子镇裂山梁村、沟门子镇二安沟村、四官营子镇小窝铺村、乌兰白镇十二官营子村，葫芦岛市绥中县永安乡西沟村，绥中县李家堡乡新堡子村、加碑岩乡王家店村，连山区塔山乡盘道沟村。

省级传统村落

辽宁省有45个省级传统村落：大连市庄河市蓉花山镇蓉花村、庄河市青堆镇东社区、庄河市青堆镇西社区；鞍山市海城市析木镇姑嫂石村、海城市析木镇下林村、岫岩满族自治县石庙子镇丁字峪村、岫岩满族自治县朝阳镇北茨村；抚顺市新宾满族自治县上夹河镇胜利村；本溪市本溪满族自治县东营坊乡新城子村；丹东市宽甸满族自治县下露河乡通江村；锦州市北镇市北镇街道双塔村、北镇市富屯街道石佛村、北镇市鲍家乡高起堡村、北镇市大市镇大一村、北镇市富屯街道龙岗子村、北镇市大市镇华山村；阜新市阜新蒙古族自治县大板镇衙门村、阜新蒙古族自治县王府镇王府村；铁岭市开原市黄旗寨镇增家寨村、昌图县泉头镇泉头村、昌图县宝力农场四分场、昌图县长发镇翟家村；朝阳市朝阳县王营子乡八家子村、朝阳县胜利镇三家村、朝阳县七道岭镇苏家营子村、朝阳县胜利镇孙家店村、朝阳县波罗赤镇南洼村、朝阳县尚志乡冯杖子村百草沟、朝阳县黑牛营子乡章吉营子村、喀喇沁左翼蒙古族自治县公营子镇五家子村、喀喇沁左翼蒙古族自治县南哨街道白音爱里村、喀喇沁左翼蒙古族自治县官大海管理区东官分场、北票市下府开发区三府村、凌源市三家子乡天盛号村、凌源市三十家子镇裂山梁村、凌源市三道河子乡胡杖子村、凌源市宋杖子镇康官村、凌源市前进乡石门沟村、凌源市刘杖子乡郭杖子村、凌源市刀尔登镇烧锅地村、建平县黑水镇老西沟村；盘锦市盘山县得胜镇得胜村、大洼县西安镇上口子村；葫芦岛市连山区塔山乡盘道沟村、绥中县前所镇前所村。

序号	聚落（村落）名称	地点	现存主体聚落形成年代	类型	主要少数民族	备注	页码
1	永陵镇	辽宁省抚顺市新宾满族自治县	明末清初	山地	满族	第二批中国历史文化名镇名村	063
2	碱厂镇	辽宁省本溪市本溪县	民国	山地	满族		014
3	牛庄镇	辽宁省鞍山市海城市	清代	平原		第四批中国历史文化名镇名村	221
4	孤山镇	辽宁省丹东市东港市	民国	山地		第六批中国历史文化名镇名村	019
5	石佛一村	辽宁省沈阳市沈北新区石佛寺街道	清代	平原	朝鲜族、锡伯族	第七批中国历史文化名镇名村	286
6	赫图阿拉村	辽宁省抚顺市新宾满族自治县永陵镇老城村	明末清初	山地	满族	第三批中国传统村落	063
7	腰站村	辽宁省抚顺市新宾满族自治县上夹河镇	明末清初	山地	满族	第三批中国传统村落	057
8	佛寺村	辽宁省阜新市阜新蒙古族自治县佛寺镇	清代	丘陵	蒙古族	第三批中国传统村落	102
9	石佛村	辽宁省锦州市北镇市富屯街道	清末	丘陵		第四批中国传统村落	177
10	三府村	辽宁省朝阳市北票市下府开发区	清代	丘陵		第四批中国传统村落	107
11	裂山梁村	辽宁省朝阳市凌源市三十家子镇	民国	山地		第四批中国传统村落	107
12	二安沟村	辽宁省朝阳市凌源市沟门子镇	民国	山地		第四批中国传统村落	107
13	公主陵村	辽宁省沈阳市法库县四家子蒙古族乡	清代	丘陵	蒙古族	第五批中国传统村落	116
14	丁字峪村	辽宁省鞍山市岫岩满族自治县石庙子镇	民国	山地	满族	第五批中国传统村落	139
15	白音爱里村	辽宁省朝阳市喀喇沁左翼蒙古族自治县南哨街道	清代	丘陵	蒙古族	第五批中国传统村落	124
16	波台沟村	辽宁省朝阳市北票市大板镇	民国	丘陵		第五批中国传统村落	133
17	十二官营子村	辽宁省凌源市乌兰白镇	清代	山地	蒙古族	第五批中国传统村落	107
18	桓仁镇	辽宁省本溪市桓仁满族自治县	清代	山地	满族朝鲜族		021

序号	聚落（村落）名称	地点	现存主体聚落形成年代	类型	主要少数民族	备注	页码
19	南杂木镇	辽宁省抚顺市新宾满族自治县	清代	山地	满族		021
20	沟帮子镇	辽宁省锦州市北镇市	清代	平原		全国特色小镇	021
21	董家岭村	辽宁省本溪市本溪满族自治县小市镇	清代	山地	满族		036
22	瓮村	辽宁省本溪市桓仁满族自治县桓仁镇	明末清初	山地	满族		036
23	下甸子村	辽宁省本溪市南芬区	民国	山地			038
24	姜家堡子村	辽宁省凤城市东汤镇	民国	山地	满族		038
25	何家堡子村	辽宁省凤城市东汤镇	民国	山地	满族		038
26	坎子村	辽宁省鞍山市岫岩满族自治县石灰窑镇	民国	山地	满族		040
27	西堡村	辽宁省本溪市本溪满族自治县铧尖子镇	民国	山地	满族		042
28	佟家堡子村	辽宁省鞍山市岫岩满族自治县黄花甸镇	清代	山地	满族		043
29	双河村	辽宁省抚顺市清原满族自治县北三家乡	民国	山地	满族		043
30	程家村	辽宁省本溪市南芬区	民国	山地			053
31	胜利村	辽宁省抚顺市新宾满族自治县上夹河镇	明末清初	山地	满族		055
32	石坂村	辽宁省鞍山市岫岩满族自治县新甸镇	民国	山地	满族		064
33	田家街村	辽宁省鞍山市岫岩满族自治县大营子镇	民国	山地	满族		068
34	新丰村	辽宁省丹东市宽甸满族自治县大川头镇	民国	山地	满族		069
35	老砬子村	辽宁省本溪市桓仁满族自治县古城镇	清代	山地	满族		069
36	纪家街村	辽宁省本溪市桓仁满族自治县古城镇	清代	山地	满族		071
37	弯龙背村	辽宁省本溪市桓仁满族自治县北甸子乡	清代	山地	满族		071
38	刘家沟村	辽宁省本溪市桓仁满族自治县桓仁镇	明末清初	山地	满族		077
39	衙门村	辽宁省阜新市阜新蒙古族自治县大板镇	清代	丘陵	蒙古族		120
40	查干哈达村	辽宁省阜新市阜新蒙古族自治县佛寺镇	清代	丘陵	蒙古族	辽宁省历史文化名村	105
41	王府村	辽宁省阜新市阜新蒙古族自治县王府镇	清代	丘陵	蒙古族		105
42	牛心屯村	辽宁省阜新市阜新蒙古族自治县佛寺镇	清代	丘陵	蒙古族		105

序号	聚落（村落）名称	地点	现存主体聚落形成年代	类型	主要少数民族	备注	页码
43	塔营子村	辽宁省阜新市阜新蒙古族自治县塔营子镇	清代	丘陵	蒙古族		105
44	六家子村	辽宁省阜新市阜新蒙古族自治县塔营子镇	清代	丘陵	蒙古族		105
45	两家子村	辽宁省阜新市阜新蒙古族自治县红帽子镇	清代	丘陵	蒙古族		105
46	旧贝营子村	辽宁省阜新市阜新蒙古族自治县七家子镇	清代	丘陵	蒙古族	辽宁省历史文化名村	105
47	扎兰村	辽宁省阜新市彰武县大四家子镇	清代	丘陵	蒙古族		105
48	土城子村	辽宁省阜新市彰武县苇子沟镇	清代	丘陵	蒙古族		105
49	苏家营子村	辽宁省朝阳市朝阳县七道岭镇	民国	丘陵	蒙古族		107
50	南洼村	辽宁省朝阳市朝阳县波罗赤镇	民国	丘陵			107
51	田杖子村	辽宁省朝阳市朝阳县黑牛营子乡	民国	丘陵			107
52	北德立吉村	辽宁省朝阳市朝阳县贾家店农场	清代	丘陵			107
53	香磨村	辽宁省朝阳市朝阳县太平房镇	民国	丘陵			107
54	乌兰河硕村	辽宁省朝阳市朝阳县乌兰河硕乡	清代	丘陵	蒙古族		115
55	札兰营子村	辽宁省朝阳市朝阳县乌兰河硕乡	清代	丘陵	蒙古族		107
56	梁东村	辽宁省朝阳市朝阳县杨柳湾乡	民国	丘陵			107
57	八棱观村	辽宁省朝阳市朝阳县太平房镇	清代	丘陵			107
58	黄花滩村	辽宁省朝阳市朝阳县太平房镇	清代	丘陵			107
59	撒牛沟村	辽宁省朝阳市朝阳县五家子乡	民国	丘陵			107
60	南塔子村	辽宁省朝阳市朝阳县清风岭镇	民国	丘陵			107
61	西大杖子村	辽宁省朝阳市朝阳县柳城镇	民国	丘陵		第三批中国传统村落	107
62	天盛号村	辽宁省朝阳市凌源市三家子乡	清代	丘陵			107
63	胡杖子村	辽宁省朝阳市凌源市三道河子乡	民国	丘陵			107
64	康官营子村	辽宁省朝阳市凌源市宋杖子镇	清代	丘陵			107
65	石门沟村	辽宁省朝阳市凌源市前进乡	民国	山地			107
66	郭杖子村	辽宁省朝阳市凌源市刘杖子乡	民国	山地			107

序号	聚落（村落）名称	地点	现存主体聚落形成年代	类型	主要少数民族	备注	页码
67	烧锅地村	辽宁省朝阳市凌源市刀尔登镇	清代	山地	蒙古族		107
68	奈曼营子村	辽宁省朝阳市凌源市四合当镇	清代	丘陵	蒙古族		107
69	老杖子村	辽宁省朝阳市凌源市四官营子镇	清代	山地			107
70	十五里堡	辽宁省朝阳市凌源市城关街道办事处	清代	丘陵			107
71	五家子村	辽宁省喀喇沁左翼蒙古族自治县公营子镇	清代	丘陵	蒙古族		107
72	东官分场	辽宁省朝阳市喀喇沁左翼蒙古族自治县官大海管理区	清代	丘陵	蒙古族		107
73	王爷陵村	辽宁省沈阳市法库县四家子乡	清代	丘陵	蒙古族		106
74	四家子村	辽宁省沈阳市法库县四家子乡	民国	丘陵			108
75	大新屯村	辽宁省沈阳市康平县西关屯乡	清代	丘陵	蒙古族		108
76	姜家沟村	辽宁省沈阳市康平县西关屯乡	清代	丘陵	蒙古族		070
77	二牛所口村	辽宁省沈阳市康平县二牛所口镇	民国	平原			108
78	大莫力克村	辽宁省沈阳市康平县二牛所口镇	民国	平原			108
79	岔海挠村	辽宁省沈阳市康平县二牛所口镇	民国	平原			108
80	兴胜村	辽宁省沈阳市康平县二牛所口镇	民国	平原			108
81	苇塘村	辽宁省沈阳市康平县北三家子街道	清代	平原	蒙古族		109
82	邸三家子村	辽宁省朝阳市朝阳县根德营子乡	清代	丘陵	蒙古族		133
83	塔前村	辽宁省锦州市北镇市双塔街道	明代	低山丘陵			—
84	双塔沟村	辽宁省葫芦岛市南票区砂锅屯乡	清代	低山丘陵			153
85	上三角村	辽宁省葫芦岛市连山区白马石乡	清代	低山丘陵			153
86	八家子村	辽宁省葫芦岛市建昌县八家子镇	清代	低山丘陵			157
87	缸窑岭村	辽宁省葫芦岛南票区缸窑岭镇	清代	低山丘陵			157
88	白家村	辽宁省盘锦市大洼区唐家镇	民国	平原			160
89	碾坊村	辽宁省盘锦市大洼区田庄台镇碾房社区	民国	平原			161

序号	聚落（村落）名称	地点	现存主体聚落形成年代	类型	主要少数民族	备注	页码
90	上口子村	辽宁省盘锦市大洼区西安镇	明末清初	平原			138
91	曾家村	辽宁省盘锦市大洼区榆树街道	清代	平原			164
92	关沙村	辽宁省鞍山市海城市中小镇	清代	平原			164
93	华严寺村	辽宁省辽阳市辽阳县八会镇	清代	山地沟壑	满族		171
94	朝阳村	辽宁省鞍山市岫岩满族自治县朝阳镇	清代	山地沟壑	满族		173
95	弯沟村	辽宁省鞍山市岫岩满族自治县洋河镇	清代	山地沟壑	满族		173
96	北茨沟村	辽宁省鞍山市岫岩满族自治县朝阳镇	清代	山地沟壑	满族		173
97	姚家村	辽宁省盘锦市大洼区	民国	平原			181
98	上林村	辽宁省鞍山市海城市析木镇	明末清初	山地沟壑			186
99	辽滨塔村	辽宁省沈阳市新民市公主屯镇	清代	平原		辽宁省历史文化名村	219
100	通江口村	辽宁省铁岭市昌图县通江口镇	清代	平原			219
101	小塔子村	辽宁省沈阳市康平县郝官屯镇	清代	平原			220
102	马棚沟村	辽宁省铁岭市银州区	清代	平原			—
103	三面船镇	辽宁省沈阳市法库县	清代	平原			222
104	二界沟街道	辽宁省盘锦市大洼区	清代	平原			—
105	田庄台镇	辽宁省盘锦市大洼区	清代	平原	回族	辽宁省历史文化名镇	240

参考文献

［1］王忱. 基于保护与传承的陕西蒲城山西村更新设计策略研究［D］. 西安：西安建筑科技大学，2017.

［2］李洋，杨大禹，余穆谛. 基于生态文化资源理论的云南历史文化村镇保护与更新研究［J］. 昆明理工大学学报（社会科学版），2018，18（04）：92-101.

［3］高萍，刘来玉. 浅析古村落的保护与发展模式——以云南太极村为例［J］. 中国住宅设施，2018（07）：12-13+11.

［4］王时原，马景旭，郎亮. 鲁西地区传统村落保护与更新研究——以阳谷县七一村为例［J］. 建筑与文化，2018（07）：102-103.

［5］王亚敏，刘宏成，刘健璇. "新旧并存"的传统村落保护更新策略研究——以豫北小店河村为例［J］. 建筑与文化，2018（07）：220-222.

［6］王森华. 广西桂北地区荒废化传统民居建筑更新改造设计研究［D］. 西安：西安建筑科技大学，2018.

［7］崔晶瑶. 吉林省长白山地区传统村落保护与更新研究［D］. 吉林：吉林建筑大学，2018.

［8］张豫东. 有限干预理念下蓝田县石船沟村传统村落保护与更新研究［D］. 西安：西安建筑科技大学，2018.

［9］郭憨. 乡村振兴战略下吕梁山区传统村落保护与发展研究［D］. 西安：西安建筑科技大学，2018.

［10］范碧青. 山西省晋城市传统村落可持续发展模式探析［D］. 太原：太原理工大学，2018.

［11］吴天一. 传统村落旅游产品转型发展研究［D］. 上海：华东师范大学，2018.

［12］谢子涵. 试论现象学视角下历史建筑的保护与更新设计［J］. 中外建筑，2018（03）：53-55.

［13］林青青. 基于共生理论的城市边缘区古村落保护与更新——以宁波市慈桥历史文化名村为例［A］. 中国城市规划学会、东莞市人民政府. 持续发展 理性规划——2017中国城市规划年会论文集（09城市文化遗产保护）［C］. 中国城市规划学会，东莞市人民政府：中国城市规划学会，2017：12.

［14］顾航菲. 历史文化村落的保护与更新设计探讨——以苏州甪里村为例［A］. 中国民族建筑研究会，北京绿色建筑产业联盟. 2017第七届艾景奖国际园林景观规划设计大会论文集［C］. 中国民族建筑研究会，北京绿色建筑产业联盟：国景苑（北京）建筑景观设计研究院，2017：4.

［15］马廷君. 可持续发展战略下传统村落的保护与更新［D］. 吉林：吉林建筑大学，2017.

［16］高洪波，王雨枫，王颂，尹丽，付亮. 豫南地区传统村落风貌特色保护与更新研究——以信阳西河村为例［J/OL］. 信阳师范学院学报（自然科学版），2018（04）：1-5［2018-10-23］. http://kns.cnki.net/kcms/detail/41.1107.N.20180918.1618.066.html.

［17］陈卓. 浙江山地传统村落松阳县塘后村保护与更新研究［D］. 重庆：重庆大学，2017.

［18］孟繁洲. 新农村建设中古村镇的保护与发展［D］. 武汉：武汉纺织大学，2017.

［19］梁睿娟. 基于"有机更新"理论的历史文化街区保护与发展研究［D］. 苏州：苏州科技大学，2017.

［20］吕静，张浩. 吉林省朝鲜族传统村落保护策略探究——以月晴镇白龙村为例［J］. 绿色环保建材，2016（11）：234-235.

［21］孙运宏，宋林飞. 当代中国历史文化名村保护的困境与对策［J］. 艺术百家，2016，32（06）：59-62+68.

［22］陈文忠. 新农村建设中古村落保护与发展研究［D］. 广州：仲恺农业工程学院，2016.

［23］颜政纲. 历史风貌欠完整传统村镇的原真性存续研究［D］. 广州：华南理工大学，2016.

［24］杨平立. 历史文化村镇保护策略探讨［D］. 天津：天津大学，2016.

［25］马梓凯. 陕西古村镇形态保护与发展研究［D］. 西安：西安建筑科技大学，2016.

［26］黄为. 辽河太平山古渡口河道景观治理［J］. 东北水利水电，2016，34（03）：15-16.

［27］林舒玲. 普通村落乡土建筑保护更新设计实践［D］. 天津：天津大学，2016.

［28］陆禹杭. 当代建筑形态特征的地域性表达研究［D］. 大连：大连理工大学，2015.

［29］陈宗蕾. 历史文化名村景观保护与更新技术路线研究［D］. 北京：北京林业大学，2015.

［30］刘琳. 基于共生理论的深圳凤凰古村保护性更新策略研究［D］. 哈尔滨：哈尔滨工业大学，2014.

［31］袁媛. 基于有机性的传统村镇保护与更新研究［D］. 广州：华南理工大学，2014.

［32］陈治邦. 历史文化名村中民居建筑的空间形态比较研究及当代借鉴［D］. 北京：北方工业大学，2014.

［33］单德启. 依山傍水，因山取势；就地取材，因材施工——从两项工程实例探讨西部地区乡土建筑的主要特征［J］. 西部人居环境学刊，2014，29（03）：1-2.

［34］马俭亮. 青岛中山路历史街区建筑保护与更新研究［D］. 青岛：青岛理工大学，2014.

［35］金星. 历史建筑的保护及更新设计研究［D］. 苏州：苏州大学，2014.

［36］季中扬. 非物质文化遗产空间保护与文化认同困境［J］. 江苏社会科学，2013（05）：197-201.

［37］吴海嘉. 新农村建设中的历史文化村镇保护与发展研究［D］. 成都：西南财经大学，2013.

［38］马超，张戈，宿裕. 以原住民参与为特色的村镇文化传承策略研究［J］. 城市发展研究，2013，20（09）：37-41.

［39］张玲慧. 传统村镇中的建筑更新设计研究［D］. 北京：北京交通大学，2013.

［40］郑颖娜. 平潭传统聚落保护与更新研究［D］. 华侨大学，2013.

［41］姜磊，程建军. 基于历史文化旅游背景的村镇民房改造工程探析［J］. 安徽农业科学，2013，41（14）：6340-6343.

［42］邓曦. 现象学视角下历史建筑的保护与更新设计研究［D］. 大连：大连理工大学，2013.

［43］魏竟远. 横道河子历史文化名镇传统街区保护更新设计研究［D］. 哈尔滨：东北林业大学，2013.

［44］郑崴天. 泰宁尚书第历史街区保护更新设计研究［D］. 广州：华南理工大学，2012.

［45］陈忆秋. 建筑设计与历史建筑保护和更新——加拿大案例［J］. 住区，2012（02）：82-89.

［46］牛增奇，李长奇. 历史文化村镇保护与更新策略探析［J］. 山西建筑，2012，38（03）：25-26.

［47］邵甬，阿兰·马利诺斯. 法国"建筑、城市和景观遗产保护区"的特征与保护方法——兼论对中国历史文化名镇名村保护的借鉴［J］. 国际城市规划，2011，26（05）：78-84.

［48］周乾松. 历史村镇文化遗产保护利用研究［J］. 理论探索，2011（04）：86-90.

［49］隋启明. 广府历史文化村落典型建筑保护方法研究［D］. 广州：华南理工大学，2011.

［50］尚圆圆. 浙江缙云县河阳古村落保护与更新研究［D］. 苏州：苏州科技学院，2011.

［51］黄成豪. 上海市南京东路东段历史街区内建筑保护与更新研究［D］. 上海：上海交通大学，2011.

［52］何峰，柳肃，杨燕，易伟建. 传承与发展——历史文化名村住宅更新设计实践研究［J］. 建筑学报，2011（S1）：98-102.

［53］汪婷. 历史文化村镇的保护与可持续发展研究［D］. 中国地质大学（北京），2011.

［54］杨鹏程. 西南地区历史文化村镇建筑保护与再利用技术研究［D］. 重庆：重庆大学，2011.

［55］张婧. 基于文化空间的历史文化村镇保护更新策略——以湖北省赤壁羊楼洞古镇为例［J］. 四川建筑，2011，31（01）：38-39+41.

［56］张弓，霍晓卫，张杰. 历史文化名镇名村保护中的建筑分类策略研究——以三亚崖城历史文化名镇与山东朱家峪历史文化名村保护为例［J］. 南方建筑，2010（03）：70-74.

［57］刘宗刚. 乡土气息——从"因地制宜"看乡土建造实践两则［J］. 建筑与文化，2010（06）：108-109.

［58］沈康，冯江. 历史环境保护更新规划的另一种策略——广州黄埔村（港）规划设计事件样板研究［J］. 建筑学报，2010（06）：32-36.

［59］王力恒. 城市边缘区内的历史文化名村的保护与更新［D］. 北京：北京交通大学，2010.

［60］罗瑜斌. 珠三角历史文化村镇保护的现实困境与对策［D］. 广州：华南理工大学，2010.

［61］袁倩. 基于广州城市边缘区历史村落的保护与更新模式研究［D］. 广州：华南理工大学，2010.

［62］尚圆圆，周煜. 古村落形象保护与更新——浙江缙云县河阳古村落［J］. 福建建筑，2010（04）：14-17.

［63］黄奕，严力蛟. 从可持续发展谈历史文化村镇保护［J］. 小城镇建设，2009（11）：101-104.

［64］刘艳丽. 宁波市儒雅洋历史文化名村保护与发展研究［D］. 杭州：浙江大学，2009.

［65］李默，李辉. 传承古村历史文脉 建设特色文化名村——记北京市门头沟区斋堂镇爨底下村党支部书记王秀莲［J］. 中国城市经济，2009（02）：88-89.

［66］袁泉. 苏州历史街区内建筑保护与更新研究［D］. 上海：上海交通大学，2009.

［67］张微微. 东北满族民居建筑特色［J］. 上海工艺美术，2009（01）：83-85.

［68］汪原. 迈向新时期的乡土建筑［J］. 建筑学报，2008（07）：20-22.

［69］马腾. 历史地段保护与更新中的景观规划设计研究［D］. 西安：西安建筑科技大学，2008.

［70］项秉仁，吴欣. 历史街区保护更新建筑设计和可持续操作模式——杭州元福巷历史街区保护更新案例［J］. 建筑学报，2006（12）：37-39.

［71］李晓钟. 沈阳新民辽滨塔塔宫清理简报［J］. 文物，2006（04）：47-57+1+97.

［72］李晓峰. 乡土建筑保护与更新模式的分析与反思［J］. 建筑学报，2005（07）：8-10.

［73］张金朝. 从乡土建筑到现代农村建筑的有机更新［D］. 昆明：昆明理工大学，2005.

［74］任丽娟. 辽滨塔［J］. 兰台世界，2002（08）：48.

［75］曲晓范，周春英. 近代辽河航运业的衰落与沿岸早期城镇带的变迁［J］. 东北师大学报，1999（04）：15-22.

［76］刘沛林. 论"中国历史文化名村"保护制度的建立［J］. 北京大学学报（哲学社会科学版），1998（01）：80-87+158.

［77］张新清. 明初辽河航运研究［J］. 辽宁大学学报（哲学社会科学版），1996（04）：19-23.

［78］周乾松. 中国历史村镇文化遗产保护利用研究［M］. 北京：中国建筑工业出版社，2015.

［79］赵勇. 中国历史文化名镇名村保护理论与方法［M］. 北京：中国建筑工业出版社，2008.

［80］赵勇，骆中钊，张韵. 历史文化村镇的保护与发展［M］. 北京：化学工业出版社，2005.

［81］周立军，陈伯超等. 东北民居［M］. 北京：中国建筑工业出版社，2009.

［82］Lee SL. Urban conservation policy and the preservation of historical and cultural heritage: The case of Singapore［J］. Cities, 1996 (13): 399-409.

［83］Tiesdell S. Tensions between revitalization and conservation［J］. Cities, 1995, 12 (4): 231-241.

［84］Larkham p. The place of urban conservation in the UK reconstruction plans of 1942-1952［J］. Planning Per spectives, 2003 (18): 109-118.

［85］Planning Policy Guide: Planning and Historic Environment. Department of Environment. Department of National Heritage. 1994, 9.

［86］Naw af A. H Abu Skoot, Gong Kai, Exploration and preservation of Petra, Journal of Southeast University (English Edition), June, 2006.

后 记

从2017年受邀参加《中国传统聚落保护研究丛书 辽宁聚落》的撰写，历时近三年，如今，书稿付梓，感慨万千，更多的却是感激。

首先，感谢我的另外三位主要执笔人——沈阳建筑大学建筑与规划学院王飒教授和建筑研究所刘思铎副教授以及沈阳城市建设学院的谢晓琳老师。他们把自己多年的研究积累用于本书写作中，不仅丰富了聚落类型，而且提高了本书的学术水平。

其次，感谢为本书提供文字资料、测绘图和照片等写作素材的人员——秦家璐、李卓伦、王昕彤、刘盈、杨馥榕、齐一泓、关锡顿、张续坤、姚琦、张佩南等。其中，秦家璐主要提供了第三章大部分的文字和图片，李卓伦主要提供了第四章大部分的文字和图片，王昕彤主要提供了第五章大部分的文字和图片，刘盈主要提供了第八章的部分文字和图片。有了大家不分昼夜地奋笔疾书，严冬酷暑的现场调研，精研悉讨地认真分析，才使书稿得以顺利完成。

最后，感谢中国建筑出版传媒有限公司（中国建筑工业出版社）为这本书出版发行给予的支持帮助，尤其感谢李东禧主任、唐旭主任以及编辑孙硕、张华等的辛苦付出！

本书在写作过程中借鉴了许多有关的重要文献和其他同志的研究成果，由于篇幅有限就不一一列举了，在此一并表示衷心感谢！书中有许多不尽如人意的地方，恳请读者批评指正。

图书在版编目（CIP）数据

中国传统聚落保护研究丛书. 辽宁聚落 / 朴玉顺等
著. —北京：中国建筑工业出版社，2020.12
ISBN 978-7-112-25714-0

Ⅰ. ①中… Ⅱ. ①朴… Ⅲ. ①乡村地理—聚落地理—
研究—辽宁 Ⅳ. ①K928.5

中国版本图书馆CIP数据核字（2020）第244208号

　　本书涵盖了辽河流域核心区——今辽宁地区的五种主要经济形态影响下的典型聚落，即渔猎文化影响下的聚落、游牧文化影响下的聚落、农耕文化影响下的聚落、明代卫戍催生的聚落以及沿辽河贸易催生的聚落。本书以文字、照片、测绘图三种不同的表述方式，诠释着体现于辽河流域人居环境营建之中的人类历史与文明。收录内容和表述形式力求同时具有专业性与普及性、资料性与可读性。它们将为辽宁地区的乡村建设工作提供了重要的依据、佐证与参考，本书的面世更将使它们在今后的农村人居环境改善、建设和旅游事业中发挥更大作用。本书可供建筑、城乡规划、风景园林、人文地理、文物保护等相关专业的读者及文化旅游爱好者参考阅读。

扫一扫
观看本卷聚落视频资源

责任编辑：胡永旭　唐　旭　吴　绫　贺　伟　张　华
文字编辑：李东禧　孙　硕
书籍设计：付金红　李永晶
责任校对：王　烨

中国传统聚落保护研究丛书
辽宁聚落

朴玉顺　王飒　刘思铎　谢晓琳　著
*
中国建筑工业出版社出版、发行（北京海淀三里河路9号）
各地新华书店、建筑书店经销
北京锋尚制版有限公司制版
北京富诚彩色印刷有限公司印刷
*
开本：889毫米×1194毫米　1/16　印张：20½　插页：9　字数：535千字
2021年12月第一版　2021年12月第一次印刷
定价：**228.00**元（含视频资源）
ISBN 978-7-112-25714-0
（36643）